A STUDY ON THE CAUSE OF DECRIMINALIZATION IN CRIMINAL LAW

THEORETICAL BASIS AND JUDICIAL PRACTICE

刑法出罪事由

理论基础与司法实践

尹振国◎著

 中国政法大学出版社

2022 · 北京

图书在版编目（CIP）数据

刑法出罪事由：理论基础与司法实践/尹振国著.—北京：中国政法大学出版社，2022.6

ISBN 978-7-5764-0515-6

Ⅰ.①刑…　Ⅱ.①尹…　Ⅲ.①刑事犯罪—研究　Ⅳ.①D914.04

中国版本图书馆 CIP 数据核字(2022)第 108656 号

出 版 者　中国政法大学出版社

地　　址　北京市海淀区西土城路 25 号

邮寄地址　北京 100088 信箱 8034 分箱　邮编 100088

网　　址　http://www.cuplpress.com (网络实名：中国政法大学出版社)

电　　话　010-58908586(编辑部) 58908334(邮购部)

编辑邮箱　zhengfadch@126.com

承　　印　固安华明印业有限公司

开　　本　880mm×1230mm　1/32

印　　张　9.75

字　　数　230 千字

版　　次　2022 年 6 月第 1 版

印　　次　2022 年 6 月第 1 次印刷

定　　价　49.00 元

序 Preface

近年来，一些刑事案件涉及的罪与非罪问题引起了社会公众的广泛关注，如内蒙古王某军收购玉米案、非遗传承人非法制作烟花案、河南耍猴人无证运输猕猴案、陆勇销售假药案（“药神案”）等，司法机关对这些案件的定性意见与社会公众的认知存在明显的差距，这固然有司法工作人员对法律规定理解不到位、对法律精神把握不准确的原因，但刑法出罪机制不畅也是一个不可忽视的重要因素。

“入罪”和“出罪”并不是法律术语，而是在法学研究中被约定俗成的词汇。“入罪”和“出罪”是定罪活动中两种既对立又统一的判定模式。经过梳理、比较，作者将“出罪”定义为“侦查机关或监察机关、检察机关、审判机关依照现有的法律规定和法律理论，将已经进入犯罪评定圈的某行为从其中排除，从而不认为其是犯罪行为的司法活动”，这是比较准确的。“入罪”是肯定犯罪的成立，而“出罪”是否定犯罪的成立。“出罪”并不是将已经构成犯罪的行为不评定为犯罪，故有罪不是“出罪”的前提，“出罪”的对象是进入犯罪评定圈的行为。刑法出罪有别于程序出罪（如刑事和解、程序违法、认罪或作证交易免罪、被告人死亡等），其是实体出罪。“入罪”要严格遵守罪刑法定原则，要防止国家刑罚权被滥用，而“出罪”虽不必严格遵守罪刑法定原则（因为存在超法规的出罪事由），但要有正当依据和理由，以防止放纵犯罪，刑法出罪事由就是出罪在刑事实体法上的正当依据和理由。

德国刑法学家耶林说："刑罚如两刃之剑，用之不得其当，则国家与个人两受其害"。英国法理学家边沁强调："温和的法律能使一个民族的生活方式具有人性"。刑法出罪将不应当、不值得使用刑罚处罚的行为排除出犯罪评定圈，与人权保障紧密相关，体现了刑法的谦抑、克制和温和，也体现了宽严相济刑事政策中"宽"的一面。当然，刑法对已经构成犯罪的、应当予以刑罚处罚的行为要毫不犹豫地予以打击，以防卫社会、保护人民。因此，良好的刑法是既能行雷霆手段又显菩萨心肠的法律。

本书以刑法中出罪的依据、理由为研究对象，从刑法出罪事由的基本蕴涵、理论根基入手，考察了古今中外的刑法出罪事由，结合大量的司法案例，归纳出罪规则，分析司法实践中"出罪"难的原因，提出若干缓解刑法理论与实践冲突的对策，在借鉴德日、英美刑法中出罪事由的基础上，拟建构"阻却违法性的出罪事由—阻却责任的出罪事由—阻却刑罚处罚的出罪事由"三层次的刑法出罪事由体系，最后发掘了社会危害性理论在出罪方面的价值。本书内容丰富、资料翔实、结构合理、论述较为深入，能够从理论与实践两个层面对刑法出罪事由问题进行全面、系统的论证，并提出了一些新观点。本书覆盖的刑法论题多，为追求面面俱到，会导致研究不深入。在改进方面，对刑法出罪事由适用中存在的问题，要结合理论与实践的分析，大胆提出改进的意见和建议。

本书以问题为导向，使用多种研究方法，突出理论与实践的良性互动，对刑事法律实践有较大的参考价值。

振国博士是一名法官，从事刑事审判、民事审判工作多年，有着丰富的司法实践经验，在中国应用法学研究所从事博士后研究工作期间，认真学习，刻苦钻研，取得了多项科研成果。在其博士后出站报告付梓之际，请我作序，作为指导老师，我欣然为之。

“长风破浪会有时，直挂云帆济沧海。”我希望振国坚守学术初心，以法为度，理论联系实践，多出高质量的成果，将“出罪”问题研究成果打造成自己的学术标签。

公正是司法的生命，司法是正义的事业，法官是运送正义的职业。我希望所有的法官都能做到既恪守法律，又通情达理，以严谨的法理彰显司法的理性，以公认的情理展示司法的良知，兼顾国法天理人情，回应新时代人民群众不断增长的公平正义需求，努力让人民群众在每一个司法案件中感受到公平正义。

全国政协常委
最高人民法院原副院长 李少平

2022 年 8 月于北京

前言
Foreword

定罪是司法机关根据刑法判定某一具体行为是否构成犯罪（罪与非罪）和构成何种犯罪（此罪与彼罪）的活动，而“入罪”和“出罪”是定罪活动中两种既对立又统一的判定模式或结果。出于刑法宽容、谦抑、经济的考虑，应合理组织对犯罪的反应，将不构成犯罪的行为、不值得刑罚处罚的行为尽早地、及时地予以“出罪”。

出罪是侦查机关或监察机关、检察机关、审判机关依照现有的法律规定和法律理论，将已经进入犯罪评定圈的某行为从其中排除，从而不认为其是犯罪行为的司法活动。侦查机关、检察机关、审判机关不予立案、撤销案件、检察机关不起诉、审判机关终止审理、宣告无罪等都是出罪的处理方式。刑法出罪事由是侦查机关、检察机关、审判机关将已经进入犯罪评定圈的某行为从中排除，从而不认为其是犯罪行为的刑法上的理由。出罪与除罪、脱罪、无罪、非犯罪化、非刑罚化、出刑等存在区别和联系。

刑法出罪事由的存在是罪刑法定原则的必然要求，是刑法谦抑精神的应有之义，是宽严相济刑事政策的具体体现，是人本主义刑法理念的正确指引，是控辩平等的基本要求。有入罪必有出罪，刑法出罪事由古今有之，中外有之，通过对古今中外刑法规范、刑事司法实践中的刑法出罪事由进行实证考察，可以揭示刑法出罪事由的发生、发展规律，为完善刑法出罪提供借鉴。

构成要件符合性（该当性）是案件事实符合刑法分则规定的具体犯罪构成要件的性质。案件事实不符合构成要件是常见的刑法出罪事由，此时，应将案件事实所涉行为从犯罪评定圈中排除出去。

社会相当性可作为阻却违法性出罪事由的基本原理，法规上的阻却违法性事由通常有：正当防卫、紧急避险、法令行为、正当业务行为等，超法规的阻却违法性事由通常有：被害人承诺、推定被害人承诺、自损行为、自救行为、义务冲突等。在英美刑法中，类似于大陆法系刑法中的阻却违法事由有：正当防卫、紧急避险、上级命令等。

期待不可能性是阻却责任出罪事由的理论基础，阻却责任出罪事由通常包括未达到刑事责任年龄、无刑事责任能力、无违法性认识（可能性）、缺乏期待可能性、刑事合规等。

不可罚性是阻却刑罚处罚的理论基础，阻却刑罚处罚的出罪事由通常有客观的不处罚条件、一身的处罚阻却事由、我国《刑法》〔1〕第13条“但书”、不可罚的中立帮助行为、某些赎罪行为等。

应从宏观、中观、微观三方面对刑法出罪事由适用的路径进行优化。在宏观方面，科学设置刑事案件质效考核指标，继续推进刑事司法案例指导制度，继续完善人民监督员、人民陪审员制度，加强刑事裁判文书释法说理；在中观方面，提倡阶层犯罪论体系，建构阶层性、多元化、开放性刑法出罪事由体系；在微观方面，强调合理出罪和实质化出罪。

〔1〕 本书中所称《刑法》，全称为《中华人民共和国刑法》。为行文便捷，全书所涉及的我国相关法律，统一省略“中华人民共和国”字样，下不赘述。

社会危害性理论最早在欧洲思想启蒙运动时期出现，兴盛于苏俄[1]，后被我国移植。社会危害性就是事物严重损害社会的性质、性能，其评价标准具有模糊性、主观性、易变性。社会危害性理论具有立法功能和司法功能，其缺陷有：非专属性、非规范性、缺乏实体内容。应由刑事违法性担当入罪的主要责任，将具体犯罪构成作为认定犯罪的标准，而由社会危害性承担出罪的主要任务，将不应罚、不当罚的行为排除出犯罪评定圈。判断社会危害性应考量的因素有：行为的性质、手段、方法、时间、地点、对象、客观结果、行为人自身的情况、行为人的主观因素等。应由社会危害性理论来引导出罪，没有达到严重社会危害性、符合刑事政策、遵守交易习惯、情有可悯的行为可出罪。

〔1〕 苏俄特指1922年苏联成立之前的俄国。

目录
Contents

导论

Introduction

一、选题背景

“罪”与“刑”是刑法的两大基本元素，刑随罪至，罪因刑显，“犯罪论”和“刑罚论”成为刑法的两大基本框架〔1〕，而“定罪”和“量刑”则是刑事司法〔2〕的两大基本任务。定罪是司法机关判定某一具体行为是否构成刑法上的犯罪（罪与非罪）和构成何种犯罪（此罪与彼罪）的活动，而“入罪”和“出罪”是定罪活动中两种既对立又统一的判定模式或结果。惩罚犯罪和保护人权是我国刑法的两大任务，“入罪”无疑有助于惩罚犯罪，而“出罪”无疑有助于保护人权，但惩罚犯罪和保护人权应并重，不可偏向惩罚犯罪而忽视保护人权，也不可强调保护人权而忽视惩罚犯罪。既然“入罪”和“出罪”同时出现在定罪活动中，那么，符合入罪条件的行为就应当入罪，符合出

〔1〕 参见刘振鲲：《图解刑法入门》，元照出版公司2014年版，第2页。

〔2〕 在我国，刑事司法有广义和狭义之分，我们习惯性地将公安机关、检察院、法院称为司法机关，在刑事诉讼中，司法机关所从事的活动被称为刑事司法，因此，广义的刑事司法是由侦查机关、检察机关、审判机关参与的刑事诉讼活动，分为侦查、起诉、审判、执行四个环节。按照司法机关的性质和功能，刑事司法权分为侦查权（调查权）、检察权、审判权、执行权。狭义的刑事司法仅指法院的刑事审判活动，因为审判是司法的核心。如无特别说明，本书中的“刑事司法”指广义的刑事司法。刑事司法案例是侦查机关、检察机关、审判机关的刑事诉讼活动产生的案例。

罪条件的行为就应当出罪，应保持惩罚犯罪和保护人权的平衡。

长期以来，无论是刑事司法实践还是理论研究，均存在重视入罪而轻视出罪的情况。刑事司法制度是按照有利于入罪的目标设定的，使得行为入罪易出罪难，无罪判决率非常低。而我国传统刑法理论并没有为出罪提供丰富的本土资源。从近年来发生的内蒙古农民王某军无证收购玉米案、天津老太赵某华非法持有枪支案、河北非遗传承人杨某申制作烟花案、河南耍猴人无证运输猕猴案、河南卢氏县非法采伐兰草案等刑事司法热点案件来看，一些应当被出罪的行为没有被出罪，反而被一审法院认定为犯罪，导致情理法发生冲突，刑事审判的法律效果与社会效果发生背离，引起了人民群众对这些司法裁判的质疑，严重影响司法裁判的可接受性和司法公信力。某些司法裁判产生问题的重要原因固然可归责于法官的机械司法，但刑法理论、刑法规范对出罪的供给不足是一个不可忽视的主要原因。

犯罪是一种严重危害社会的行为，将何种行为纳入犯罪圈，是立法的任务，即立法确定犯罪圈。而判定某种行为是不是犯罪行为，是何种犯罪行为，是司法的主要任务。判定犯罪是一种建立在事实基础上的价值判断。判定犯罪的思维模型或方法是犯罪成立要件。犯罪成立要件起到“过滤器”的作用，将不符合犯罪成立要件的行为过滤出去，不作为犯罪处理或不认为是犯罪。入罪需要借助犯罪成立要件，出罪同样需要利用犯罪成立要件。如果将行为纳入犯罪圈的刑事立法活动称为立法上的犯罪化，那么，通过刑法解释，将过去不作为犯罪处理的行为作为犯罪处理，就是司法上的犯罪化。[1]内蒙古农民王某军

〔1〕 具体可以参见华东政法大学李翔教授在2020年3月20日的演讲《司法犯罪化及其限制》。

无证收购玉米案、天津老太赵某华非法持有枪支案、很多地方发生的鹦鹉案（非法出售珍贵、濒危野生动物罪）等就是司法犯罪化的典型案例。由于制定法的滞后性，法律需要被司法者解释才能适用于个案。如果基于入罪的思维，以社会危害性为依据，通过司法解释或实质解释，就有可能在司法上将以前不作为犯罪处理的行为予以犯罪化。司法犯罪化可能导致司法权侵蚀立法权，刑法对行为的评价超越普通民众的预测可能性，影响司法权威和公信力，要防止司法的过度犯罪化。

犯罪是任何一个社会都不可避免的现象，意大利刑法学家菲利的“犯罪饱和论”认为，具有一定量的个人、物理和社会因素的社会，必定会发生一定量的犯罪，就如同一定量的溶液中只能溶解一定量的溶质一样。也就是说，在一个稳定的社会，犯罪的量也是稳定的。既然犯罪是不可避免的，只能将犯罪的发生率控制在合理的范围之内，而不是妄图彻底消灭犯罪。因为司法资源总是有限的，彻底消灭犯罪在理论上可行，在实际操作上却是不可行的。如果追求彻底消灭犯罪的目标，则意味着犯罪人数大大增加，因为犯罪黑数大大减少了。而犯罪标签效应除了给犯罪人带来耻辱感之外，还可能给犯罪人本人及其家庭成员带来生活上的不便，影响犯罪人复归社会。基于对犯罪的理性认识，我国早在西周时期就有了“明德慎罚”“慎刑恤罚”的思想，即司法者在定罪量刑时要慎重和适当，不可滥施刑罚。基于刑法宽容、谦抑、经济的考虑，应合理组织对犯罪的反应，将不构成犯罪的行为、不值得刑罚处罚的行为尽早地、及时地予以“出罪”。

罪刑法定原则是刑法的“帝王条款”，其基本内容是“法外无罪、法外无刑”。我国《唐律》规定：“诸断狱皆须具引律令格式正文，违者笞三十。”从罪刑法定原则思想的起源和功能来看，其要旨在于限制国家刑罚权，防止恣意定罪或滥施刑罚，而不是打击犯罪、惩罚犯罪。如果是为了更好地实现打击犯罪、惩罚犯罪的目标，也许没有刑法更有利于实现目标。但是没有刑法的社会，不是法治社会，是动辄得咎、人人自危的社会。刑法的功能在于让打击犯罪、惩罚犯罪在法治的轨道上进行。要防止将刑法作为打击犯罪、惩罚犯罪的工具，防止刑法万能主义，刑法只应作为社会违法行为的最后抗制手段，在其他手段不奏效时适用。将不符合犯罪成立要件的违法行为、不值得刑罚处罚的违法行为排除出犯罪评定圈，这是罪刑法定原则的必然要求。

如何在实体上防止出现冤错案件，是值得思考和研究的问题。周光权教授指出："凡刑辩艰难处，皆为刑法学痛点，也极可能是司法及法治的痛点。"[1]辩护律师的主要职责是维护犯罪嫌疑人、被告人的合法权益。和其他国家相比，我国的刑法理论和司法实践并没有为出罪提供畅通的渠道，导致无罪辩护较难，无罪辩护的成功率较低。我国的传统四要件理论难以为刑事诉讼证明和定罪活动提供思维指引。在刑法学研究中，少数刑法学者存在理论脱离实践的现象，对刑事司法实务接触不多，学术成果问题意识不强，对刑事司法实践的推动力不大。而刑事实务工作者对刑法学术成果的兴趣不大，很少主动阅读法学书籍、期刊，在办案过程中过度依赖司法解释和其他规范性文件，遇到疑难案件就向上级请示、汇报，在法律文书上释法说理不足。刑法学者批评刑事实务工作者疏于学习新的理论成果，而刑事实务工作者则抱怨刑法学者的研究不切实际、不接地气。总之，刑法理论和刑事司法实践之间存在相互脱离的"两张皮"

---

〔1〕 周光权："凡刑辩艰难处皆为刑法学痛点"，载《中国法律评论》2020年第1期。

现象。

近年来，随着中国裁判文书网的开通和众多刑事判例的公布，越来越多的学者聚焦刑事个案、类案，为刑法学研究注入了新鲜的血液，引起了刑事实务界的关注。而刑事实务界每年处理百万余起刑事案件，新型、疑难、复杂案件不断涌现，刑事实务界亟需刑法理论界提供智力支持，也需要理论工作者将刑事司法中的办案经验、司法智慧提炼为新理论。刑法理论界和实务界的相互需要成为刑法理论和实践良性互动的动因。

本书以刑法中的出罪事由问题作为研究对象，以刑法案例为主要分析素材，既注重刑法理论中的“体系”思考，又着眼于刑法实践中的“问题”思考，既立足于本国的刑事司法实践，又借鉴外国刑法理论，在厘清刑法出罪事由基本蕴含的基础上，探求刑法出罪事由的理论根基，结合我国刑法出罪中存在的突出问题，提出若干优化建议。

二、研究意义

1. 有助于张扬人本主义刑法观

从推进国家治理现代化体系和治理能力现代化的视角考察，刑法不是管控社会而是治理社会的手段。应转变刑法观，以人为本，树立人本主义刑法观，理解人性、尊重人格、体现人道、体恤人情、维护人权，促进社会和谐。事实证明，单纯依靠“严打”和重刑威慑无法遏制犯罪，反而会激化矛盾，不利于社会和谐。犯罪是每一个社会固有的现象，是难以被彻底消灭的，仅仅依靠刑法手段遏制不了犯罪，而且成本巨大，同时也会导致其他部门法的萎缩。我们应理性地对待犯罪行为，将“管控型刑法”转变为“治理型刑法”，摒弃刑法工具主义，重视刑法治理功能的发挥，重视犯罪的综合治理。在定罪时，要遵守刑法宽容、谦抑、经济精神或原则，将刑法作为规制行为的最后手段，禁止将不当罚、不可罚的行为纳入犯罪圈。对“出罪”主题的研究正是论证将已经构成犯罪的行为、疑似犯罪行为从犯罪评定圈中排除的问题。

2. 有助于维护刑事司法权威

司法的权威主要来源于它内在优良品质，而不是外部强制力。司法权威的树立与普通民众对司法裁判的认同呈正相关。近年来，一些刑事司法裁判结论引发了人民群众的广泛质疑，一定程度上影响了司法权威。刑事司法判决引发质疑的关键原因在于其偏离了常识、常理、常情而得不到公众的认同。在刑法理论允许的范围内，尊重常识、常理、常情，畅通、扩大出罪的通道，有利于促进情理法的融通，防止出现司法裁判合法不合情理的现象。

3. 有助于控辩双方“平等武装”

我国律师界曾面临“老三难”问题，即“会见难、阅卷难、调查取证难”，后又面临“新三难”问题，即“发问难、质证难、辩论难”，随着保障律师执业权利相关规定和措施的出台，“老三难”“新三难”问题都得到了缓解或解决。但是，不论是“老三难”还是“新三难”都是律师执业所面临的程序上的难题，律师执业面临的实体上的难题同样影响辩护权的有效行使。犯罪构成要件是判定具体行为是否构成犯罪的唯一法律依据，具体行为只要符合刑法分则具体犯罪构成就构成犯罪。无论是从德日的犯罪构成要件体系还是从英美的犯罪构成要件体系来看，它们都包含了丰富的排除犯罪成立的要件——出罪要件，而且排除行为构成犯罪具有层次性，为被告人或律师提供了广阔的辩护空间，是辩护友好型犯罪构成要件。而我国传统的四要件体系是平面、耦合模式，犯罪主体、犯罪主观方面、犯罪客观方面、犯罪客体均从正面的、积极的角度评价行为构成犯罪，而从反面的、消极的角度评价行为不构成犯罪则要借助犯罪构成要件之外的、刑法明文规定的正当防卫、紧急避险。如果要在四要件体系内否定行为构成犯罪，则要对四个要件进行事实上的反驳。而且，四要件体系是封闭的而不是开放的构成要件体系，超法规的出罪事由在四要件体系之内无容身的空间，很多行为的超法规出罪不得不借助《刑法》第13条“但书”的规定。大陆法系国家的法律渊源以成文法为主，我国基本上属于大陆法系国家，法律渊源绝大部分是成文法，法官裁判必须恪守成文法。四要件体系的封闭性导致被告人、律师辩护的法律依据仅仅局限在法律的明文规定内，这使得辩方在实体辩护中据以主张“出罪”的话语非常少。〔1〕难以在实体上实现有效出罪。基于刑事诉讼中控辩双方平等对抗的要求，在控方处于相对强势地位的情况下，不仅要赋予辩方必要的权利，而且要赋予辩方必需的“理论武器”。研究刑法上的出罪事由，探求出罪的渠道和规律，有利于实现控辩双方在实体法上的“平等武装”。

4. 有助于理论界以问题为导向开展法学研究

长期以来，我国法学理论界忽视、轻视司法实践经验，对司法判例持怀疑、批判态度，“习惯于从概念、原理来解释、批判司法实践，而不是从司法实践概括出概念和原理，这与成熟的德、日刑法理论明显不同”〔2〕。看似一片繁荣的刑法理论研究，其实为刑事司法实践提供可操作性的解决实际问题的观点

〔1〕 参见汪飞：“我国犯罪构成体系‘出罪机制’的构建”，南京师范大学2014年硕士学位论文，第24页。

〔2〕 陈银珠：“刑法理论与实践之间的‘恶性循环’与‘良性互动’——我国刑法理论的反思”，载《南京大学法律评论》2011年第2期。

和方法却较少。反观德日刑法学著作、教科书，引用、阐述判例比比皆是，判例成为反思、创立理论的源泉……应用判例推动刑法学研究，使判例成为刑法学新的知识增长点。[1]从我国刑事司法的实践出发，以本土的刑法案例为素材研究刑法出罪问题，有利于增强法学研究的问题意识，有助于促进刑法理论观点与刑事司法实践的良性互动。

三、研究综述

刑法中的“出罪”问题，属于定罪问题的一部分，无论是英美法系国家还是大陆法系国家，一般都将其放在犯罪构成体系或犯罪成立体系中进行研究。从整体上来看，对“入罪”问题的研究成果远远多于对“出罪”问题的研究成果。

（一）国内文献综述

1. 专著和论文集

经过文献检索，我国已出版的研究“定罪”问题的专著有：王勇的《定罪导论》[2]、苗生明的《定罪机制导论》[3]、孙春雨的《中美定罪量刑机制比较研究》[4]。已出版的专门研究“定罪”问题的译著有苏联B.H. 库德里亚夫采夫的《定罪通论》[5]。

王勇认为，定罪是一种评定行为人性质的活动，定罪的基

---

〔1〕 参见李勇：“挖掘刑法学研究的判例资源”，载《法制日报》2014年5月21日。

〔2〕 王勇：《定罪导论》，中国人民大学出版社1990年版。

〔3〕 苗生明：《定罪机制导论》，中国方正出版社2000年版。

〔4〕 孙春雨：《中美定罪量刑机制比较研究》，中国人民公安大学出版社2007年版。

〔5〕［苏］B.H. 库德里亚夫采夫：《定罪通论》，李益前译，中国展望出版社1989年版。

本内容是确定行为是否构成犯罪、构成何种具体犯罪、行为中包含的犯罪罪数、犯罪的轻重、故意犯罪所处的阶段、行为属于单独犯罪还是共同犯罪，即定罪要解决罪与非罪、此罪与彼罪、一罪与数罪、轻罪与重罪、故意犯罪的停止形态、单独犯罪与共同犯罪六大问题。〔1〕苗生明认为，定罪的目标包含有罪判断和无罪判断两个方面，法官对案件事实的分析和判断应当包括有罪和无罪两种可能性。〔2〕B. H. 库德里亚夫采夫认为，定罪是事实行为要件与刑法规定的犯罪构成要件的准确相符的确定和法律固定。〔3〕既然定罪是一种将行为事实与法律相对照以确定是否相符的价值判断过程，那么，入罪与出罪就是定罪的两种必然的、择一的结果。

经过文献检索，我国已出版的研究“出罪”问题的专著有7部，分别为陈庆安的《超法规排除犯罪性事由研究》〔4〕、方鹏的《出罪事由的体系和理论》〔5〕、杨明的《程序法出罪功能研究》〔6〕、杜辉的《刑事法视野中的出罪研究》〔7〕、储陈城的《出罪机制保障论》〔8〕、高诚刚的《经济犯罪出罪事由研究》〔9〕、刘艳红的《实质出罪论》〔10〕。

《超法规排除犯罪性事由研究》一书是超法规的排除犯罪性

〔1〕 参见王勇：《定罪导论》，中国人民大学出版社1990年版，第20~26页。

〔2〕 参见苗生明：《定罪机制导论》，中国方正出版社2000年版，第12页。

〔3〕 参见［苏］B. H. 库德里亚夫采夫：《定罪通论》，李益前译，中国展望出版社1989年版，第3页。

〔4〕 陈庆安：《超法规排除犯罪性事由研究》，上海社会科学院出版社2010年版。

〔5〕 方鹏：《出罪事由的体系和理论》，中国人民公安大学出版社2011年版。

〔6〕 杨明：《程序法出罪功能研究》，法律出版社2011年版。

〔7〕 杜辉：《刑事法视野中的出罪研究》，中国政法大学出版社2012年版。

〔8〕 储陈城：《出罪机制保障论》，法律出版社2018年版。

〔9〕 高诚刚：《经济犯罪出罪事由研究》，武汉大学出版社2018年版。

〔10〕 刘艳红：《实质出罪论》，中国人民大学出版社2020年版。

事由的填补空白之作，该书首先将“超法规的排除犯罪性事由”界定为表面上符合犯罪构成的个别要件，但因不具有社会危害性而不符合犯罪构成，刑法虽然没有特别规定，但应当排除犯罪性的行为〔1〕，然后逐一论述超法规的排除犯罪性事由的根据(实质违法性、刑法谦抑、罪刑法定、刑事法漏洞、理论的认可和判例的支持)、理论定位、基准与体系化、司法之实现，最后，选取了安乐死、自救行为、被害人承诺三种超法规的排除犯罪性事由进行研究。这里的“超法规的排除犯罪性事由”可以被理解为“超法规的出罪事由”，其基准是社会危害性。〔2〕

《出罪事由的体系和理论》一书将“出罪事由”界定为“将已经进入犯罪评定圈的行为排出、使其不被判决为有罪所依据的事实和理由”。〔3〕该书在对大陆法系国家刑法、英美法系国家刑法、我国刑法的出罪理论、规范、案例进行梳理、分析、总结的基础上，提出建构正当化的出罪事由—可宽恕的出罪事由—不可罚的出罪事由三层次的出罪事由体系的建议，并对这三种出罪事由的理论基础即社会相当性、期待不可能性、不可罚性进行论述。该书还从出罪的视角对我国《刑法》第 13 条规定进行了分析和解读，对出罪事由与犯罪论体系构造之间的关系进行了探讨。该书还认为，出罪判断与入罪判断一样，也是犯罪认定不可或缺的判断过程。出罪判断接续在入罪判断之后，以实质理性来否定形式的犯罪假定，体现了更为精致的正义观念、更富人情味的人性关怀、更具效率的刑罚经济性价值。出

〔1〕 陈庆安：《超法规排除犯罪性事由研究》，上海社会科学院出版社 2010 年版，第 16 页。

〔2〕 陈庆安：《超法规排除犯罪性事由研究》，上海社会科学院出版社 2010 年版，第 98 页。

〔3〕 方鹏：《出罪事由的体系和理论》，中国人民公安大学出版社 2011 年版，第 11 页。

罪无须法定，但出罪仍需标准和理由。

《程序法出罪功能研究》一书从刑事一体化角度出发，在考察国内外立法与实践的基础上，论证了程序法应当具有独立的出罪功能。罪刑法定原则追求刑事法治的目的决定了其具有消极性，即不禁止将犯罪行为进行非犯罪化处理。超法规出罪不是法治的常态，由于出罪处分与保障人权的法治精神相吻合，以政策替代法律的司法在一定程度上可以被容忍，但是，法律必须及时调整，以满足规则之治的需要。程序法之出罪事由有：刑事和解、部分程序违法、某些特殊侦查、交易豁免、犯罪人死亡、无罪判决、律师辩护言论、超法规事由等。

《刑事法视野中的出罪研究》一书认为定罪是依照刑法规范对行为的评价过程，其包括入罪和出罪，但入罪和出罪并非非此即彼的关系，而是表现为非对称关系，即入罪具有封闭性、形式性，入罪的原因具有单一性，而出罪具有开放性、实质性，出罪的原因具有多元性。〔1〕该书中的出罪是“将进入刑法视野评价中的某种行为通过司法评价而得出非罪结论的过程”〔2〕，出罪的依据是刑事实体法。该书以刑事司法中的出罪为研究对象，以实质的刑法观、谦抑主义、人权保障作为出罪理念，将出罪的类型划分为形式出罪与实质出罪、正当化出罪与轻微型出罪、超法规的出罪、免责型出罪、可罚型出罪、程序性出罪。

《出罪机制保障论》一书在分析我国出罪机制适用现状的基础上，逐一论述法益保护原则、罪刑法定原则、《刑法》第 13

〔1〕 杜辉：《刑事法视野中的出罪研究》，中国政法大学出版社 2012 年版，序言第 2 页。

〔2〕 杜辉：《刑事法视野中的出罪研究》，中国政法大学出版社 2012 年版，序言第 3 页。

条“但书”、意外事件、正当防卫、紧急避险、原因自由行为、无刑事责任能力、教唆犯、中立的帮助行为等刑法中的出罪机制的适用现状，并提出了完善的建议。该书基本上涵盖了我国刑法中出罪机制的要素，提出来很多具有操作性的建议。

《经济犯罪出罪事由研究》一书是专门研究经济犯罪出罪事由的专著。该书先后论述了经济犯罪出罪事由的理论根据、适用体系、实证考察、完善路径，但对经济犯罪出罪事由的特殊性发掘不够深入。

《实质出罪论》一书是刘艳红教授“实质刑法研究三部曲”的最后一部，前两部分别是《实质犯罪论》〔1〕和《实质刑法观》〔2〕。《实质出罪论》一书将“出罪”理解为“将刑法虽有明文规定但尚未达到可罚程度的行为排除在处罚范围之外”，具体而言，是“把不具有实质违法性、不具有刑罚可罚性以及情节显著轻微危害不大的行为排除在犯罪圈之外，实现了犯罪圈的紧缩”，“出罪”的特征是“有罪不一定罚”。“刑法谦抑主义”是实质出罪论的法理基础，“人权保障机能”是实质出罪论的功能意义。出罪的路径有：法益、构成要件要素、违法性、有责性、程序正当性。应运用“形式入罪、实质出罪”对“实质刑法解释予以限定”。

从我国研究“出罪”事由问题的专著来看：一是从实体角度研究出罪事由的较多，而从程序角度研究出罪事由的较少；二是出罪事由并不局限于法定的、司法解释规定的出罪事由，还包括大量的超法规的、司法解释之外的出罪事由，出罪事由体系是一个多层次的、开放的体系；三是从实体角度研究出罪事由的专著都遵循阶层犯罪论体系建构刑法出罪事由；四是大

---

〔1〕 刘艳红：《实质犯罪论》，中国人民大学出版社 2014 年版。

〔2〕 刘艳红：《实质刑法观》（第 2 版），中国人民大学出版社 2019 年版。

都结合我们司法实践中的案例展开研究；五是对抽象危险犯、故意犯罪的停止形态（预备犯、未遂犯、中止犯）、共同犯罪、“口袋罪”中存在的出罪事由研究较少；六是没有对司法实践中存在的出罪少现象的原因进行深入的挖掘。

关于对具体刑法出罪事由进行研究的、已出版的专著有：

(1)《刑法》第13条“但书”。张永红的《我国刑法第13条但书研究》是国内首部研究《刑法》第13条“但书”的专著[1]，该书主要从刑法第13条“但书”的一般理论出发，如内容、渊源、价值蕴涵以及对“但书”与犯罪概念、刑法结构、犯罪构成等关系方面加以研究。该书提到了“但书”的司法适用问题，但是其只对少部分问题（如司法适用的主体）进行了探讨，而未对如何适用、如何保障进行论述。彭文华的《〈刑法〉第13条但书与刑事制裁的界限》[2]从刑事制裁的界限的角度，对“但书”与社会危害性、犯罪构成论体系、排斥犯罪性事由的限度、犯罪停止形态的处罚范围、共同犯罪的处罚范围、刑法分则定罪模式的关系进行论证，最后提出对我国罪刑体系关系的改革和完善的建议。

(2) 违法性阻却事由。国内关于正当防卫、紧急避险的专著有高格教授的《正当防卫与紧急避险》[3]、陈兴良教授的《正当防卫论》[4]、郭守权、何泽宏、杨周武三人合著的《正当防卫与紧急避险》[5]、周国均、刘根菊合著的《正当防卫的

[1] 张永红：《我国刑法第13条但书研究》，法律出版社2004年版。

[2] 彭文华：《〈刑法〉第13条但书与刑事制裁的界限》，中国人民大学出版社，2019年版。

[3] 高格：《正当防卫与紧急避险》，福建人民出版社1985年版。

[4] 陈兴良：《正当防卫论》，中国人民大学出版社1987年版。

[5] 郭守权、何泽宏、杨周武：《正当防卫与紧急避险》，群众出版社1987年版。

理论与实践》[1]、高景山的《正当防卫功能论》[2]、彭卫东的《正当防卫论》[3]、汪永智的《中国正当防卫制度研究》[4]、刘明祥教授的《紧急避险研究》[5]、谢雄伟的《紧急避险基本问题研究》[6]、王剑波的《正当防卫正当化的根据及其展开》[7]等。近年出版的关于正当防卫的专著有王钢的《正当防卫的正当化依据与防卫限度——兼论营救酷刑的合法性》[8]，该书认为个人权利保护与法秩序维护是正当防卫的两大原则，对于防卫限度的判断，以制止不法侵害的客观必要性而不是以优越利益原则作为标准。还有张宝的《正当防卫中的不法侵害》[9]，该书从刑法教义学角度对不法侵害的基础理论进行了系统阐述，而且对热点案件进行了深入分析。另有，陈璇的《正当防卫：理念、学说与制度适用》[10]，该书从侵害人角度对正当防卫的本质论进行重构；陈璇的《紧急权：体系建构与基本原理》[11]，该书分为总则和分则两部分，将实践中的疑难问题放在紧急权的理论框架内进行审视，总则界定了紧急权的概念，构建了紧急权的体系，并分析了各种紧急权（包括正当防卫、紧急避险

〔1〕 周国均、刘根菊：《正当防卫的理论与实践》，中国政法大学出版社 1988 年版。

〔2〕 高景山：《正当防卫功能论》，山东人民出版社 1989 年版。

〔3〕 彭卫东：《正当防卫论》，武汉大学出版社 2001 年版。

〔4〕 汪永智：《中国正当防卫制度研究》，海潮出版社 2003 年版。

〔5〕 刘明祥：《紧急避险研究》，中国政法大学出版社 1998 年版。

〔6〕 谢雄伟：《紧急避险基本问题研究》，中国人民公安大学出版社 2008 年版。

〔7〕 王剑波：《正当防卫正当化的根据及其展开》，对外经济贸易大学出版社 2010 年版。

〔8〕 王钢：《正当防卫的正当化依据与防卫限度——兼论营救酷刑的合法性》，元照出版公司 2019 年版。

〔9〕 张宝：《正当防卫中的不法侵害》，法律出版社 2019 年版。

〔10〕 陈璇：《正当防卫：理念、学说与制度适用》，中国检察出版社 2020 年版。

〔11〕 陈璇：《紧急权：体系建构与基本原理》，北京大学出版社 2021 年版。

等）之间的关系，分则选取正当防卫、防御性紧急避险、攻击性紧急避险、公民扭送权这四项权利中的实践问题进行了深入、细致的研究。作者在该书第四章中提出了正当化事由并不处在罪刑法定原则的效力范围之内的观点。

王政勋教授的《正当行为论》〔1〕是将正当行为作为一个整体进行研究的专著，该书将正当防卫、紧急避险、依照法令的行为、业务正当行为、自助行为、自损行为、被害人同意的行为、安乐死、其他正当行为等确定为正当行为。田宏杰的《刑法中的正当化行为》〔2〕、李怀胜的《正当行为制度适用》〔3〕主要从刑法适用的角度介绍了正当防卫和紧急避险的成立条件、防卫过当、避险过当的刑事责任等。马乐的《刑法学中的“正当”与违法性理论》〔4〕从元伦理学的角度研究刑法学中的“正当”，区分了“正当”与“免责”的界限，该书认为现代刑法的核心价值观是功利主义。

（3）责任阻却事由。关于责任阻却事由的专著的主要内容集中在违法性认识和期待可能性理论上。关于违法性认识研究的专著有田宏杰的《违法性认识研究》〔5〕、于洪伟的《违法性认识理论研究》〔6〕、李涛的《违法性认识的中国语境展开》〔7〕；关于期待可能性研究的专著有童德华的《刑法中的期待可能性论》〔8〕和肖晚祥的《期待可能性理论研究》〔9〕；全国中青年刑

〔1〕 王政勋：《正当行为论》，法律出版社 2000 年版。
〔2〕 田宏杰：《刑法中的正当化行为》，中国检察出版社 2004 年版。
〔3〕 李怀胜：《正当行为制度适用》，中国人民公安大学出版社 2012 年版。
〔4〕 马乐：《刑法学中的“正当”与违法性理论》，法律出版社 2017 年版。
〔5〕 田宏杰：《违法性认识研究》，中国政法大学出版社 1998 年版。
〔6〕 于洪伟：《违法性认识理论研究》，中国人民公安大学出版社 2007 年版。
〔7〕 李涛：《违法性认识的中国语境展开》，法律出版社 2016 年版。
〔8〕 童德华：《刑法中的期待可能性论》，中国政法大学出版社 2004 年版。
〔9〕 肖晚祥：《期待可能性理论研究》，上海人民出版社 2012 年版。

法学者专题讨论会的组织者集结出版了关于违法性认识[1]和期待可能性[2]的论文集。

（4）刑罚阻却事由。关于刑罚阻却事由（不可罚性）的专著有：白洁的《刑法中的客观处罚条件研究》，该书认为，客观处罚条件是一种犯罪要素，属于冠以的可罚性概念的实体要件之一，是构成要件符合性、违法性、有责性之外的可罚性实体要件，是犯罪论体系之内的范畴[3]；王钰的《德国刑法教义学上的客观处罚条件》，该书梳理了客观处罚条件在德国刑法立法及判例上的起源，对客观处罚条件和诉讼条件进行了区分。

2018 年 4 月，华东师范大学法学院和上海市法学会联合举办了“出罪事由的理论与实践”的专题研讨会，就出罪事由的基础理论、正当化出罪事由、免责出罪事由和刑法分则中个罪的出罪事由进行了研讨[4]。事后，出版了研讨会论文集《出罪事由的理论与实践》[5]。

我国传统的刑事法律制度的变革肇始于清末修律，其代表性的成果是《大清新刑律》（未被施行），其借鉴了大陆法系近代刑法的体例。一些学者主张的刑法理论借鉴、吸收了德日刑法理论，刑法出罪事由问题一般在阶层犯罪论体系中被讨论。林山田教授认为，“犯罪判断包括前后依序相继的构成要件该当性判断、违法性判断与罪责判断”[6]，其将阻却违法事由分为

---

〔1〕 陈忠林主编：《违法性认识》，北京大学出版社 2006 年版。

〔2〕 刘远主编：《期待可能性》，北京大学出版社 2009 年版。

〔3〕 参见白洁：《刑法中的客观处罚条件研究》，群众出版社 2017 年版，第 149 页。

〔4〕 参见张伟：“出罪事由：如何形成一个科学体系”，载《检察日报》2018 年 5 月 17 日。

〔5〕 钱叶六主编：《出罪事由的理论与实践》，法律出版社 2019 年版。

〔6〕 林山田：《刑法通论》（上册）（增订 10 版），北京大学出版社 2012 年版，第 261 页。

法定的和非法定的违法事由，阻却违法事由包括正当防卫、紧急避难、依法令的行为、公务员依上级命令的职务行为、业务上的正当行为、被害人的同意或承诺等，罪责阻却事由包括无责任能力和不可避免的禁止错误。法定的减免罪责的事由有三：不知法律、防卫过当、避难过当。另外还有不法和罪责之外的可罚性条件：客观的可罚性条件和个人的阻却刑罚与解除刑罚事由。

2. 硕博学位论文

在中国知网中，以“定罪”作为题名进行检索，检索出 14 篇博士学位论文，252 篇硕士学位论文。[1]以“定罪”作为题名的 14 篇博士学位论文中，代表性的有：王桂萍的《定罪总论》（学位授予年度 2003 年）、怯帅卫的《定罪机制研究》（学位授予年度 2010 年）、洪星的《定罪基础理论和实践问题研究——以定罪中的非确定性类型为中心》（学位授予年度 2014 年）、徐世亮的《定罪的基本立场与方法导论》（学位授予年度 2019 年）。洪星在《定罪基础理论和实践问题研究——以定罪中的非确定性类型为中心》一文中，将定罪的类型分为确定性的定罪和非确定性的定罪，后者包括司法机关根据刑事政策“出罪”的情形。徐世亮在《定罪的基本立场与方法导论》一文中将定罪的主体确定为人民法院，将定罪的主要内容确定为判断行为是否构成犯罪以及构成何种犯罪。从上述具有代表性的关于定罪的博士论文来看，入罪和出罪始终是定罪的主要内容。

在中国知网中，以“出罪”作为题名进行检索，检索出 2 篇博士学位论文，分别为杨明的《程序法出罪功能研究》（学位授予年度 2010 年）和储陈城的《出罪机制规范论——以我国刑

---

〔1〕 检索时间为 2022 年 1 月 1 日。

事判决实证分析为基础》（学位授予年度 2016 年）；检索到 41 篇硕士学位论文[1]，其中代表性的硕士学位论文有：徐爱梅的《中国刑法出罪问题研究》、潘丽娜的《刑法微罪出罪及其机制研究》、汪飞的《我国犯罪构成体系“出罪机制”的构建》、师明磊的《出罪事由研究——侧重于司法裁判的视角》、陈积雪的《入罪的形式化与出罪的实质化：刑法解释立场的两个面向》、冯成的《论抽象危险犯的出罪机制》、张尊仆的《行政违法性判断对行政犯出罪化影响研究》。41 篇硕士学位论文中，部分论文论述了《刑法》第 13 条“但书”、事后行为、亲属间容隐行为、自救行为、维权行为、医疗行为、被害人承诺行为、法益恢复行为等出罪行为。《论抽象危险犯的出罪机制》一文认为，适用《刑法》第 13 条“但书”实现抽象危险犯的“严入”，被告人可以通过反证其行为不存在抽象危险而出罪——“宽出”。

在中国知网上，以“除罪”作为题名进行检索，检索出 6 篇硕士学位论文，没有检索出博士学位论文[2]，其中，代表性的硕士学位论文是李伟的《刑法之除罪化思想探讨》，该论文中的“除罪”就是非犯罪化。

在中国知网中，以“脱罪”作为题名进行检索，没有检索出硕士论文、博士论文。[3]

在中国知网中，以“非犯罪”作为题名进行检索，检索出 41 篇硕士学位论文，没有检索出博士学位论文。[4]其中，代表性的硕士学位论文有：聂颖的《非犯罪化研究》和郭小亮的《我国非犯罪化研究》，部分硕士学位论文探讨了安乐死、赌博、

---

[1] 检索时间为 2022 年 1 月 1 日。

[2] 检索时间为 2022 年 1 月 1 日。

[3] 检索时间为 2022 年 1 月 1 日。

[4] 检索时间为 2022 年 1 月 1 日。

重婚、滥用毒品等行为的非犯罪化。

在中国知网中，以“非罪化”作为题名进行检索，检索出18篇硕士学位论文，没有检索出博士学位论文。[1]其中，代表性的硕士学位论文是金晶晶的《司法非罪化的研究》，部分硕士学位论文探讨了安乐死、赌博、聚众淫乱、无被害人犯罪、帮助自杀、医疗等行为的犯罪化。

在中国知网中，以“非刑罚”作为题名进行检索，检索出47篇硕士学位论文，2篇博士学位论文即杜雪晶的《中国非刑罚化论纲》（学位授予年度2005年）和刘志刚的《非刑罚处罚制度研究》（学位授予年度2012年）。[2]其中，代表性的硕士学位论文是刘振全的《非刑罚化问题研究》、陈伟强的《论非刑罚方法》、贾丽的《非刑罚化适用的法理研究》。

在中国知网上检索[3]，关于以具体刑法出罪事由为主要内容进行研究的博士学位论文（不含已被出版的博士学位论文）有：

（1）《刑法》第13条“但书”。王远伟博士以《我国刑法第13条但书司法适用研究》（学位授予年度2017年）为题撰写了博士论文，该论文综合运用实证、比较、系统等多种研究方法，从“但书”的内涵、根基入手，考察现实状况，分析适用困境与缘由，探寻解决之道。即按照“是什么→怎么样→为什么→怎么做”的整体思路，逐步推进，全方位多角度对《刑法》第13条“但书”司法适用情况加以探究。该文认为：司法人员办理案件结合常识、常理、常情，凭着良知，所裁决的结果将不会受到质疑。近年来随着酒驾、扒窃的入刑，大家的目光逐渐集中在“但书”的规定。

---

〔1〕 检索时间为2022年1月1日。

〔2〕 检索时间为2022年1月1日。

〔3〕 检索时间为2022年1月1日。

（2）违法性阻却事由。以“正当防卫”为主题进行研究的博士论文有王国宾的《正当防卫疑难问题论要》（学位授予年度2007年）、张理恒的《刑法上正当防卫制度之“不法侵害”研究》（学位授予年度2012年）和王垚的《正当防卫权利的法理研究》（学位授予年度2020年）；以“紧急避险”为主题进行研究的博士论文有李小涛的《紧急避险研究》（学位授予年度2009年）；对正当化事由进行整体研究的博士论文有王骏的《刑法中的正当化事由基本问题研究》（学位授予年度2012年）。

（3）责任阻却事由。以“期待可能性”为主题进行研究的博士论文有王斌的《期待可能性之理论与实践研究》（学位授予年度2010年）和马宁的《期待可能性研究——我国犯罪成立体系下的引入论》（学位授予年度2010年）。

（4）刑罚阻却事由。研究刑法中不可罚行为的博士论文有贾楠的《刑法中的不可罚行为研究》（学位授予年度2012年）。

3. 期刊论文

在中国知网中，以“出罪”作为篇名进行检索[1]，检索出期刊论文153篇，其中，被引用次数居前五位的论文分别是陈兴良教授的《入罪与出罪：罪刑法定司法化的双重考察》、刘艳红教授的《刑法的目的与犯罪论的实质化——“中国特色”罪刑法定原则的出罪机制》、刘艳红教授的《“法益性的欠缺”与法定犯的出罪——以行政要素的双重限缩解释为路径》、梁根林教授的《刑事政策视野中的安乐死出罪机制》、刘艳红教授的《目的二阶层体系与“但书”出罪功能的自洽性》。这153篇以“出罪”为篇名的期刊论文研究的主要内容包括：①关于刑法“出罪”的内涵和外延，如陈兴良教授的《入罪与出罪：罪刑法

〔1〕 检索时间为2022年1月1日。

定司法化的双重考察》，夏勇教授的《试论“出罪”》，杜辉的《“出罪”的语境与界说》；②刑事诉讼程序出罪，如杨明的《程序法“出罪”功能研究》；③罪刑法定原则的出罪功能，如储陈城的《罪刑法定原则出罪功能的体系性构造》；④“犯罪”概念的出罪功能，如刘艳红教授的《入出罪走向出罪：刑法犯罪概念的功能转换》；⑤犯罪构成要件的出罪功能，如姚建龙、林需需的《四要件犯罪构成理论的出罪功能》；⑥超法规的出罪事由，如杜辉的《论人民法院的超法规出罪权》；⑦通过刑法解释出罪及司法解释中的出罪规范，如王骏、张新奎的《刑法解释论视域下的亲亲相隐出罪路径》，刘科的《司法解释中的出罪规范：类型、依据与完善方向》；⑧《刑法》第 13 条“但书”的出罪功能；⑨事后行为的出罪；⑩出罪的方法，如刘艳红教授的《形式入罪实质出罪：无罪判决样本的刑事出罪机制研究》；⑪一些具体行为的出罪，如中立帮助行为、安乐死、危险驾驶行为、非法经营、行政命令、聚众淫乱、裸聊、自杀参与行为、维权行为、销售假药、企业合规、受虐妇女事后反击行为等。

在中国知网中，以“除罪”作为篇名进行检索，检索出期刊论文 26 篇，其中代表性的论文有姚兵的《论刑法中的除罪条款》；以“非犯罪”作为篇名进行检索，检索出期刊论文 152 篇，其中代表性的论文有：张明楷教授的《司法上的犯罪化与非犯罪化》、贾学胜的《非犯罪化的概念界定》；以“非罪化”作为篇名进行检索，检索出期刊论文 29 篇；以“非刑罚”作为篇名进行检索，检索出期刊论文 121 篇〔1〕。

在中国知网中，以“脱罪”作为篇名进行检索，没有检索出期刊论文。〔2〕

---

〔1〕 以上检索时间均为 2022 年 1 月 1 日。

〔2〕 检索时间为 2022 年 1 月 1 日。

在中国知网中，以“出罪”作为篇名进行检索，2019年发表期刊论文15篇，其中，代表性的论文有：刘艳红教授的《“法益性的欠缺”与法定犯的出罪——以行政要素的双重限缩解释为路径》、储槐植、李梦的《论微罪的出罪事由》、柯明、王奕琛的《出罪事由的体系性位置比较研究》、孙本雄的《出罪及其正当性根据研究》等；2020年发表期刊论文22篇，其中，代表性论文有：孙国祥的《民法免责事由与刑法出罪事由的互动关系研究》《经济刑法适用中的超规范出罪事由研究》和《民法免责事由与刑法出罪事由的互动关系研究》，刘艳红的《形式入罪实质出罪：无罪判决样本的刑事出罪机制研究》[1]，石聚航的《司法解释中的出罪事由及其改进逻辑》，陈伟、钟滔的《刑法“但书”出罪的功能失调及其规范适用》，孙本雄的《入罪与出罪：我国〈刑法〉第13条的功能解构》，姚万勤的《网络技术行为的出罪路径与处罚边界》，陈洪杰的《“事后”防卫行为的入罪与出罪——基于法社会学视角的分析》，高雨欣的《我国轻微刑事案件出罪模式的现状及其完善》等；2021年发表期刊论文23篇，其中，有代表性的论文有：陈瑞华教授的《企业合规出罪的三种模式》、陈洪兵教授的《中立帮助行为出罪根据只能是客观行为本身——有关共犯司法解释的再解释》、刘科的《司法解释中的出罪规范：类型、依据与完善方向》[2]、

---

〔1〕 在该文中，刘艳红教授以无罪判决为分析素材，其认为：实践中，出罪立场混乱、出罪方法无序，《刑法》第13条“但书”在出罪机制运行中过度透支，应当厘清《刑法》第13条“但书”与其他法定出罪事由之间的关系，增补法定出罪事由的类型。可按照阶层论，将出罪事由分别归入违法阶层和责任阶层。

〔2〕 在该文中，刘科副教授对我国刑事司法解释和部分刑事规范性文件进行了考察，其将出罪规范分为“无罪”和“有罪归为无罪”两大基本类型，后者的法理依据是“需罚性”的丧失。应对刑事司法解释中的出罪规范进行完善，明晰出罪事由，规范出罪后果的表述方式，合理配置出罪事由与出罪后果。

任建新的《法治社会视域下出罪路径的抉择》等。可见，“出罪”的理论和实践问题越来越引起学者们的重视，对出罪的事由、体系、路径、方法等的研究成果越来越多，“出罪”问题逐渐成为刑法学研究的热点。

可以说，国内研究刑法出罪具体事由的成果较多，但研究刑法出罪事由、出罪方法的成果偏少，结合司法实践，对刑法出罪事由进行体系化研究十分有必要。

（二）国外文献综述

无论是大陆法系国家的学者，还是英美法系国家的学者，大都在犯罪成立要件内研究刑法出罪事由。

德国刑法学家弗兰茨·冯·李斯特的《德国刑法教科书》论证了合法化事由的认定、排除违法性的其他情况、无责任能力的几种情况、因可不期望合法行为而被免责等刑法出罪事由。〔1〕汉斯·海因里希·耶赛克、托马斯·魏根特的《德国刑法教科书》〔2〕将刑法出罪事由分为阻却违法性出罪事由（包括正当防卫、合法化的紧急避险、被害人同意与推定同意、基于公务员的职权行为、被允许的危险）、免责的出罪事由（包括免责的紧急避险、免责的防卫过当、基于职务指示的行为、作为超法规免责事由的义务冲突、不可期待性以及良心决定）、不法与责任以外的应受处罚性条件的出罪事由（个人之阻却刑罚事由和个人之解除刑罚事由、应受处罚性的客观条件）。罗克辛的《德国刑法学总论：犯罪原理的基础构造》（第1卷）〔3〕在违法性一

---

〔1〕 参见［德］弗兰茨·冯·李斯特：《德国刑法教科书》，徐久生译，法律出版社2000年版，第198~350页。

〔2〕［德］汉斯·海因里希·耶赛克、托马斯·魏根特：《德国刑法教科书》，徐久生译，中国法制出版社2017年版。

〔3〕［德］克劳斯·罗克辛：《德国刑法学总论：犯罪原理的基础构造》（第1卷），王世洲译，法律出版社2005年版。

章中论述了紧急防卫、正当化紧急状态、职务权和强制权、官方的批准、出于允许性风险的正当化根据等刑法出罪问题，在罪责和责任一章中论述了罪责能力、禁止性错误、排除责任的紧急状态等刑法出罪问题，在其他刑事可罚性的条件一章中论述了刑事可罚性的客观条件和排除刑罚的根据。罗克辛的《德国最高法院判例：刑法总论》选编了德国最高法院关于正当化事由（正当防卫、正当化的紧急避险、承诺和推定承诺）和罪责（归属能力、禁止错误、免除罪责的事由）的经典案例。

日本刑法理论的犯罪论部分受德国刑法影响深远，独具特色，阶层论的犯罪论体系受到青睐。前田雅英的《刑法总论讲义》(第6版)〔1〕在违法阻却事由一章中论述了正当业务行为(包括法令行为、业务行为，如治疗（医疗)、运动行为、采访活动等）和其他的正当行为（被害人的同意、推定的同意、安乐死)、正当防卫、紧急避险；在责任阻却事由一章中论述了期待可能性、无责任能力等。松原芳博在《刑法总论重要问题》〔2〕中将违法阻却事由分为正当防卫、紧急避险、法令行为、正当业务行为、义务冲突、私力救济、狭义的超法规的违法阻却事由、可罚的违法阻却事由；在责任论中论述了心神丧失、刑事未成年人、期待不可能性、违法性认识不可能性等责任阻却事由。

法国学者斯特法尼等的《法国刑法总论精义》第二章主要从不负刑事责任的客观原因、主观原因、某些犯罪人的刑事责任的特别规则三大方面论述刑法出罪事由。〔3〕意大利学者杜里

〔1〕［日］前田雅英：《刑法总论讲义》（第6版)，曾文科译，北京大学出版社2017年版。

〔2〕［日］松原芳博：《刑法总论重要问题》，王昭武译，中国政法大学出版社2014年版。

〔3〕参见［法］卡斯东·斯特法尼等：《法国刑法总论精义》，罗结珍译，中国政法大学出版社1998年版，第336~414页。

奥·帕多瓦尼的《意大利刑法学原理》在客观违法性、罪过两章中论述了出罪事由，阻却违法性事由包括权利人同意、行使权力、履行义务、正当防卫、紧急避险、合法使用武器等，阻却罪过事由包括无期待可能性、排除心理联系的原因、不可避免地对刑法规定的认识错误等。[1]

近代刑法学产生于德国，德国的刑法学理论对大陆法系各国的刑法理论和刑法立法、司法产生了广泛而深刻的影响。在全球化时代，刑法出现趋同现象，即不同法域的刑法文化、刑法理论、刑事立法、司法趋于相同或相似的现象。[2]

英美刑法的犯罪成立要件（模式）是双层控辩平衡模式，第一层次是犯罪本体要件，包括犯罪行为和犯罪心态，是犯罪成立的积极要件，第二层次是责任充足要件，如果具有责任充足要件，就能否定犯罪的成立，其主要分为特殊辩护理由和一般辩护理由，前者是个罪中的阻却犯罪成立理由，后者是适用于所有犯罪的阻却犯罪成立理由，可视为出罪事由，后者包括未成年、精神病、错误、醉态、被害人承诺、上级命令、胁迫、正当防卫、紧急避险、警察圈套等。[3]

《阿什沃斯刑法原理》是介绍英国的刑法基本问题的专著，该书的第七章第一节介绍了免责和其他辩护事由。[4]美国学者德雷斯勒在《美国刑法精解》(第4版)[5]一书中将辩护理由分

---

〔1〕［意］杜里奥·帕多瓦尼：《意大利刑法学原理》（注评版），陈忠林译评，中国人民大学出版社2004年版，第153~351页。

〔2〕参见叶小琴："论刑法的趋同"，载《法学评论》2009年第3期。

〔3〕参见赵秉志主编：《英美刑法学》，中国人民大学出版社2004年版，第119~195页。

〔4〕参见［英］杰瑞米·侯德：《阿什沃斯刑法原理》（第8版），时延安、史蔚译，中国法制出版社2019年版，第240页。

〔5〕［美］约书亚·德雷斯勒：《美国刑法精解》(第4版)，王秀梅等译，北京大学出版社2009年版。

为正当理由和免责辩护理由，前者包括自卫、保护他人、保护财产和居住地、法律执行、紧急避险等，后者包括胁迫、醉态和精神病，该书的第十七章第五节阐述了区分正当理由和免责的理由。

四、研究方法

（1）案例研究法。司法案例是法学研究的源头活水，法律规范是从司法案例中归纳、抽象出来的，法律规范对现实世界的作用是通过一个个司法案例来实现的。同时，司法案例也起到规范、指引公民行为、倡导社会主流价值观的作用。司法案例为出罪研究提供了丰富的问题资源，通过分析出罪刑事司法案例，可以归纳出罪的规则。通过观察法律规范在个案中的适用效果，可以发现法律规范存在的问题，为修改、完善法律规范提供依据。

（2）刑事一体化研究法。储槐植教授指出："刑事一体化的内涵是刑法和刑法运行内外协调，即刑法内部结构合理（横向协调）与刑法运行前后制约（纵向协调）。"[1]刑事一体化既是理念，又是研究方法。刑法出罪问题虽然是刑事实体法的问题，但是其有效发挥作用，还需要与程序法良性互动。如何看待出罪并实现有效出罪，还涉及犯罪学、刑事政策学等学科。

（3）比较研究法。国内外关于刑法出罪的研究成果十分丰富，其中有不少最新研究成果和值得借鉴的研究方法，为此，查阅和总结国内外关于刑法出罪问题研究文献，从中提取基本的理论观点，吸取其中有价值的研究方法，也是本书研究的一个重要方法。同时，通过对大陆法系、英美法系国家刑法出罪

---

〔1〕 储槐植："再说刑事一体化"，载《法学》2004年第3期。

事由立法的比较，可以发现各自的短长，有利于互相借鉴。

（4）历史研究法。历史研究法其实是比较研究法的一种，是按照历史发展的顺序对某一问题进行研究的方法。运用历史研究法，可以梳理某一问题的发展脉络、演变规律、演变趋势。本书梳理了古今刑法出罪事由，梳理其演变的历史。

（5）跨学科研究方法。对刑法“出罪难”的原因分析涉及心理学、经济学、社会学等多学科。在研究“刑法出罪”问题时，需要突出多学科交叉研究的优势，兼顾研究的专业性和综合性。

五、基本思路

本书以刑事实体法中的出罪事由（出罪的事实、理由）为研究对象，从刑法出罪事由的内涵、根基入手，考察司法适用现实状况，结合大量的司法案例，归纳出罪规则，分析刑事司法实践中“出罪”难的原因，提出若干缓解刑法理论与实践冲突的对策。在借鉴德日刑法、英美刑法中的出罪事由的基础上，拟建构正当化出罪事由—免责的出罪事由—不可罚的出罪事由三层次的出罪事由体系，即按照“是什么→怎么样→为什么→怎么做”的整体思路，逐步推进，全方位、多角度对刑法出罪事由司法适用问题进行研究。

六、可能的创新点和不足

判定行为是否成立犯罪的过程是由入罪判断和出罪判断两个判断过程组成的，出罪判断是入罪判断之后必不可少的犯罪认定阶段，入罪判断依据的是刑法对于犯罪的明文规定（必须遵守罪刑法定原则），而出罪判断依据的则是出罪事由。对出罪事由进行研究，是解决出罪判断问题的关键，对于刑法实践和理论都具有重大意义。本书可能的创新点有：

（1）系统梳理了古今中外刑法的出罪事由并寻找蕴含在其中的法理。

（2）利用中国裁判文书网，对刑法出罪事由的适用进行实证研究。以刑事司法案例为分析素材，对近年来发生的刑事司法热点案件进行剖析，结合刑法理论，尝试为司法实践中如何出罪提供指导规则。

（3）提出了刑事出罪事由适用的优化路径。针对司法实践中对刑法出罪事由存在不敢用、不愿用、滥用等现实情况，通过分析原因，从宏观、中观、微观三方面提出优化路径。

（4）研究聚焦于刑法出罪事由的刑法理论与实践的互动研究，强调刑法理论与刑事司法实践的协调，拓展了刑事一体化的研究视野。

研究的不足在于：缺乏对大陆法系、英美法系国家刑法出罪事由的适用情况的研究；选题涉及面广，容易导致研究不够深入。

第一章

刑法出罪事由之基本蕴含

概念是知识和逻辑的起点，在展开对问题的研究之前，必须弄清楚其基本概念和外延，并将其与其他问题加以区分。研究刑法出罪事由，必须从其基本概念入手。

第一节　刑法出罪事由的内涵界定

一、入罪和出罪是定罪的过程和结果

刑法是罪与刑的规范，定罪和量刑是刑事司法活动[1]的两大主题，没有犯罪就没有刑罚，具体犯罪对应着刑种、刑量，轻罪决定轻刑，重罪决定重刑，定罪决定着量刑，定罪是量刑的前提，准确的定罪是正确量刑的基础。

苏联刑法学家B. H. 库德里亚夫采夫认为："定罪是事实行为要件与刑法规定的犯罪构成要件的准确相符的确定和法律固定。"[2]在他看来，定罪是一种法律评价活动，既是过程（即

---

〔1〕 在我国，司法机关是广义的概念，是指侦查机关、检察机关、审判机关、司法行政机关，它们分别行使刑事侦查权、起诉权、审判权、执行权，四机关各司其职，相互配合，形成一个刑事案件的流水线。而狭义的司法机关仅指法院。

〔2〕 ［苏］B. H. 库德里亚夫采夫：《定罪通论》，李益前译，中国展望出版社1989年版，第3页。

将实施行为要件与刑法规定的犯罪构成要件相对比），又是结果（即将行为要件与犯罪构成要件的符合情况确定下来）。但是，定罪应该包含两种结果，即行为要件与犯罪构成要件的符合或者不符合，符合即意味着行为入罪，不符合即意味着行为出罪。

王勇认为："定罪是对被审理的行为与刑法规定的犯罪构成进行相互一致的认定活动。"〔1〕定罪的对象是行为，因为犯罪是一种行为，定罪就是将犯罪行为从待定罪的行为中筛选出来。定罪的主要内容是判定罪与非罪、此罪与彼罪、重罪与轻罪、一罪或数罪、单独犯罪或共同犯罪、故意犯罪的停止形态等。〔2〕"从我国有关法律的规定来看，国家的公安机关、检察机关和审判机关都程度不同地参与着定罪活动"〔3〕，这意味着定罪的主体是广义的司法机关，包括侦查机关、检察机关、审判机关。根据我国《刑事诉讼法》的规定，侦查机关在案件侦查终结后，认为犯罪事实清楚、证据确实充分，依法应当追究犯罪嫌疑人的刑事责任，应当制作起诉意见书并移送检察院审查起诉，起诉意见书包括犯罪嫌疑人的基本情况、侦查过程、犯罪事实、证据、罪名等，起诉意见书是侦查机关对犯罪嫌疑人的指控书，检察院审查起诉和法院审判的重要依据。检察机关在审查完毕后，认为犯罪嫌疑人的犯罪事实已经被查清，指控犯罪的证据达到确实充分的程度，依法应当追究犯罪嫌疑人的刑事责任，检察机关应制作起诉书并向法院提起公诉，起诉书包括被告人的基本情况、审查查明的犯罪事实、证据、罪名等。法院对刑事案件进行审理后，认为犯罪事实清楚、证据确实充分，依法应当追究被告人的刑事责任，应当制作判决书，判决书包括被

〔1〕 王勇：《定罪导论》，中国人民大学出版社 1990 年版，第 13 页。
〔2〕 参见王勇：《定罪导论》，中国人民大学出版社 1990 年版，第 20~26 页。
〔3〕 王勇：《定罪导论》，中国人民大学出版社 1990 年版，第 14 页。

告人的基本情况、审理查明的犯罪事实、证据、罪名等。根据我国《刑事诉讼法》第12条的规定，未经人民法院依法判决，对任何人都不得确定有罪。这意味着法院是定罪的主体，享有定罪的最终决定权，而侦查机关、检察机关均不享有定罪的最终决定权。按照我国《刑事诉讼法》的规定，检察机关在审查起诉时，可以对侦查机关移送的起诉意见书中拟定的罪名进行变更，而法院在审判过程中，可以对检察机关、自诉人指控的罪名进行变更。法院对检察机关、自诉人指控的罪名的变更并不违背控审分离、不告不理原则，因为事实是定罪的基础，法院的审判范围并没有突破检察机关、自诉人指控的事实范围。从罪名变更的规定可以看出，侦查机关、检察机关也享有定罪权，但最终的定罪权掌握在法院手中，只有生效裁判文书对刑事被告人行为性质作出的认定，才是定罪的最终结果，这是符合现代法治原则的。既然侦查机关、检察机关参与定罪，那么定罪的对象就不能被局限在“被审理的行为”，应包括被侦查、审查的行为。

苗生明认为：“定罪就是人民法院按照刑事诉讼程序，确定被审理的案件事实与刑法中所规定的犯罪概念和犯罪构成是否相符合的活动。”〔1〕在苗生明看来，侦查机关和检察机关不享有定罪的最终决定权，因而不是定罪的主体，只有法院才是定罪的主体。定罪的事实依据是经法院审理查明的事实，法律依据是犯罪概念和犯罪构成，定罪的过程就是确定被审理的案件事实与刑法中所规定的犯罪概念和犯罪构成是否相符合的活动。〔2〕如果将定罪理解为“确定罪名”，那么定罪的主体只能局限于法院；而如果将定罪理解为“判断行为与犯罪概念、犯罪构成是否相符的活动”，定罪的主体包括侦查机关、检察机关。

---

〔1〕 苗生明：《定罪机制导论》，中国方正出版社2000年版，第13页。

〔2〕 苗生明：《定罪机制导论》，中国方正出版社2000年版，第8~13页。

《刑法学全书》将“定罪”界定为：“国家审判机关在刑事诉讼程序中，依据刑法及其他刑事规范对某种确定的事实认定符合刑法规定的犯罪构成并确定罪名的审判活动。”〔1〕可见，定罪的主体是国家审判机关，定罪是审判的一部分，定罪的目的是对某种确定的事实认定符合刑法规定的犯罪构成并确定罪名。

我国1979年《刑事诉讼法》第93条规定了免予起诉制度，即检察机关对侦查机关移送审查起诉的案件或自侦案件，认为犯罪嫌疑人的行为虽然构成犯罪且应当负刑事责任，但是不需要对其判处刑罚或者免除刑罚，而不向法院提起公诉从而终结刑事诉讼的制度。免予起诉制度的法律效果是定罪不处刑或者定罪免刑，实际上赋予了检察机关定罪权。由于免予起诉制度存在未经审判先定罪、被告人未获得辩护权、免予起诉权不受有效制约等问题，该制度被1996年《刑事诉讼法》中的不起诉制度所取代。

定罪是一种规范判断活动，定罪必须有事实和法律依据。定罪的法律依据是犯罪概念和犯罪构成，犯罪概念是犯罪构成的前提和基础，而犯罪构成是犯罪概念的具体运用。犯罪概念从总体上、观念上来区分罪与非罪的界限，而刑法分则具体的犯罪构成是认定罪与非罪、此罪与彼罪的具体标准。〔2〕我国《刑事诉讼法》第12条实际上是有关无罪推定原则的规定。根据这一规定，在法院生效裁判确定被告人有罪之前，被告人应被推定为无罪，即法院才享有最终判定被告人的行为是否成立犯罪的权力。为贯彻无罪推定原则，我们可以把侦查机关、检

---

〔1〕 马克昌、杨春洗、吕继贵主编：《刑法学全书》，上海科学技术文献出版社1993年版，第41页。

〔2〕 参见高铭暄、马克昌主编：《刑法学》（第9版），北京大学出版社、高等教育出版社2019年版，第47页。

察机关对犯罪嫌疑人行为性质的判定活动称之为“准定罪”。根据上述苗生明对定罪的界定，定罪或准定罪活动的最终结果有且仅有两个：一是进入犯罪评定的行为与犯罪概念和犯罪构成相符，二是进入犯罪评定的行为与犯罪概念和犯罪构成不相符，前者是入罪，后者是出罪。入罪和出罪的判断是被包含在定罪活动中必经的过程，入罪或出罪是定罪必选其一的结果。

值得注意的是，对入罪和出罪的判断是准定罪活动中必经的过程，入罪或出罪是准定罪必选其一的结果。在准定罪活动中，出罪的结果是不予立案、撤销案件、不起诉。侦查机关、检察机关、审判机关不予立案的条件是：认为犯罪嫌疑人、被告人没有犯罪事实或者具有《刑事诉讼法》第16条规定的情形之一的。已经被追究的，应当撤销案件；检察机关不起诉的条件是：绝对不起诉（具有《刑事诉讼法》第16条规定的情形之一）、相对不起诉（犯罪嫌疑人的犯罪行为情节轻微，依照刑法规定不需要判处刑罚或者免除刑罚）、存疑不起诉（经过补充侦查，仍认为证据不足）和附条件不起诉（针对未成年犯罪嫌疑人）；审判机关终止审理或宣告无罪（现有的证据能证明被告人无罪的，应宣告其无罪）的条件是：具有《刑事诉讼法》第16条规定的情形之一。侦查机关、检察机关、审判机关不予立案、撤销案件、检察机关不起诉、审判机关终止审理、宣告无罪都是出罪的处理方式。

二、“出罪”的历史渊源

“出罪”一词并非法律规范意义上的术语，而是约定俗成的词汇。“出罪”一词最早出现在《唐律》中，其有两种含义：

（一）司法官渎职罪名

“出入人罪”是规制司法官裁判行为的罪名，所谓“出罪”

就是将有罪判为无罪或者将重罪判为轻罪，所谓“入罪”即是将无罪判为有罪，将轻罪判为重罪。“出入人罪”可被拆解为“出人罪”和“入人罪”。林咏荣认为，“出入人罪”惟其著之于法典而可考者，则推唐律〔1〕，也就是说“出入人罪”最早被明文规定在《唐律》中。《唐律》规定：“诸官司入人罪者，谓故增减情状足以动事者，若闻知有恩赦而故论决，及示导令失实辞之类……其出罪者，各如之……断罪失于入者，各减三等；失于出者，各减一等。”《唐律疏议·断狱》“官司出入人罪”条规定：“诸官司入人罪者，若入全罪，以全罪论。从轻入重，以所剩论……其出罪者各如之。即断罪失于入者，各减三等；失于出者，各减五等。”宋朝曾有规定，官司断案，失出者无罪，失入者死罪；明清两朝对司法官“出入人罪”的处罚，基本沿袭了唐律的原则，即故出入人罪者，坐以所出入之罪。〔2〕从以上规定可以看出，“出入人罪”是司法官的渎职犯罪，相当于现代刑法中的“徇私枉法罪”，犯罪的主观方面有故意和过失，而对出入人罪的处罚带有强烈的报应色彩，即“若入全罪，以全罪论。从轻入重，以所剩论”。

现存有记载的规制司法官裁判行为的法律是《吕刑》，其也是我国第一部成文刑法典。《吕刑》要求司法官秉承“其罪惟均，其审克之”的办案原则，严禁出现“五过”行为，“五过”即惟官、惟反、惟内、惟货、惟来，有“五过”行为之一者，要受到与罪犯相同的惩罚。可以说“五过”是出入人罪的原因。根据《睡虎地秦墓竹简》记载，秦朝规定了“纵囚”“不直”“失刑”，均为司法官的渎职犯罪：“纵囚”是指司法官故意将

〔1〕 林咏荣：《中国法制史》，永裕印刷厂1976年版，第209页。

〔2〕 高铭暄、马克昌主编：《刑法学》（第9版），北京大学出版社、高等教育出版社2019年版，第530页。

有罪判无罪或者将重罪判为轻罪，大致相当于唐律中的“出罪”，是放纵罪犯；“不直”是司法官故意将无罪判为有罪或者将轻罪判为重罪，大致相当于唐律中的“入罪”；“失刑”是指司法官出于过失而导致量刑不当。宋元明清一直沿用唐律中“出入人罪”的规定，但处罚有所不同。

（二）刑事类推方法

《唐律·名例》“断罪无正条”规定：“诸断罪而无正条，其应出罪者，则举重以明轻；其应入罪者，则举轻以明重。”这一规定的意思是，刑法典没有明确将某行为规定为犯罪，如果应当将其不作为犯罪来处理，则需列举出比此行为更严重却未被作为犯罪来处理的行为；如果应当将其作为犯罪来处理，则需列举出比此行为更轻却被作为犯罪来处理的行为。其中，“出罪”相当于不作为犯罪来处理，“入罪”相当于作为犯罪来处理，“出罪”“入罪”的含义已相当接近现代含义。无论是“举重以明轻”还是“举轻以明重”，其都是类推解释方法，即根据两行为在某些属性上具有相同点或相似点而推定他们在性质上相同。出于保护人权的考虑，现代刑法禁止不利于被告人的类推，但不禁止有利于被告人的类推。

在英美刑法中，有对应“入罪”的 inculpate 和“出罪”的 exculpate，前者意思是“归罪于”，后者的意思是“使……无罪”。〔1〕

三、当代学者对“出罪”含义的解读

当代众多学者的论文中有“出罪”一词出现，但含义有所不同：

陈兴良教授认为：“罪刑法定原则只是限制法官对法无明文

〔1〕 参见［美］乔治·P. 弗莱彻：《刑法的基本概念》，蔡爱惠、陈巧燕、江溯译，中国政法大学出版社 2004 年版，第 119 页。

规定的行为入罪，但并不限制法官对法有明文规定的行为出罪。”〔1〕这里的“出罪”与唐律中的“其应出罪者，则举重以明轻”的含义基本相同，即法官依法判定被告人的行为不构成犯罪的诉讼过程。

夏勇认为，出罪就是在司法定罪活动中把有罪归于无罪的情形，“有罪”是出罪的前提，如果严格按照法律来定罪，就不存在实体意义上的“出罪”，只有在构成犯罪基础上的程序意义上的“出罪”。〔2〕从词语的逻辑上来看，的确在行为构成犯罪后，才有“出罪”的空间，但是如果将“出罪”的含义仅仅局限在“将有罪归入无罪”的情形，则使得实体上的“出罪”并无存在的空间。

杨彩霞、周罡认为，有人主张应对“人肉搜索”行为入罪，但其社会危害尚在可承受的范围内，不宜入罪，应出罪。〔3〕这里的“入罪”是指在立法上将某种行为规定为犯罪，是某种行为被“入刑”，是立法上的“犯罪化”，例如将原来不构成犯罪的醉驾行为规定在“危险驾驶罪”中。“出罪”是指在立法上将某种犯罪行为删除，从而不再是犯罪行为，是立法上的“非犯罪化”“除罪化”，例如将通奸罪从刑法中删除，从而使得通奸行为不再是犯罪行为。

储槐植、张永红认为，《刑法》第13条“但书”可以出罪从而缩小了犯罪圈，因为其将原本要被作为犯罪处理的行为从

---

〔1〕 陈兴良：“入罪与出罪：罪刑法定司法化的双重考察”，载《法学》2002年第12期。

〔2〕 参见夏勇：“试论‘出罪’”，载《法商研究》2007年第6期。

〔3〕 参见杨彩霞、周罡：“‘人肉搜索’：入罪抑或出罪”，载《学习月刊》2010年第14期。

犯罪圈中排除出去……“但书”具有出罪功能。[1]这里的“出罪”是将原本要被作为犯罪处理的行为从犯罪的行为中排除出去，不认为是犯罪。

上述学者分别从司法、立法、功能方面理解“出罪”的含义，本书研究的“刑法出罪事由”中的“出罪”是实体层面的、司法层面的“出罪”。

以“出罪”为研究主题的专著作者对“出罪”或“出罪事由”的界定各有不同：

方鹏在司法层面论证“出罪”，“司法出罪，指的是在现有刑法规定、现有犯罪构成理论、现有犯罪认定制度的基础上，裁判者根据既有的规范规定、刑法理论，将已经进入犯罪评定圈的行为从犯罪圈中排出、不再认定为犯罪的过程”。[2]在方鹏看来，出罪的基础是现有的“刑法规定”“犯罪构成理论”“犯罪认定制度”，出罪的依据是“既有的规范规定、刑法理论”，出罪的主体是裁判者即法官，出罪的核心是“将已经进入犯罪评定圈的行为从犯罪圈中排除”，出罪的法律效果是“不再认定为犯罪”，即作无罪处理。

杨明在程序法层面论证“出罪”，其认为“出”和“入”具有相对性，没有“入罪”就没有“出罪”，“入罪”是“出罪”的先决条件，不能将法律上没有认定为犯罪的行为都视为“出罪”，如此，“出罪”的范围就过于广泛。因此，其将“出罪”界定为“犯罪行为的非犯罪化处理”。[3]

---

〔1〕参见储槐植、张永红：“善待社会危害性观念——从我国刑法第 13 条但书说起”，载《法学研究》2002 年第 3 期。

〔2〕方鹏：《出罪事由的体系和理论》，中国人民公安大学出版社 2011 年版，第 11 页。

〔3〕参见杨明：《程序法出罪功能研究》，法律出版社 2011 年版，第 1~2 页。

杜辉也在司法层面上论证“出罪”，其认为：“出罪是刑事司法机关依据法律或者法理，对进入刑法视野的疑似犯罪行为进行评价，而最终作出不追究刑事责任的结论的司法过程和刑法解释过程。”〔1〕在杜辉看来，出罪的主体是刑事司法机关（包括侦查机关、检察机关、审判机关），出罪的依据是“法律或者法理”，出罪的对象是“疑似犯罪行为”而不是所有的行为，出罪的法律效果是“不追究犯罪嫌疑人、被告人的刑事责任”，出罪是一种司法过程和刑法解释过程。

储陈城也在司法层面上论证“出罪”，其认为：出罪是“在现有刑法规定、现有犯罪构成理论、现有犯罪认定制度的基础上，裁判者根据既有的规范规定、刑法理论，将已经进入犯罪评定圈的行为从犯罪圈中排除，不再认定为犯罪的过程”，而出罪机制是“人民法院据以判决被告人无罪的刑法法律根据”。〔2〕在储陈城看来，出罪的基础是现有“刑法规定”“犯罪构成理论”“犯罪认定制度”，出罪的依据是“既有的规范规定、刑法理论”，出罪的核心是“将已经进入犯罪评定圈的行为从犯罪圈中排除”，出罪的法律效果是“行为不再被认定为犯罪”。

高诚刚同样在司法层面论证“出罪”，“出罪是指因存在某种特定事由而将本应或本可以作为犯罪论处的行为不认为是犯罪，或不予刑事处罚的刑事司法活动”，他认为有罪是“出罪”的前提，行为本身不构成犯罪，就不可能被“出罪”，形式上构成犯罪的行为才能被出罪。〔3〕在高诚刚看来，出罪的依据是“某种特定的事由”，出罪的对象是“本来应该或者本来可以作

〔1〕参见杜辉：《刑事法视野中的出罪研究》，中国政法大学出版社 2012 年版，第 18 页。

〔2〕参见储陈城：《出罪机制保障论》，法律出版社 2018 年版，第 39 页。

〔3〕参见高诚刚：《经济犯罪出罪事由研究》，武汉大学出版社 2018 年版，第 36 页。

为犯罪论处的行为”，出罪的法律效果是“不认为是犯罪”或者“不予刑事处罚”，这里的“不予刑事处罚”虽然可作为犯罪处理，但是可免予刑事处罚。〔1〕高诚刚将出罪事由分为违法阻却事由、责任阻却事由和刑罚阻却事由，其中，《刑法》第37条规定的免予刑事处罚（定罪免刑）被包含在刑罚阻却事由中。〔2〕

四、本书对“出罪”的界定

在把握“出罪”的含义时，要先明确以下几个问题：

（1）出罪的性质。出罪是定罪中的一个方面，是一种司法活动，是国家刑罚权行使的过程。当然，我们也可将出罪理解为定罪的结果之一，或者某种法律制度具有的功能，如我国《刑法》第13条“但书”就具有出罪功能。既然出罪是定罪的一个方面，那么，其就是一种评价判断活动。从内容上来说，“评价判断是关于经验对象的条件与结果的判断”〔3〕。评价判断活动是一种价值判断，所谓价值是“客体事实属性对主体需要的效用”，好坏利害合起来构成价值概念”〔4〕，价值判断体现了主体与客体的作用关系。价值判断与事实判断是相对的，前者是主观的，是“what ought to be”的问题，是一种规范性判断，没有唯一的结论，而后者是客观的，是“what is”的问题，是一种描述性判断，有唯一的结论。价值判断的结论和判断主

---

〔1〕参见高诚刚：《经济犯罪出罪事由研究》，武汉大学出版社2018年版，第40页。

〔2〕参见高诚刚：《经济犯罪出罪事由研究》，武汉大学出版社2018年版，第41页。

〔3〕［美］约翰·杜威：《确定性的寻求：关于知行关系的研究》，傅统先译，上海人民出版社2004年版，第268页。

〔4〕参见王海明：《伦理学原理》（第3版），北京大学出版社2009年版，第19页。

体的价值观相关，出罪是一种价值判断活动，根据不同的刑法规范、刑法理论进行判断可能会得出不同的结论。既然出罪是一种司法活动，那么，立法上的非犯罪化就不是出罪，如将通奸罪从刑法典中删除。

（2）出罪既包括刑事实体法（刑法）上的出罪，也包括刑事程序法（刑事诉讼法）上的出罪。本书研究的“刑法出罪事由”正是刑事实体法上的出罪事由，即以刑事实体法而不是以刑事程序法为依据的出罪事由。《程序法出罪功能研究》认为，刑事程序法上的出罪事由包括：刑事和解、制裁部分程序违法、容忍某些特殊侦查、交易豁免、犯罪人死亡、无罪判决（基于“一事不再理原则”）、律师辩护言论、程序法上的超法规事由。[1]

（3）出罪的主体。上面已经论证，定罪的最终主体是行使审判权的法院，在生效裁判确定被告人有罪之前，应推定被告人无罪。但是，在司法实践中，侦查机关、检察机关也参与出罪活动，也有认定犯罪嫌疑人、被告人无罪的权力。根据我国《刑事诉讼法》，侦查机关拥有不立案、撤销案件的权力，而检察机关拥有不立案、撤销案件、不起诉的权力。而不立案、撤销案件、不起诉的法律效果等同于无罪——出罪。有学者认为，不立案、撤销案件、不起诉是程序上的处分权，但是不立案、撤销案件、不起诉是侦查机关、检察机关对案件事实进行价值判断的结果，与法院的定罪活动并无实质上的区别，不妨碍法院享有的最终的定罪决定权；此种程序上的处分权对犯罪嫌疑人、被告人实体上的权利产生的影响和无罪的法律效果相同。因此，可以将出罪的主体确定为侦查机关、检察机关、审判机关。

（4）出罪的对象。犯罪是一种行为，只有思想而没有行为

---

〔1〕 参见杨明：《程序法出罪功能研究》，法律出版社 2011 年版，第 112～238 页。

不构成犯罪。定罪主要就是判定行为是否构成犯罪、构成何种犯罪的过程。既然定罪是一种价值判断过程和结果，定罪包含入罪、出罪两个方面，那么，出罪的对象就是行为。是否所有的行为都是出罪的对象？答案是否定的。只有那些进入犯罪评定圈的行为才是出罪的对象，出罪的对象不能漫无边际，否则影响司法效率。什么是犯罪评定圈呢？先要明确什么是"犯罪圈（刑罚圈）"，因为犯罪行为是应受刑罚处罚的行为，所以"犯罪圈"是立法者所划定的应受刑罚处罚的行为之范围，"犯罪圈"也是立法上犯罪化的范围。[1]"犯罪圈"从犯罪边界（即什么性质的行为应被认定为犯罪行为）和犯罪程度（即什么危害程度的行为应被认定为犯罪行为）两个方面来界定。[2]只有那些严重危害社会的行为才应被划入犯罪圈，从而受到刑罚处罚。"犯罪圈"是立法者划定的，通过刑法规范表现出来，但是刑法规范是用文字表现出来的，由于文字的抽象性、多义性，刑法规范需要被解释，司法者在解释刑法时，可能会扩充犯罪行为，从而扩大立法者划定的犯罪圈，如立法者在制定刑法时，虚拟财产还没有出现，当进入网络社会时，虚拟财产大量产生，便产生了刑法保护虚拟财产的需要，如果立法者未对刑法中"财产"一词的含义进行扩充，司法者通过扩大解释"财产"含义，便将虚拟财产囊括到"财产"中，从而扩大了"犯罪圈"。犯罪评定圈是司法机关（侦查机关、检察机关、审判机关）依法判定的应受刑罚处罚的行为之范围，因为犯罪评定是一种价值判断，具有主观色彩，一些不应受刑罚处罚的行为可

---

〔1〕 参见谢佳红："犯罪圈的划定与文化变迁"，中南民族大学2009年硕士学位论文，第5页。

〔2〕 参见熊永明："犯罪圈的界定及其关系处理"，载《河南省政法管理干部学院学报》2007年第5期。

能被纳入犯罪评定范围，这些不应受刑罚处罚的行为就是出罪的对象。出罪的对象包含三类：一是不构成犯罪的行为，包括合法行为、行政违法行为、民事违法行为、中性的行为；二是疑似犯罪行为，即处于罪与非罪之间的行为；三是本应受刑罚处罚但因一些特殊的原因而不作为犯罪处理的犯罪行为。如已满14周岁不满16周岁的人偶然一次与幼女发生性关系，本来已经构成强奸罪，但因行为人系未成年人，情节轻微、未造成严重后果，不认为是犯罪。

（5）出罪的过程和结果。出罪的过程就是将进入犯罪评定圈的行为从其中排除出去，出罪的结果是被从犯罪评定圈中排除出去的行为没有被认定为犯罪。

（6）出罪的依据。为了保护人权，入罪需要遵守罪刑法定原则，需要严格遵守法律规定，而出罪则不需要遵守罪刑法定原则，但为了防止出罪被滥用，出罪仍需要有依据。出罪的依据首先是现有的法律规定，其次是法律理论，最后是刑事政策、社会伦理观念等。

经过以上对出罪相关因素的分析，本书将“出罪”界定为侦查机关、检察机关、审判机关依照现有的法律规定和法律理论，将已经进入犯罪评定圈的某行为从中排除，从而不认为其是犯罪行为的司法活动。

五、本书对“刑法出罪事由”的界定

根据《辞海》的解释：“事由”有两个含义，一是根由、情由；二是由头，公文用语，指公文的主要内容。[1]本书取“事由”的第一种含义，“出罪事由”是出罪的理由。结合上文

---

〔1〕夏征农、陈至立编：《辞海》（第6版彩图本），上海辞书出版社2009年版，第2077页。

对“出罪”含义的界定，可以将“刑法出罪事由”界定为侦查机关或监察机关、检察机关、审判机关将已经进入犯罪评定圈的某行为从其中排除，从而不认为其是犯罪行为的刑法上的理由。其中，“刑法上的理由”是刑事实体法上的理由，以此区别于刑事程序法上的理由。

第二节　出罪与相关概念辨析

一、出罪与入罪

入罪与出罪是定罪的两个方面，入罪是将已经进入犯罪评定圈的某行为认定为犯罪行为，而出罪正好相反，是将已经进入犯罪评定圈的某行为从中排除，从而不认为其是犯罪行为。定罪的结果是唯一的、择一的，或者入罪，或者出罪。入罪的唯一标准是刑法分则规定的某一具体犯罪构成要件，行为符合某一具体犯罪构成要件就构成犯罪。而出罪的标准主要是某一具体犯罪构成要件，也可以是刑法理论，如期待不可能性理论，或者是刑事政策。总之，入罪要恪守罪刑法定原则，而出罪不必遵守罪刑法定原则，但必须要有理由。

二、出罪与除罪、脱罪

“除罪”被包含在“除罪化”中，“除罪化”包括广义的“非犯罪化”和广义的“非刑罚化”，是通过立法程序或司法解释将原来在法律上规定的犯罪行为排除出刑罚处罚范围。〔1〕按照除罪的法律依据，分为立法上的除罪和司法上的除罪；按照

〔1〕参见李伟：“刑法之除罪化思想探讨”，中国政法大学2014年硕士学位论文，第11页。

除罪的效果，分为既除罪又除刑的“除罪”和不除罪只除刑的“除罪”。

按照《现代汉语辞海》的解释，“脱”是动词，有“除去”“离开”之意。[1] 脱罪并非法律用语，而是日常生活用语，概言之，其有以下几个含义：①洗脱罪名、洗刷冤屈，即使得原本无罪的人摆脱刑事责任的追究；②开脱罪责，即使得原本有罪的人摆脱刑事责任的追究；③逃脱罪责，即有罪人自己摆脱刑事责任；④宽宥罪责、赦免罪名。

三、出罪与无罪

无罪有多重含义：一是没有实施犯罪行为；二是没有罪过、罪责；三是某人的行为不被认定为犯罪。出罪的结果是无罪，即被出罪的行为不被认定为犯罪行为。无罪的原因有很多，而出罪只是无罪的原因之一。按照无罪的法律依据，可以将无罪分为实体上的无罪和程序上的无罪。在实践中，侦查机关不立案、撤销案件、检察机关不立案、撤销案件、不起诉、审判机关不立案、撤销案件、宣告无罪等职权行为均可认定犯罪嫌疑人、被告人无罪。在实践中，存在无罪裁判“异化现象”，主要表现有：以撤回起诉回避无罪判决、以反复发回重审规避无罪判决、留有余地判决的不当运用、发回重审与撤回起诉、留有余地判决默契配合、以免刑代替无罪判决。[2]

四、出罪与非犯罪化

非犯罪化是指“立法机关或者司法机关通过立法或者司法

---

〔1〕 翟文明、李冶威主编：《现代汉语辞海》，光明日报出版社 2002 年版，第 1181 页。

〔2〕 参见袁小刚：《无罪裁判研究》，人民法院出版社 2014 年版，第 23～37 页。

活动，将一直以来作为犯罪处理的行为不作为犯罪规定或者处理的制度或过程”[1]。按照非犯罪化的主体不同，可以将非犯罪化分为立法上的非犯罪化和司法上的非犯罪化，前者是通过立法手段将原来规定的犯罪行为不再认定为犯罪的过程，立法上的犯罪化方式有：一是废除某罪，如废除投机倒把罪；二是缩小犯罪行为的范围；三是提高某罪的入罪门槛。后者是通过司法手段（主要通过刑法解释）将立法上规定的犯罪行为不作为犯罪处理的过程，后者也被称为事实上的非犯罪化，主要是通过立案环节、起诉环节和审判环节来实现。[2]非犯罪化潮流兴起于20世纪50年代道德与法律的争论。1957年9月，英国政府授权成立的“同性恋与卖淫委员会”发布了《沃尔芬登报告》，报告认为，道德应被分为公共道德和私人道德两类。法律存在的意义和价值在于保护公民的权利，维护公共道德，法律不应当对私人道德横加干涉。同性恋和卖淫属于私人道德的范畴，不应被规定为犯罪行为。1980年，欧洲理事会公布了《非犯罪化报告》，该报告界定了非犯罪化的概念。受非犯罪化浪潮的影响，同性恋、卖淫、自杀等原来的犯罪行为陆续被认定为非犯罪行为。

非犯罪化是以自由主义、刑法谦抑为原则，以保护人权为目的，旨在将原来作为犯罪处理的行为除罪化，从而缩小犯罪圈，无被害人犯罪成为非犯罪化的首要对象。

渎神罪作为一种古老的宗教犯罪，到现在仍在一些国家的刑法中存在，对渎神者的刑罚最高是死刑。公元前399年，雅典法庭就以渎神罪判处苏格拉底死刑。直到今天，同性恋在有

---

〔1〕贾学胜：《非犯罪化研究》，法律出版社2011年版，第44~45页。

〔2〕参见贾学胜：《司法上的非犯罪化研究》，暨南大学出版社2014年版，第30~33页。

些国家和地区仍被视为犯罪，如《印度刑法典》第 377 号条款将成年人的同性性行为定义为犯罪，并可判处最高为终身监禁的刑罚。被誉为“计算机科学之父”和“人工智能之父”的英国科学家图灵由于是一名同性恋者，被判犯有“严重猥亵罪”，为避免牢狱之灾，他不得不接受激素注射（“化学阉割”）。在过去的 200 多年的时间里，越来越多的国家和地区将同性恋非罪化。英国在 1967 年通过《性犯罪法》，规定 21 岁以上的男子之间私下自愿发生的同性恋行为不构成违法。通奸也是一种古老的性犯罪，在我国，最早关于通奸罪的说法见于《尚书》：“男女不以义交者，其刑宫。”对通奸者要处以宫刑。我国封建社会的刑法一直把通奸行为（“合奸”）规定为严重犯罪。《韩国刑法》第 241 条规定，有配偶而通奸者和通奸对象，均可被判处 2 年以下有期徒刑，韩国宪法法院在 2015 年正式废除已经在该国实行了 60 多年的通奸罪。1803 年，英国通过了《艾伦伯勒法》，开始对堕胎实施更多限制。受此影响，美国各州亦纷纷效仿，到了 1849 年，有 20 个州将胎动前的堕胎定为轻罪，将胎动后的堕胎，定为二级谋杀。在罗伊诉韦德案（Roe V. Wade，410 U. S. 113，1973）中，美国最高法院以 7∶2 的表决，确认妇女决定是否继续怀孕的权利受到宪法上个人自主权和隐私权规定的保护，这等于承认了堕胎的合法化。1919 年 10 月，美国国会通过了禁酒令，禁止制造、销售、运输酒类，禁酒令没有达到预期的效果，反而带来了严重的社会问题，如黑社会兴起、毒品泛滥等，1933 年禁酒令被废除。荷兰在 2000 年废除刑法典第 250bis 条和第 432 条，解除了禁止开妓院和“拉皮条”的禁令，荷兰又于 2002 年修改法律将安乐死合法化，成为全世界第一个允许安乐死的国家。

尽管无被害人犯罪的非犯罪化成为世界刑法改革的趋势，

但是仍然有很多国家和地区将一些无被害人犯罪规定为刑法上的犯罪，如丹麦现行刑法典规定了乱伦罪、淫媒罪、经营卖淫罪、公共场所猥亵罪；瑞士刑法典规定了露阴罪、促进卖淫罪、未经许可卖淫罪、色情刊物罪；德国刑法典规定了亲属间性交罪、促成卖淫罪、露阴罪、散发色情文书罪、从事禁止的卖淫罪、妊娠终止罪；日本刑法典规定了公然猥亵罪、散布猥亵物罪、举办、聚集赌博罪、发售、授受彩票罪、堕胎罪。在我国现行刑法典中，无被害人犯罪主要有：赌博罪、聚众淫乱罪、容留他人吸毒罪、容留、介绍卖淫罪等。

出罪与非犯罪化存在交叉，出罪是将进入犯罪评定圈的某行为从中排除，从而不认为其是犯罪的司法活动，不是通过立法手段将原来立法规定的犯罪行为不认定为犯罪行为的过程。司法上的非犯罪化，“是指刑法关于具体犯罪的罪刑规范没有发生变化，但司法机关通过刑事法律适用活动，不将该行为以犯罪论处的政策或措施”〔1〕。司法上的非犯罪化被包括于出罪中，出罪的内涵和外延大于司法上的非犯罪化的内涵和外延，出罪除了将某些犯罪行为排除出犯罪评定圈外，还将某些合法行为、行政违法行为、民事违法行为、中性行为、疑似犯罪行为排除出犯罪评定圈。犯罪评定是一个多方参与、多环节递进的过程，由于评定主体的立场不同、职责不同、认知不同，一定会导致性质多样的行为被纳入犯罪评定圈。而司法上的非犯罪化的对象只有现行刑法规范规定的犯罪行为。

五、出罪与非刑罚化

非刑罚化是与刑罚化相对的概念，是指对一些不值得使用

〔1〕 贾学胜：《司法上的非犯罪化研究》，暨南大学出版社 2014 年版，第 23～24 页。

刑罚处罚的犯罪行为使用非刑罚的处置方法。非刑罚化是伴随着发达国家20世纪70年代盛行的“轻轻重重”两极化刑事政策而兴起的，体现了刑事政策“轻轻”的一面。非刑罚化的方法主要有对被害人进行赔偿、向被害人道歉、社区服务、具结悔过、保护观察等。

犯罪是刑罚的前提，出罪的法律效果是被出罪的行为不构成犯罪，既然行为不构成犯罪，就没有施加刑罚和非刑罚措施的必要；而非刑罚化的前提是行为构成犯罪，只是不用刑罚的方法处罚而已。

六、出罪与出刑

“出刑指对符合刑法规定之犯罪成立条件的轻、微罪案件，在犯罪嫌疑人、被告人及被害人广泛参与后，司法机关认为不需要继续追究刑事责任或判处刑罚的，通过实体和程序相结合的方式，提前终结刑事案件或避免行为人被实际判决和执行刑罚的一系列司法行为过程及结果的总称。”〔1〕出刑的目的是避免被判处刑罚和执行刑罚，出罪的结果是行为不认定为犯罪，自然没有被判处刑罚和执行刑罚的法律后果。可见，出罪是出刑的原因之一。方鹏教授认为：“在司法实践中，根据‘免除处罚’‘免予刑事处罚’等‘免’字规范判决行为人无罪，这是一种审判常态，免刑事由也可以成为出罪的理由。‘免’字规范起到的效果与‘不’字规范是相似的，即都是将已进入犯罪评定圈的行为出罪而认定为不构成犯罪。故而，‘免’字规范所规

〔1〕 孙本雄：“出刑制度的理论建构与实现路径”，北京师范大学2018年博士学位论文，第47页。

定的事由可归入出罪事由之中。"[1]"免予刑事处罚"就是免除刑事处罚，即在认定被告人有罪的基础上，因为被告人的犯罪情节轻微，不需要判处刑罚，被告人实际上不需要承受刑罚的痛苦。"免予刑事处罚"的法律依据是《刑法》第37条。"免除处罚"是被告人具有一定的量刑情节，如又聋又哑的人或者盲人犯罪、防卫过当、避险过当、犯罪预备、犯罪中止、从犯、胁从犯、被教唆的人没有犯被教唆的罪、犯罪后自首、立功等，人民法院判决免除刑事处罚，被告人也不用实际承受刑罚的痛苦。"免除处罚"的法律依据是刑法中关于免除处罚的犯罪情节的规范。"免予刑事处罚"和"免除处罚"都是以行为人的行为构成犯罪为前提，这和"出罪"具有本质的区别，但两者都是被告人没有被实际判处刑罚，属于"出刑"的范畴。

第三节　出罪的分类

根据不同的标准，可以将出罪分为以下几类：

一、实体法上的出罪与程序法上的出罪

根据出罪的不同法律依据，可以将出罪分为实体法上的出罪和程序法上的出罪，刑事实体法主要是刑法，而刑事程序法主要是刑事诉讼法，因此，实体法上的出罪主要是刑法上的出罪，而程序法上的出罪主要是刑事诉讼法上的出罪。我国刑法上的出罪主要依据是《刑法》第13条"但书"、正当防卫、紧急避险以及刑法分则（因行为不符合具体犯罪构成要件而出罪）。我国刑

[1] 方鹏：《出罪事由的体系和理论》，中国人民公安大学出版社2011年版，第40页。

事诉讼法上的出罪主要依据是《刑事诉讼法》第16条、认罪认罚[1]、不起诉（法定不起诉、酌定不起诉、存疑不起诉）。刑法上的出罪事由是实体上无罪辩护的事由，刑事诉讼法上的出罪事由是程序上无罪辩护的事由。程序上无罪辩护的事由包括诉讼行为无效、非法证据排除、基于保障证据真实性的证据排除、诉讼程序终止（《刑事诉讼法》第16条）等[2]，它们实际上是程序法上的出罪事由。显然，实体法上的出罪事由和程序法上的出罪事由存在交叉，如情节显著轻微、危害不大。

有争议的问题是：我国刑法规定的追诉时效和行为人实施亲告罪的行为但被害人没有告诉是实体法上的出罪事由还是程序法上的出罪事由？这一问题涉及实体法与程序法的区分问题。通常而言，实体法是规定法律权利和义务的法律，而程序法是规定保障法律权利和义务实现的法律。实体表征的是法律权利、义务和责任，程序表征的是法律制度和适用活动的程式和秩序。[3]“程序法具有实现实体法上的权利的功用……实体法上的权利必须按照程序法的规定才能获得实现……程序法还有作为实体法背后的隐形强制力保障实体法社会规范功能的实现。”[4]实体法与程序法的区分标准是实体法要素具有直接的行为相关性（直

〔1〕 根据我国《刑事诉讼法》的规定，犯罪嫌疑人认罪认罚的，如果有重大立功表现或者案件本身涉及国家重大利益的，经过最高人民检察院的批准程序，公安机关可以撤销案件，检察机关可以决定不起诉，从而实现程序上的出罪。

〔2〕 参见成安：《无罪辩护：理论基础与中国实践》，法律出版社2015年版，第99~121页。

〔3〕 参见宋显忠：“法律的形式、实体和程序”，载《社会科学战线》2007年第1期。

〔4〕 李龙、闫宾：“历史维度中的实体法与程序法”，载《河北法学》2005年第7期。

接的行为情况加上假设的不法相关性)。[1]追诉时效和被害人没有告诉不属于行为情况（跟行为本身没有直接的关联），是否超过追诉时效、被害人是否告诉不影响行为本身的不法性。值得注意的是，实体法和程序法并没有绝对的区分标准，也没有绝对区分的必要，实体法和程序法有时相互渗透，纠缠在一起。

二、法规上的出罪与超法规的出罪[2]

按照出罪是否有法律的明确的规定，可以将出罪划分为法规上的出罪与超法规的出罪。所谓“超法规”并非超越法律或者是违背法律，而是一种适用法律上的提示。我国法规上的出罪事由包括《刑法》第 13 条“但书”、正当防卫、紧急避险等。超法规的出罪根据法律的精神、法律理论或者通过对法律条文的实质解释进行出罪，并非超越法律而随心所欲地出罪。如义务冲突、被害人承诺、推定被害人承诺、自救行为等均是超法规的出罪事由。之所以需要超法规出罪事由进行出罪，是因为成文法具有局限性、滞后性，无法穷尽包罗万象的生活事实，也无法始终同现实生活保持一致。

三、相对出罪与绝对出罪

按照行为出罪是否需要量的要求，可以将出罪分为相对出罪和绝对出罪。同质的危害行为因为危害程度（量）的不同会呈现出罪与非罪的情况也不同，如盗窃罪与治安处罚法上的盗

---

〔1〕 参见王钰：“客观处罚条件和诉讼条件的区分——兼论实体法和程序法的区别”，载《政治与法律》2016 年第 7 期。

〔2〕 北京师范大学刘科副教授根据出罪事由是否在犯罪构成要件之内，将出罪事由分为犯罪构成体系之内的出罪事由和犯罪构成要件之外的出罪事由，参见刘科：“司法解释中的出罪规范：类型、依据与完善方向”，载《中国法学》2021 年第 6 期。

窃行为，对危害程度较低的行为予以出罪就是相对出罪，刑法上的相对出罪事由是《刑法》第13条“但书”。绝对出罪是指行为没有社会危害性而出罪，如正当行为的出罪。

四、无条件的出罪与有条件的出罪

按照出罪是否附加一定的条件，可以将出罪划分为有条件的出罪和无条件的出罪。刑法上的有条件出罪事由是战时缓刑（《刑法》第449条）。战时缓刑是一种戴罪立功制度，针对的对象是被判处3年以下有期徒刑且没有现实危险性的军人，方式是暂缓刑罚的执行，如果其有立功表现，则撤销原判刑罚，不作为犯罪处理。战时缓刑的法律效果是既免罪又免刑，与出罪的效果一致。刑事诉讼法上的有条件出罪事由主要是附条件不起诉（我国主要适用于未成年人犯罪案件）。除有条件出罪外，刑事法律中的其他出罪均属于无条件的出罪。

第二章

刑法出罪事由之理论根基

第一节　罪刑法定原则的必然要求

刑法的原则是刑事立法、司法、执行等所依据的基本准则、精神，不遵守刑法的原则就违背了刑法的基本精神。罪刑法定原则是刑法的“帝王原则”，其他的刑法原则都必须服从、服务于这一原则。无论是从罪刑法定原则产生的历史还是从其实际发挥的功效来看，其与保障人权是分不开的。

一、罪刑法定原则的基本内涵

罪刑法定原则的基本内涵概括而言就是“法外无罪，法外无刑”。也就是说某一行为如果没有被法律明文规定为犯罪就不得被作为犯罪处理，如果法律没有规定对某一行为如何处罚则不得予以处罚。

罪刑法定原则的基本内容有：

（1）法律主义。何种行为构成何种犯罪、应当受到何种处罚都必须有法律的明文规定，这就杜绝了习惯法、判例作为刑法渊源的可能性。刑法规定的成文化有利于国民根据法律规定预测自己行为的法律后果并指导自己的行为。对裁判者而言，成文法是定罪、量刑的指引，所得出的裁判结果不能偏离法律的规定。

（2）禁止溯及既往。不能以今天的法律来约束人们昨天的行为，否则，就会损害了国民对自己行为的预测可能性，使得国民手足无措，处于随时会被定罪处罚的恐惧之中，行为变得不自由。当然，如果新的法律规定认为旧的行为不构成犯罪或者对旧的行为处罚相对较轻，则允许适用新的法律规定。

（3）禁止不利于被告人的类推解释。所谓类推解释，是指需要判断的此行为与彼行为在某些属性上相同或者相似，而将彼行为的法律后果适用在此行为上。属性上的相同或者相似的判断标准比较模糊，几乎所有的行为都可能与刑法规定的犯罪行为相同或者相似，这可能导致所有的行为都可能被认定为犯罪行为。如果允许类推解释，不利于国民预测自己的行为，成文刑法也会失去意义。但在成文法存在模糊、漏洞时，刑法并不禁止有利于被告人的类推解释。

（4）明确性原则。犯罪行为及其所应受的处罚不仅要有成文法规定，而且法律的规定必须具体、明确，最大限度地消除模糊。犯罪行为的具体犯罪构成要明确，而且其应受到的处罚（刑种、刑度）要明确，即禁止绝对的不定期刑。

（5）对善法的要求。良法是尊重和保护人权、维护社会公平正义、制裁违法犯罪行为的法律。罪刑法定原则中的“法”必须是善法，否则，刑法会沦为暴政的工具。刑法的“良善”主要表现为：①禁止处罚思想犯，不能仅仅因为某人在思想上有犯罪意图而处罚他，只有其犯罪意图通过客观危害行为表现出来，才有可能受到处罚；②禁止处罚不当罚的行为。“法律不理会琐碎之事”，由于法治资源的有限性，法律不可能将所有的危害行为都规定为犯罪，否则，既限制了国民的自由，又耗费了大量的法治资源，法律只能将值得刑罚处罚的行为规定为犯罪。在能够不将行为规定为犯罪时尽量不规定为犯罪，在能够使用其他手段保护法益时就不使用刑罚手段；③尊重人的尊严，禁止残虐的刑罚。即使是犯罪人，也要尊重和保护其合法权益，防止将其作为达到某种目的的手段。在施加刑罚时，反对使用暴虐的、侵犯人格尊严的刑罚手段，比如肉刑、游街示众等。

二、罪刑法定原则的主要功能

罪刑法定原则的主要功能是保护人权。首先，从罪刑法定原则产生的历史来看，其初衷是限制国家的权力，反对封建刑法，反对罪刑擅断，防止国家滥施刑罚。最早将罪刑法定思想写进法律条文的是英国 1215 年的《大宪章》第 39 条。法国 1789 年《人权与公民权利宣言》确立了罪刑法定原则。1810 年《法国刑法典》将罪刑法定确定为刑法的基本原则。到目前为止，绝大多数国家和地区的刑法都规定了罪刑法定原则，甚至有些国家将罪刑法定写入宪法，成为宪法原则。其次，“法外无罪、法外无刑”，这就使得法律没有明文规定的行为不得作为犯罪处理、不得受到刑罚处罚，这能够保障人民的基本权利不遭受侵犯。犯罪圈与国民的自由成反比，犯罪圈越大，国民的自由度就越小。如果立法、司法没有罪刑法定原则的约束，国民的自由就会被侵犯甚至被剥夺。再次，有利于克服人治。罪刑法定原则要求定罪量刑的唯一依据是法律，这有利于克服人治，防止定罪量刑因人（指裁判者）而异，也有利于国家法治的统一。最后，从以上罪刑法定原则的基本内涵来看，这些无一不是以保障公民的权利为出发点和落脚点的。

【刑事司法案例第 1 例】张某虹、郭某非法经营案[1]

2020 年 2 月 2 日以来，被告人张某虹、郭某二人在新冠肺炎疫情期间为了牟取暴利，与山西某医药辅料厂运输人员单某鹏联系，以每桶 530 元、600 元的单价分两批购进 25 升酒精 200 桶，总重量约为 4 吨，进货总价为 124 500 元，后将购买的 25 升装酒精分装成 2.5 升装酒精，在榆阳区张某虹经营的“×××婴童生活馆”门店内以每桶 100 元至 120 元的价格对外销售，先后销售 2.5 升装酒精 468 桶，销售金额为 54 110 元，从中非法获利 27 618 元，进销差价率为 53.2%。

经鉴定：公安机关取样送检的 25 升装酒精乙醇含量为 76%，2.5 升装酒精乙醇含量为 77%。

陕西省榆林市榆阳区人民法院以被告人郭某犯非法经营罪，判处其有期徒刑 1 年，并处罚金 5 万元；以被告人张某虹犯非法经营罪，判处其有期徒刑 1 年，宣告缓刑 2 年，并处罚金人民币 5 万元。

法院认定本案被告人的行为是哄抬物价型的非法经营犯罪行为，对于“哄抬物价”的标准，要以行政法为准。市场监管总局《关于新型冠状病毒感染肺炎疫情防控期间查处哄抬价格违法行为的指导意见》（国市监竞争［2020］21 号）第 5 条规定了哄抬价格违法行为的构成要件，但对何为“大幅度提高价格”仍没有统一标准，而交由市场监管部门综合考虑，这导致各地市场监管部门对“哄抬物价”的标准认定混乱，这显然不利于贯彻罪刑法定原则。

洪湖市某药房销售一次性口罩 38 000 个，购进价格 0.6 元/只，销售价格 1 元/只。洪湖市市场监督管理局以药店构成非法

---

〔1〕 参见陕西省榆林市榆阳区人民法院［2020］陕 0802 刑初 146 号刑事判决书。

哄抬物价行为，没收药店违法所得 14 210 元，罚款 42 630 元。在疫情期间销售 1 元口罩是否违法？这引起了很大的争议。在市场经济条件下，追逐利润是市场主体正常需求，过低的“哄抬物价”标准，可能会打击市场主体进货、销售商品的积极性，或者人为制造“黑市”，进一步推高商品价格。

从罪刑法定原则的基本功能来看，其限制的是入罪，而不是出罪。如果不限制入罪，则容易侵犯人权，限制国民的自由。而出罪则是将进入犯罪评定圈的行为排除出去，有利于保护人权，并不违反罪刑法定原则。

要注意区分罪刑法定原则的功能和刑法的基本任务，前者是保护人权，后者既是打击犯罪，又是保护人权。作为刑法，是打击犯罪的工具，必须发挥刑法打击犯罪、保护国民的作用。而罪刑法定原则的主要功能是限制国家刑罚权，不在于打击犯罪。没有刑法，似乎更有利于打击犯罪。因为有的严重危害社会的行为没有被规定在刑法中，如果坚持罪刑法定原则，这些行为显然不能用刑法来处理。为了保护人权，必须限制国家刑罚权，必须允许将一部分危害社会的行为或不值得用刑罚处罚的行为作出罪处理。

我国《刑法》第 3 条是关于罪刑法定原则的规定，前半段是“法律明文规定为犯罪行为的，依照法律定罪处刑”，后半段是“法律没有明文规定为犯罪行为的，不得定罪处刑”，前者被称为积极的罪刑法定原则，后者被称为消极的罪刑法定原则，但大多数国家只规定了消极的罪刑法定原则。前者显然强调打击犯罪，后者显然强调保护人权，《刑法》第 3 条混淆了罪刑法定原则的功能与刑法的任务。“能够将法律有明文规定的必须定罪处刑理解为罪刑法定原则的应有之义，确是值得商榷的。”〔1〕

〔1〕 陈兴良：“入罪与出罪：罪刑法定司法化的双重考察”，载《法学》2002 年第 12 期。

实际上，将刑法明文规定的行为予以出罪并不违反罪刑法定原则，但出罪要有正当理由，否则，会破坏法治。

在行政犯时代、网络时代和风险社会，行政犯、网络犯罪、危险犯对罪刑法定原则构成了挑战，在这样的时代，仍应坚守罪刑法定原则。刑法不是万能的，刑法应是其他法律的保障法，在其他法律无能为力时，刑法才能出手。刑法不可能将所有严重危害社会的行为都网罗其中，刑法之网应疏密得当，这恰恰是罪刑法定原则的要求。当前，在社会危害性的引领下，司法犯罪化的现象值得警惕，如上海肖某灵以危险方法危害公共安全案、内蒙古农民王某军无证收购玉米案，导致将过去不构成犯罪的行为在司法上作为犯罪来处理。

【刑事司法案例第 2 例】魔术道具假币案

2015 年以来，崔某村夫妇使用林某提供的纸币印刷模板图，委托他人制作纸币印刷 PS 版，雇人仿照第 5 版人民币面额、图案、色彩、规格、式样，印刷背面印有“魔术道具”字样的面值 10 元、20 元、50 元、100 元的“人民币”和面值 100 美元的纸币，通过网络以低价向他人销售。

2018 年 12 月，山东省临沂市兰山区人民检察院对崔某村夫妇以伪造货币罪提起公诉。后来，兰山区人民检察院以本案证据发生变化为由，决定撤回对崔某村夫妇的起诉，2019 年 10 月 25 日，法院作出裁定，准许检方撤诉。

社会上的识字的普通人，只要稍加注意，不会将印有“魔术道具”字样的仿真钱当真钱，这样的印刷品在现实中几乎没有被当作真币使用的可能。检察机关没有吃透伪造货币罪的犯罪构成，违背常识、常理、常情，导致起诉与普通公众的认知产生偏离，这容易侵蚀司法权威，动摇公众对法律的信仰。

第二节　刑法谦抑精神的应有之义

简而言之，“谦抑”就是谦虚抑制的意思。刑法作为其他部门法的保障法，应当发挥好“最后法”的作用，能够用道德、习俗、其他法律规制行为的，不得适用刑法；刑法具有“补充法”的性质，在其他法律无能为力时才出手；刑法应当宽容，对不值得刑罚处罚的行为尽量不处罚，刑法不强人所难，应正视人性的弱点。刑法谦抑精神限制刑法的调控范围，是限制国家刑罚权，保障国民自由的重要价值理念。刑法的谦抑精神催生了非犯罪化、非刑罚化、轻刑化。

一、刑法谦抑精神的基本内涵

日本刑法学家平野龙一将刑法谦抑精神的内容概括为三个主要方面：一是刑法的补充性，只有当其他的规制行为的手段不充分时，才能发动刑法；二是刑法的不完整性，刑法不介入社会生活的方方面面；三是刑法的宽容性，其他规制行为的手段还没有发挥作用时，不应贸然发动刑法。〔1〕张明楷教授将刑法的谦抑性界定为“刑法应根据一定的规则控制处罚范围与处罚程度”。〔2〕陈兴良教授认为，刑法的谦抑性就是力求少用或不用刑罚来获取最大的社会效益即有效地防控犯罪。〔3〕刑法谦抑精神的实质是尽量缩小刑法的适用范围，防止国家刑罚权过多地干预国民的生活。按照刑法谦抑的适用领域来分，刑法谦抑

〔1〕 参见［日］平野龙一：《刑法总论Ⅰ》，有斐阁1972年版，第47页。

〔2〕 参见张明楷：“论刑法的谦抑性”，载《法商研究（中南政法学院学报）》1995年第4期。

〔3〕 参见陈兴良：“刑法谦抑的价值蕴含”，载《现代法学》1996年第3期。

分为立法谦抑和司法谦抑；按照刑法谦抑的主要内容来分，刑法谦抑分为罪的谦抑和刑的谦抑，前者是指如果其他手段足以抑制某种危害行为，就不要将此种行为规定为犯罪或者认定为犯罪，后者是指如果使用其他的制裁手段足以抑制某种危害行为，就不要使用刑罚手段。

在任何社会，刑法都不是万能的，刑法具有有限性。法律是调控人们行为的社会规范。在其他社会规范和非刑法法律能够有效地规制人们的行为时，就没有必要动用刑法。只有当其他社会规范和非刑法法律不能够有效规制人们的行为时，刑法才有可能被发动。刑法是其他法律的保障法，刑法是保护法益的最后一道防线，但绝不是第一道防线。在其他法律能够充分保护法益之时，刑法不能介入。2020 年《北京市中医药条例（草案公开征求意见稿）》第 36、54 条规定，不得以任何方式或行为诋毁、污蔑中医药，诋毁、污蔑中医药，寻衅滋事，扰乱公共秩序……构成犯罪的，依法追究刑事责任。这一规定有违刑法谦抑精神之嫌，中西医之争本属观念之争、学术之争，上升到犯罪高度则大可不必，以刑法手段而不是科学手段捍卫中医更是不妥。

刑法是以刑罚为主要手段从而保护法益的惩罚法，刑罚轻则剥夺犯罪人的某种资格，重则剥夺犯罪人的生命，刑罚是一种必要的“恶”。犯罪是一种恶，刑罚是“以恶制恶”。犯罪威胁或侵犯法益，为保护法益，迫不得已使用刑罚手段。犯罪侵犯了国民的基本权益，为保护国民的基本权益，国家在不得已的情况下，限制和剥夺犯罪人的基本权益，是为了保护大多数国民的合法权益而限制和剥夺犯罪人的合法权益。不得已原则是刑事立法和司法正当性的来源，只有严重侵犯了大多数国民基本权益的行为才能被认定为犯罪，对犯罪人施加的制裁应与其侵犯大多数国民基本权益的程度相适应。

刑法的调整范围十分广泛，涉及社会生活的方方面面，刑法的调整范围和国民的自由成反比，两者之间要保持合理的比例关系。刑法不可能将所有的危害社会的行为都规定为犯罪，要为其他法律留下调整空间。刑法应保持必要的宽容，要将眼光投射到严重的社会危害行为上。同时，刑法应当对人们在极端的环境下的犯罪行为保持宽容之心，如防卫过当行为、避险过当行为。

社会资源总是有限的，动用刑法要耗费大量的社会资源。动用刑法同样要遵循经济原则，要以最小的刑法资源投入获得最大的社会效益。在现实中，想要消灭所有的犯罪行为必须支付极为高昂的社会成本。将所有的犯罪人不加区别地一律定罪，不仅不能消灭犯罪，反而会增加更多的社会对立面。对犯罪人施加的刑罚过量或刑罚过少，都不能获得良好的防控犯罪的效果。

二、出罪是刑法谦抑精神的充分体现

出罪是将已经进入犯罪评定圈的某行为从中排除，从而不认为其是犯罪行为的司法活动，出罪是刑法谦抑精神的应有之义。出罪是司法谦抑，是罪的谦抑。

在定罪过程中，需要判断行为的罪与非罪，按照刑法谦抑精神，能不入罪的就不入罪，应作出罪处理。出罪是司法上的非犯罪化。对于危害社会的行为，能够使用民事的、行政的法律手段甚至社会道德、习俗进行妥当处理的，就不应作为犯罪处理。即使是犯罪行为，如果没有处罚的必要性（“要罚性”），也可以将其不作为犯罪处理。

刑法的处罚范围与国民的自由在某种程度上存在一种紧张

关系，为了获得更大的自由，必须对刑法的处罚范围进行限缩。刑法的处罚范围并非越小越好，否则，国民的自由可能会遭受某些行为的侵犯而达不到刑法的保护。刑法谦抑原则要求将犯罪圈限缩在“必要且最小”的范围内，在犯罪圈外的行为，决不能被认定为犯罪；即使是在犯罪圈内的行为，在缺少要罚性的情况下，也可以出罪。

第三节　宽严相济刑事政策的具体体现

刑事政策是预防和控制犯罪的基本对策，李斯特认为：“最好的社会政策就是最好的刑事政策”，这里的“刑事政策”包括各种社会政策，是最广义的刑事政策。另外，还有狭义、最狭义的刑事政策概念。[1]刑事政策对定罪起着原则性指导作用，甚至能在罪与非罪的界限模糊时提供判断的标准。刑事政策虽然对定罪起着指导作用，但其不是具体的法律规范，不能取代法律成为定罪的主要标准，“刑法是刑事政策不可逾越的藩篱”。刑事政策可以被转化为刑法规范，成为定罪量刑的具体依据。在入罪时，要恪守罪刑法定原则；在出罪时，刑事政策可以成为重要的依据。宽严相济刑事政策是我国基本的刑事政策，出罪主要体现了宽严相济刑事政策“宽”的一面。

一、宽严相济刑事政策的基本内涵

1942 年的《陕甘宁边区刑法总分则草案》提出了新民主主义刑法原则，即镇压与宽大相结合的原则、贯彻保障人权原则、

---

〔1〕 参见马克昌：《宽严相济刑事政策研究》，清华大学出版社 2012 年版，第 1~2 页。

实行感化教育原则。在中华人民共和国成立之初，为适应镇压反革命斗争的需要，提出了镇压与宽大相结合的刑事政策。1956年9月，中共八大首次提出惩办与宽大相结合的刑事政策。21世纪以来，在建设社会主义和谐社会的背景下，中国共产党提出了宽严相济刑事政策，其是对惩办与宽大相结合刑事政策的继承、完善和发展，也是对“严打”刑事政策进行反思、调整后的产物。无论是惩办与宽大相结合的刑事政策还是宽严相济刑事政策，其实质都是“区别对待”。宽严相济刑事政策贯穿于刑事立法、刑事司法、刑事执行的全过程。

宽严相济中的“宽”是指宽大、宽缓、宽容，“严”是指严厉、严格、严肃，“济”就是结合、协调、救济。[1]根据最高人民法院《关于贯彻宽严相济刑事政策的若干意见》(法发［2010］9号)，从宽的对象是社会危害性较小的犯罪或者人身危险性不大的被告人，而从严的对象是社会危害性大的犯罪或者人身危险性大的被告人。马克昌教授认为宽严相济刑事政策的内容是：“该严则严，当宽则宽；严中有宽，宽中有严；宽严有度，宽严审时。”[2]魏东教授认为，宽严相济刑事政策是在整体宽缓化的前提下，实现“以宽为主、以严为辅、宽严相济”。[3]换言之，宽严相济就是倾向于宽缓，总体上从宽。在刑事司法实践中，要贯彻罪刑法定原则和罪刑均衡原则，要区分案件的性质、被告人的人身危险性、全面掌握犯罪情节，坚持全面考察、综合衡量，做到宽严有据、宽严适度，做到既打击犯罪，维护法律的尊严和权威，又教育、挽救犯罪人，体现法律的温情和温度、

〔1〕 参见陈兴良：“宽严相济刑事政策研究”，载《法学杂志》2006年第1期。

〔2〕 参见马克昌：《宽严相济刑事政策研究》，清华大学出版社2012年版，第74~75页。

〔3〕 参见魏东：《刑事政策原理》，中国社会科学出版社2015年版，第78页。

实现法律效果和社会效果的统一。

二、出罪体现了宽严相济“宽”的一面

宽严相济刑事政策中的“宽”不仅体现在量刑上，还体现在定罪上，宽严相济刑事政策是量刑政策，也是定罪政策，对定罪、量刑均能起到指导、引导作用。其一，从宽严相济刑事政策的前身来看，是包含有指导定罪内容的。如“首恶必办、胁从不问”中的“胁从不问”显然是对胁从者不予定罪，如果不予定罪，就谈不上受刑罚处罚；其二，宽严相济刑事政策与社会危害性的原理是相似的，其可适用于社会危害性不大的或不值得用刑罚处罚的行为；其三，定罪是量刑的前提，贯彻宽严相济刑事政策首先就离不开定罪。定罪中包含了入罪、出罪，将行为从犯罪评定圈中排除出去，不认定为犯罪或不作为犯罪处理，体现了宽严相济“宽”的一面。

宽严相济刑事政策“宽”的一面对出罪的指导表现在：其一，刑事政策影响了行为的社会危害性的评价。如在计划经济条件下，投机倒把行为被认定为犯罪行为，后来，我国实行社会主义市场经济，其中一些行为就不被认定为犯罪，甚至成为有益于社会的行为。在民营企业面临融资难、融资贵的情况下，孙某午非法吸收公众存款案格外引人关注。在民营企业和国有企业一视同仁，保护民营企业合法权益的政策背景下，吸收公众资金用于生产经营的，没有用于货币、资本经营的行为，和普通的民间借贷没有本质区别，类似于众筹，不宜被认定为犯罪。如果将吸收公众资金用于生产经营的行为认定为犯罪，实际上否定了民间借贷行为的合法性，不利于经济的发展。其二，刑事政策影响对犯罪构成要件中的“情节严重”“情节恶劣”等的评价。如果某行为处于罪与非罪的临界线上，那么，如果

政策从宽，则该行为就很有可能不被认定为犯罪。“不起诉”是宽严相济“宽”的一面的体现，最高人民检察院《关于在检察工作中贯彻宽严相济刑事司法政策的若干意见》(高检发研字[2007] 2号）规定：对于初犯、从犯、预备犯、中止犯、防卫过当、避险过当、未成年人犯罪、老年人犯罪以及亲友、邻里、同学同事等纠纷引发的案件，符合不起诉条件的，可以依法适用不起诉。最高人民法院《关于贯彻宽严相济刑事政策的若干意见》规定：对于具有一定社会危害性，但情节显著轻微危害不大的行为，不作为犯罪处理。其三，形势是影响刑事政策的一种重要因素，在社会治安形势好的时候，某些行为的社会危害性降低，公众对这些行为的容忍度升高，在这些行为处于罪与非罪的临界线上时，被认定为无罪的可能性较大。这也体现了宽严相济刑事政策“宽严审时”的一面。

【刑事司法案例第3例】孙某午非法吸收公众存款案〔1〕

河北大午农牧集团有限公司为筹集资金，未经中国人民银行批准，于2000年1月至2003年5月间，通过在各村设立代办点，以高于银行同期存款利率、承诺不交利息税的方式，向社会公众变相吸收存款1627单，共计1308万余元，涉及611人。

2003年10月，河北省徐水县人民法院以被告单位河北大午农牧集团有限公司犯非法吸收公众存款罪，判处罚金30万元；以被告人孙某午犯非法吸收公众存款罪，判处有期徒刑3年，缓刑4年；罚金10万元。

第四节 人本主义刑法理念的正确指引

人本主义是一切以人为中心的思想，人是主体，而不是客

〔1〕 参见河北省徐水县人民法院［2003］徐刑初字第192号刑事判决书。

体，人本身就是目的，强调尊重和保护人权、尊重人的自由选择、重视自我价值的实现等。刑法是现代社会必不可少的法律，是其他法律的保障法，是以刑罚为重要手段打击犯罪、保护人权的法律。在人权保障日益增强的现代社会，刑法必然秉承人本主义精神，尊重人格、体恤人情、保障人权、体现人道。

一、人本主义刑法理念的基本内涵

“人本主义精神就是主体精神，主体精神的核心就是把人视为评判一切的标准，把人视为价值的中心和价值的创造者，人的尊严高于一切。”〔1〕人本主义理念和我国民本思想是相通的，我国的民本思想起源于《尚书》中的“民惟邦本”说，后经儒家继承并发扬光大。民本思想的含义有：人民是政治的主体；统治的合法性由人民决定；统治者最大的职责是保护人民；要抑制统治者的个人私利；获得人民拥护的统治者才能被称为“王”；人君是政治的手段，而人民是政治的目的。〔2〕“慎刑”思想是民本思想在古代刑法中的折射，我国西周有“明德慎罚”，西汉有“德主刑辅”，在唐朝时期形成了“礼主刑辅、礼法结合”的思想体系。慎刑的主要目的是保护人权，中国古代慎刑的主要表现是：珍惜人命、用刑慎重、注重教化、刑罚宽缓等。

人本主义刑法理念是人本主义精神在刑法中的体现，其主要表现在：

（1）理性看待犯罪，合理划定犯罪圈。犯罪在任何社会都会存在，无犯罪的社会是不存在的，人类无法消除一切犯罪。

〔1〕 严春友：《人：西方思想家的阐释》，中国社会科学出版社 2005 年版，第 319 页。

〔2〕 参见金耀基：《中国民本思想史》，法律出版社 2008 年版，第 10～17 页。

在某些特定的情况下，犯罪具有排污、免疫等正面功能。[1]要把犯罪控制在一定的范围之内，不能使之泛滥。犯罪圈的大小与公民的自由呈负相关，为保障公民的自由，需要合理划定犯罪圈，不能将所有威胁或侵犯法益的行为都纳入犯罪圈。

（2）要在保护人权的前提下打击犯罪。没有刑法并不妨碍打击犯罪，之所以要有刑法，是因为要限制国家刑罚权，防止罪刑擅断、滥施刑罚。犯罪固然侵犯了人权，但是如果以侵犯人权的方式打击犯罪，则与犯罪无异。

（3）要防止刑法过度工具主义化。刑法不是万能的，不能依赖刑法治理社会。刑法过度工具主义化在立法上表现为过度犯罪化，在司法上表现为刑事司法裁量权和解释权的过度扩张。[2]

（4）要宽容人的弱点、鼓励人的优点。将人作为目的是人本主义法学的指导思想，人本主义法学有四大基本原则：尊重人的需要和利益、防范人的恶性、宽容人的弱点、鼓励人的优点。在刑法中，期待不可能性理论是宽容人的弱点原则的最好体现，“法律不强人所难”，即“法律不能命令人们实施不可能实施的行为，也不能禁止人们实施不可避免的行为”[3]。在具体情形下，如果不能期待行为人做出合法行为，就不能认定行为人具有责任，应当出罪。期待不可能性的理论源自德国的“癖马案”，后来，日本的“第五柏岛丸号”案件就是按照期待不可能性理论进行判决的，我国《刑法》第16条规定的“不能抗拒……的原因”就是期待不可能性情况。而刑法激励制度（如自首、立功、坦白、减刑、假释等）是鼓励犯罪行为人优点的法律制度。

---

〔1〕 参见刘仁文：“从四个层面理性看待犯罪”，载《检察日报》2006年8月18日。

〔2〕 参见谢望原：“谨防刑法过分工具主义化”，载《法学家》2019年第1期。

〔3〕 张明楷：《刑法格言的展开》（第3版），北京大学出版社2013年版，第396页。

（5）刑罚要人道。刑罚的历史已经证明，严刑峻法不仅不能消灭犯罪，反而会激起更大的反抗、带来其他副作用。要追求刑罚的效益，防止刑罚过剩，如果能少用刑罚就能达到防治犯罪的目的，就不要多用刑罚。要禁止侮辱人格、残虐的刑罚，刑罚执行方式也要以尊重罪犯的人格为前提。刑罚的量要尽量轻缓，要防止滥施刑罚。

二、出罪贯彻了人本主义刑法理念

出罪是人本主义刑法理念的最好体现。主要理由是：①出罪是理性认识犯罪的结果。犯罪行为是严重危害社会的行为，是值得用刑罚予以惩罚的行为，并不是所有危害社会的行为都值得用刑罚惩罚，通过出罪，将不值得用刑罚惩罚的危害社会的行为排除出犯罪评定圈。②出罪体现了刑法的有限性。刑法不是万能的，危害社会的行为能够用其他规范或法律规制的，就不值得发动刑法。③出罪体现了刑法宽容。所谓刑法宽容，是“要求立足于人性的立场，从人道主义出发，给予犯罪人以人文的关怀，尽可能地予以从宽处理”〔1〕。出罪的结果是犯罪嫌疑人、被告人的行为不被认定为犯罪，最大限度地体现了刑法宽容。④以人性的弱点为由的出罪体现了对人性的关怀（参见如下案例）。

【刑事司法案例第4例】朱某某为了生计而伪造身份证件案〔2〕

被告人朱某某卖水泥砖块需要开拖拉机送货，但是其没有G型农机驾驶证。为应付交警检查，其于2017年2月联系他人

〔1〕 龚义年：《刑法宽容论》，法律出版社2015年版，第8页。

〔2〕 参见江苏省泰州市姜堰区人民法院［2018］苏1204刑初9号刑事判决（一审）和江苏省泰州市中级人民法院［2018］苏12刑终123号刑事裁定（二审）。

伪造了姓名为孙某、证号为341226××××××××××××的拖拉机驾驶证1本。同年3月，朱某某持上述伪造的拖拉机驾驶证在机动车道上驾驶拖拉机时被民警查获。朱某某到案后如实供述了上述事实。

一审法院认为，被告人朱某某伪造身份证件情节显著轻微，危害不大，依法不应认定为犯罪。检察机关提出抗诉，朱某某冒用他人身份信息伪造拖拉机驾驶证，其行为已构成伪造身份证件罪。朱某某在交通主干道无证驾驶，具有危害公共交通安全的危险性，且其曾因无证驾驶被行政处罚，此次再次伪造证件无证驾驶，其行为不属于情节显著轻微、危害不大。二审法院认为，鉴于朱某某出于生计目的，持有使用他人身份信息伪造的拖拉机驾驶证仅仅是为了应付检查，并非用于实施其他违法犯罪或者逃避法律追究，朱某某主观上并无不良动机，客观上没有给社会造成危害后果。基于刑法谦抑性原则，综合考量，朱某某的犯罪情节显著轻微、危害不大，不认为是犯罪。遂不支持检察机关的抗诉，维持原判。

虽然《刑法》第280条规定的伪造身份证件罪并没有“以违法犯罪为目的”的要件，但是如果伪造身份证件是为了生计目的　　开拖拉机送货，没有其他违法犯罪目的，也没有造成危害后果，可以根据《刑法》第13条“但书”予以出罪。

第五节　控辩平等的基本要求

控辩平等（平衡）是现代刑事诉讼的基本理念，其不仅要求控辩双方在法律地位上平等，实现平等武装、平等保护，从而保护人权，而且要求辩护权对国家公权力进行制约和监督，防止国家公权力被滥用。控辩平等（平衡）从本质上来说，是权利制约权力原理在刑事诉讼中的体现。

一、控辩平等是刑事司法公正的逻辑前提

控辩平等是“控诉方和辩护方在刑事诉讼中享有平等的法律地位，为此法律应当赋予双方相应的权利，规定相应的义务，以保证诉讼双方实力上的平等……”〔1〕从刑事诉讼模式的历史演进过程来看，最先出现的是弹劾式诉讼模式，随后出现了纠问式诉讼模式，现代刑事诉讼模式分为职权主义和当事人主义，前者盛行于大陆法系国家，后者流行于英美法系国家，随着两大法系的相互学习、借鉴，出现了以日本、意大利为代表的兼采职权主义和当事人主义之长的混合主义诉讼模式。在纠问式（审问式、控诉式）诉讼模式中，法官集侦查、起诉、审判权于一身，依职权主动追诉犯罪，不能处于中立地位对案件作出客观、公正的裁判，被告人不享有诉讼权利，处于诉讼客体地位，被告人的口供成为重要的证据，刑讯逼供普遍存在。后来，刑事诉讼程序被拆解成侦查（追诉）和审判两个阶段，由检察官来主导侦查（追诉），法官的角色由积极、主动转为消极、被动，控辩平等才有了生长的空间，被告人由诉讼客体转变为诉讼主体。

在刑事诉讼中，控辩双方天然地处于不平等的地位。控方代表国家对被告人行使追诉权，处于进攻的地位，而被告人处于防守的地位，控方掌握着主动权。控方在国家的支持下，几乎可以动用所有的资源来调查、收集犯罪证据，同时拥有对被告人采取强制措施的权力。而被告人是被采取强制措施的对象，只能自行调查、收集证据，所使用的手段是有限的。在控辩双

〔1〕 李玉华：“论控辩平等对抗”，载《政法论坛》2004 年第 2 期。

方处于不平等的地位时，被告人的合法权益容易遭受控方的侵犯，事实真相难以被查明，冤假错案的发生不可避免。刑事司法公正的逻辑前提是控辩平等，控辩平等是“自然正义”原则的必然要求，其实质目的是尊重和保护人权。

控辩平等的基本要求是平等保护、平等武装，平等保护要求裁判者为控辩双方提供对等的保护，平等武装要求法律为控辩双方提供对等的攻防手段，前者是形式意义上的控辩平等，后者是实质意义上的控辩平等。

为了实现控辩平等，必须在法律上赋予辩方更多的权利以制约控方的权力，如被告人享有的辩护权、申请回避权、举证权、最后陈述权等，辩护人享有独立辩护权、阅卷权、会见通讯权、调查取证权等。为了弥补辩方在刑事诉讼中的弱势地位，确保公平竞技，刑事诉讼法确立了无罪推定原则，增加了控方的举证责任，赋予辩方非法证据排除权、沉默权等。这些都是程序法赋予的辩方平等对抗控方的权利，属于程序法意义上的控辩平等，但是我们不能忽略实体法意义上的控辩平等，控辩平等同样需要实体法的保障。如果控辩平等缺少实体法上的依据，控辩平等就会落空。

二、刑法出罪事由是实现控辩平等的实体法路径

控辩平等武装不仅体现在程序法上，还体现在实体法上。在实体法上，刑法出罪事由是辩方防御控方的有力“武器”。

犯罪构成是认定行为构成犯罪所必需的主观要件和客观要件的有机组合，是认定行为构成犯罪的思维模型和唯一依据。受罪刑法定原则和谦抑精神的制约，刑法不可能将所有威胁、侵害法益的行为都规定为犯罪，什么样的行为构成犯罪，就需要借助犯罪构成这一标准进行判断。犯罪构成类似于“过滤

网”，将不构成犯罪的行为过滤出去，将构成犯罪的行为留在网中。而刑法出罪事由类似于过滤网的“网眼”，刑法出罪事由越多，说明过滤网的“网眼”越多，过滤出去的不构成犯罪的行为就越多。在抗辩双方对抗的情况下，刑法出罪事由越多，越有利于辩方展开辩护，反之，则不利于展开辩护。

为实现控辩平等，控辩双发必须平等武装，在立法上应当为双方提供对等的攻防手段。〔1〕在我国传统的四要件构成模式中，犯罪主体、犯罪主观方面、犯罪客观方面、犯罪客体都是积极的、入罪的理由，要想阻却犯罪，必须对四要件进行反向解释。刑法明文规定的正当防卫、紧急避险、不可抗力、意外事件等阻却犯罪的事由游离于四要件之外，而在三阶层犯罪构成、双层控辩平衡犯罪模式中，积极的构成要件和消极的构成要件并存，而消极的构成要件则为辩方留下了较大的空间。

在三阶层犯罪构成模式中，违法性判断和责任判断是消极的判断，只要存在违法性阻却事由或责任阻却事由，行为就不能成立犯罪。在英美双层控辩平衡犯罪模式中，犯罪本体要件和责任充足要件并存，其中，责任充足要件分为正当理由和可宽恕的事由，大致相当于三阶层中的违法阻却事由和责任阻却事由，控方提出被告人的行为符合犯罪本体要件，以此指控被告人的行为构成犯罪，而辩方提出被告人本人或其行为符合责任充足要件，以此对抗控方的指控。可以说，阶层式的犯罪构成模式和双层控辩平衡犯罪模式是“辩护友好型”犯罪成立模式。应对我国的犯罪构成模式进行转型，“转型后的犯罪构成模式必须具有以下两个特征：一是在表达入罪功能的同时也表达

---

〔1〕 参见冀祥德：“控辩平等之现代内涵解读”，载《政法论坛》2007年第6期。

出罪功能；二是具有开放性的辩护理由”[1]。

虽然在理论上检察官在代表国家追诉犯罪时必须秉承客观中立立场，如果存在被告人无罪、罪轻的证据，检察官必须向法庭提出，但是在司法实践中，控方和辩方处于对抗地位，各国的检察官几乎都倾向于证明自己的指控成立，而有意或无意忽视了对被告人出罪。与其期待检察官客观、中立，不如在程序上或实体上保障控辩平等，在法庭上公平竞争。

在我国以审判为中心的刑事诉讼制度改革的背景下，保障控辩平等，有利于形成以审判为中心的“控辩审”三方等腰三角形的诉讼构造，打破以侦查为中心的“公检法”铁三角的诉讼结构，从而在更大限度上保护人权。

〔1〕 张吉喜：“控辩平衡的实体法维度”，载《国家检察官学院学报》2009年第2期。

第三章 刑法出罪事由之实证考察

有入罪必有出罪，刑法出罪事由古今有之，中外有之，通过对古今中外刑法规范中、刑事司法实践中的刑法出罪事由进行实证考察，可以揭示刑法出罪事由的发生、发展规律，为反思和完善刑法出罪提供借鉴。

第一节 我国古代刑法出罪事由实证考察

我国古代刑法出罪事由没有形成体系，比较零散，但是若干刑法出罪事由的精神与现代刑法出罪事由的精神是相通的。

《尚书·舜典》记载："眚、灾肆，赦；怙、终贼，刑。""眚"与"省"同义，意思是"减少"，"灾"指灾害，"肆"可借为"噬"，指吃人，"赦"指赦免，即不作为犯罪处理。"眚、灾肆，赦"的意思是在饥荒之时，人处于饥饿状态而吃人或杀人，不被认定为犯罪。〔1〕这一规定相当于现代刑法中的对生命的紧急避险。

最早的有记载的正当防卫法律规定出现在周朝，《周礼·秋

〔1〕 参见宁汉林、魏克家：《中国刑法简史》，中国检察出版社1997年版，第126页。

官·朝士》记载“凡盗贼军乡邑及家人，杀之无罪”。注曰：“军，独攻也。”凡是盗贼攻击乡邑及其中所住的人，任何人杀死这些盗贼都是无罪的。《汉律》规定：“无故入人室宅庐舍，上人车船，牵引人欲犯法者，其时格杀之，无罪。”

《唐律·贼盗》规定：“诸夜无故入人家，笞四十。主人登时杀者，勿论。”意思是：夜晚无故侵入他人家，要被鞭笞四十下。如果侵入者在入门之时被主人杀害，则主人不构成犯罪。如果“知非侵犯而杀伤者，减斗杀伤二等”，即要适用正当防卫规定而被无罪处理，必须不是“知其非侵犯”的。之所以规定“夜无故入人家”条款，是因为在夜晚的时候，家家闭户不出，户内之人遇到侵犯难以求救，需要法律赋予户内之人防卫的权利。

《唐律·斗讼》规定：“诸祖父母、父母为人所殴击，子孙即殴击之，非折伤者，勿论。”意思是，当某人的祖父母、父母被人殴打，子孙当时对殴打之人进行还击的，如果没有造成殴打之人折伤以上后果的，不被认定为犯罪。

我国古代法律规定，特殊情况下的复仇不被认定为犯罪。我国古代复仇的法律规定的精神来源于原始社会血亲复仇的习俗。《周礼·秋官司寇·朝士》记载：“凡报仇雠者，书于士，杀之无罪。”意思是，如果要复仇杀人，必须要事先告知士师(次于小司寇的官员)，经士师发符命，凭借符命杀死仇人，不被认定为犯罪。《周礼·地官司徒·调人》记载：“凡杀人而义者，不同国，令勿仇，仇之则死。”意思是，凡是杀人而合乎义的，经过调解处理后，不经审判机关定罪处刑，避居在国外；避居在国外的人不得返回，否则被以义杀死人的家属杀死，也被认为是无罪。[1]儒家强调亲情伦理，鼓励亲属为死去的亲属

---

〔1〕参见宁汉林、魏克家：《中国刑法简史》，中国检察出版社1997年版，第127页。

复仇，《礼记·曲礼》记载："父之雠，弗与共戴天；兄弟之雠，不反兵；交游之雠，不同国。"可见，父母死于非罪，儿子有复仇的义务。《公羊传·定公四年》记载："父受诛，子复雠，推刃之道也。"如果父母之死属于罪有应得，则儿子不得复仇。后来私人复仇逐渐被国家复仇所取代，魏文帝曾下诏禁止复仇："今海内初定，敢有私复仇者，皆族之。"

《唐律·捕亡》规定："诸捕罪人，而罪人持杖拒捍，其捕者格杀之及走逐而杀，若迫窘而自杀者，皆勿论。"意思是，抓捕者在抓捕逃亡的罪人时，如果罪人持械抗拒抓捕，或者继续逃亡，抓捕者在这时杀死罪人的，不被认为是犯罪；如果罪人在逃亡时遇到窘境被迫自杀，抓捕者不被认为是犯罪。该条是对抓捕罪人者免罪的规定。

我国古代法律还规定，在一定情况下杀死奸夫免罪。《史记·秦始皇本纪》记载："夫为寄豭，杀之无罪。"《明律·刑律·人命》规定："凡妻妾与人奸通，而于奸所亲获奸夫奸妇，登时杀死者，勿论。"意思是，丈夫在遇到妻妾与人通奸时，在通奸的场所杀死通奸的男女的，不被认为是犯罪。丈夫偶然碰到妻妾与人通奸的时候，奸夫可能会杀死丈夫而掩盖通奸事实，本条规定相当于赋予了丈夫的正当防卫权。《大清律例》沿用了《明律》的规定。

我国古代刑法中规定了亲属对亲属实施的犯罪行为应当予以隐瞒，不得告发或者作证，亲属之间隐瞒罪行的行为不认为是犯罪，这就是"亲亲相隐"法律制度。"亲亲相隐"思想来源于孔子的"父为子隐，子为父隐，直在其中"的主张。儒家重视人伦关系，认为亲属之间的对犯罪行为的相互告发、作证是违反人伦的行为，会破坏亲情，法律应当对人伦让步，对亲属之间相互隐瞒罪行的行为不被认为是犯罪。"亲亲相隐"的法律化始于秦朝，《睡虎地秦墓竹简·法律答问》记载："子告父母，臣妾告主，非公室告，勿听。而行告，告者罪。"这实际上规定了"子为父隐"的单向隐匿。汉宣帝时实行"亲亲得相首匿"制度，能相互隐匿罪行的亲属范围被限制在大功亲之内，但开启了亲属之间相互隐匿罪行（双向亲亲相隐）的制度先河。《唐律》对同居之人相互隐瞒罪行的行为作了详细的规定，这一规定一直被沿用到清末。《唐律》视亲属之间的亲疏远近关系，对隐瞒罪行的处罚不同，亲属关系密切者，不论罪，亲属关系疏远者，减轻处罚。对谋反、谋大逆、谋叛等严重危及统治的罪行不适用亲亲相隐的规定。

第二节　我国刑法及其司法解释中的出罪事由解析

一、我国刑法中规定的出罪事由

我国现代法治化的进程始于清末修律，1908 年，沈家本主持修订完成了《大清新刑律》。《大清新刑律》是我国第一部采用发达国家刑法理念、刑法体例、刑法原则修订而成的刑法典，其是有别于古代的新式刑法典，虽然被颁布，却未被施行。《大清新刑律》规定了刑事责任年龄、刑事责任能力、正当防卫和紧急避险，在《暂行章程》部分还规定：对尊亲属有犯，不得适用正当防卫之例。清朝灭亡后，北洋政府对《大清新刑律》稍加修改，于 1912 年 4 月 30 日颁行《暂行新刑律》。

1928 年，国民政府颁布第一部刑法典《中华民国刑法》，1935 年，国民政府对《中华民国刑法》进行了修订，成为国民政府的第二部刑法典。《中华民国刑法》参考了德国、日本刑法典，刑法总则的内容与德日的相差不大。《中华民国刑法》在第二章刑事责任中规定了出罪事由，其中，第 16 条规定不知法不免责，但有正当理由认为其行为系合法的，可以免除其刑；第18条规定，不满14周岁之人的行为，不罚；第19条规定，心神丧失之人的行为，不罚；第21条规定依法令的行为或依所属上级公务员命令（不明知该命令违法）之职务上的行为，不罚；第22条规定了业务上的正当行为，不罚；第23条规定了正当防卫；第24条规定了紧急避险。

中华人民共和国成立后的第一部《刑法》于1979年7月1日通过、自1980年8月1日起实施。1979年《刑法》第10条规定了“情节显著轻微危害不大”的行为不被认为是犯罪；第13条规定了不可抗力和意外事件；第14条规定了刑事责任年龄；第15条规定了精神病人犯罪的刑事责任；第17条规定了正当防卫；第18条规定了紧急避险；第25条规定了对胁迫犯可以按照其犯罪情节减轻或免除处罚。现行《刑法》（1997年在1979年《刑法》基础上修订）总则中关于出罪事由的规定与1979年《刑法》基本相同，不再赘述。

现行《刑法》分则规定的出罪事由有：第164条规定的对非国家工作人员行贿罪存在出罪事由即“行贿人在被追诉前主动交代行贿行为的”；第201条规定的逃税罪存在出罪事由即“经税务机关依法下达追缴通知后，补缴应纳税款，缴纳滞纳金，已受行政处罚”；第276条之一规定的拒不支付劳动报酬罪存在出罪事由即“尚未造成严重后果，在提起公诉前支付劳动者的劳动报酬，并依法承担相应赔偿责任”；第351条规定的非法种植毒品原植物罪存在出罪事由即“在收获前自动铲除”；第383条、386条规定的贪污罪、受贿罪出罪事由“在提起公诉前如实供述自己罪行、真诚悔罪、积极退赃，避免、减少损害结果的发生”；第390条规定的行贿罪出罪事由即“行贿人在被追诉前主动交代行贿行为……犯罪较轻的，对侦破重大案件起关键作用的，或者有重大立功表现"；第 392 条规定的介绍贿赂罪出罪事由即"介绍贿赂人在被追诉前主动交代介绍贿赂行为"；第 449 条规定的军人战时缓刑（戴罪立功，不以犯罪论处）等。

二、现行有效的刑事司法解释中规定的出罪事由梳理

在我国刑事司法中，刑事司法解释在细化刑法规范、填补刑法规范漏洞、积累刑事审判经验、指导刑事司法实践等方面发挥着重要的作用，在我国刑事司法解释中，同样存在着诸多出罪事由。

（一）犯罪情节显著轻微或犯罪情节轻微

（1）最高人民法院、最高人民检察院《关于办理非法利用信息网络、帮助信息网络犯罪活动等刑事案件适用法律若干问题的解释》（法释［2019］15 号，自 2019 年 11 月 1 日起施行）。

该解释第 15 条规定，综合考虑社会危害程度、认罪悔罪态度等情节，认为犯罪情节轻微的，可以不起诉或者免予刑事处罚；情节显著轻微危害不大的，不以犯罪论处。

（2）最高人民法院、最高人民检察院《关于办理组织考试作弊等刑事案件适用法律若干问题的解释》（法释［2019］13 号，自 2019 年 9 月 4 日起施行）。

该解释第 7 条规定，代替法律规定的国家考试犯罪情节轻微的，可以不起诉或者免予刑事处罚；情节显著轻微危害不大的，不以犯罪论处。

（3）最高人民法院、最高人民检察院《关于办理环境污染刑事案件适用法律若干问题的解释》（法释［2016］29 号，自 2017 年 1 月 1 日起施行）。

该解释第 5 条规定，实施《刑法》第 338 条（污染环境

罪）、第339条（非法处置进口的固体废物罪）规定的行为，刚达到应当追究刑事责任的标准，但行为人及时采取措施，防止损失扩大、消除污染，全部赔偿损失，积极修复生态环境，且系初犯，确有悔罪表现的，可以认定为情节轻微，不起诉或者免予刑事处罚。

第6条第2款规定，无危险废物经营许可证从事收集、贮存、利用、处置危险废物经营活动，不具有超标排放污染物、非法倾倒污染物或者其他违法造成环境污染的情形的，可以认定为非法经营情节显著轻微危害不大，不认为是犯罪。

（4）最高人民法院、最高人民检察院《关于办理走私刑事案件适用法律若干问题的解释》（法释［2014］10号，自2014年9月10日起施行）。

该解释第9条第4款规定，不以牟利为目的，为留作纪念而走私珍贵动物制品进境……情节显著轻微的，不作为犯罪处理。

（5）最高人民法院、最高人民检察院《关于办理危害药品安全刑事案件适用法律若干问题的解释》（法释［2014］14号，自2014年12月1日起施行）（已失效）。

第11条第2款规定，销售少量根据民间传统配方私自加工的药品，或者销售少量未经批准进口的国外、境外药品，没有造成他人伤害后果或者延误诊治，情节显著轻微危害不大的，不认为是犯罪。

（6）最高人民法院、最高人民检察院《关于办理敲诈勒索刑事案件适用法律若干问题的解释》（法释［2013］10号，自2013年4月27日起施行）。

该解释第6条第2款规定，被害人对敲诈勒索的发生存在过错的，根据被害人过错程度和案件其他情况，可以对行为人酌情从宽处理；情节显著轻微危害不大的，不认为是犯罪。

（7）最高人民法院《关于审理拒不支付劳动报酬刑事案件适用法律若干问题的解释》（法释［2013］3号，自2013年1月23日起施行）。

该解释第6条规定，拒不支付劳动者的劳动报酬，尚未造成严重后果，在刑事立案前支付劳动者的劳动报酬，并依法承担相应赔偿责任的，可以认定为情节显著轻微危害不大，不认为是犯罪。

（8）最高人民法院《关于审理非法集资刑事案件具体应用法律若干问题的解释》（法释［2010］18号，自2011年1月4日起施行）。

该解释第3条第4款规定，非法吸收或者变相吸收公众存款，主要用于正常的生产经营活动，能够及时清退所吸收资金，可以免予刑事处罚；情节显著轻微的，不作为犯罪处理。

（9）最高人民法院、最高人民检察院《关于办理妨害信用卡管理刑事案件具体应用法律若干问题的解释》（法释［2009］19号，自2009年12月16日起施行，2018年修正）。

2018年该解释第10条规定，恶意透支数额较大，在提起公诉前全部归还或者具有其他情节轻微情形的，可以不起诉……曾因信用卡诈骗受过两次以上处罚的除外。

2009年该解释第6条第5款规定，恶意透支数额较大，在公安机关立案前已偿还全部透支款息，情节显著轻微的，可以依法不追究刑事责任。

（10）最高人民法院、最高人民检察院《关于办理利用未公开信息交易刑事案件适用法律若干问题的解释》（法释［2019］10号，自2019年7月1日起施行）。

该解释第11条第1款规定，符合该解释第5条、第6条规定的标准（即“情节严重”的标准），行为人如实供述犯罪事实，认罪悔罪，并积极配合调查，退缴违法所得的，可以从轻处罚；其中犯罪情节轻微的，可以依法不起诉或者免予刑事处罚。

（11）最高人民法院、最高人民检察院《关于办理操纵证券、期货市场刑事案件适用法律若干问题的解释》（法释［2019］9号，自2019年7月1日起施行）。

该解释第7条规定，符合该解释第2条、第3条规定的标准（即“情节严重”的标准），行为人如实供述犯罪事实，认罪悔罪，并积极配合调查，退缴违法所得的，可以从轻处罚；其中犯罪情节轻微的，可以依法不起诉或者免予刑事处罚。

（12）最高人民法院、最高人民检察院《关于办理非法从事资金支付结算业务、非法买卖外汇刑事案件适用法律若干问题的解释》（法释［2019］1号，自2019年2月1日起施行）。

该解释第8条规定，符合本解释第3条规定的标准（即非法经营行为“情节严重”的标准），行为人如实供述犯罪事实，认罪悔罪，并积极配合调查，退缴违法所得的，可以从轻处罚；其中犯罪情节轻微的，可以依法不起诉或者免予刑事处罚。

（13）最高人民法院、最高人民检察院《关于办理虚假诉讼刑事案件适用法律若干问题的解释》（法释［2018］17号，自2018年10月1日起施行）。

该解释第9条第1款规定，实施《刑法》第307条之一第一款行为，未达到情节严重的标准，行为人系初犯，在民事诉讼过程中自愿具结悔过，接受人民法院处理决定，积极退赃、退赔的，可以认定为犯罪情节轻微，不起诉或者免予刑事处罚。

（14）最高人民法院、最高人民检察院《关于办理侵犯公民个人信息刑事案件适用法律若干问题的解释》（法释［2017］10

号，自2017年6月1日起施行）。

该解释第10条规定，实施侵犯公民个人信息犯罪，不属于“情节特别严重”，行为人系初犯，全部退赃，并确有悔罪表现的，可以认定为情节轻微，不起诉或者免予刑事处罚。

（15）最高人民法院、最高人民检察院《关于办理非法采矿、破坏性采矿刑事案件适用法律若干问题的解释》(法释［2016］25号，自2016年12月1日起施行)。

该解释第10条规定，实施非法采矿犯罪，不属于“情节特别严重”，或者实施破坏性采矿犯罪，行为人系初犯，全部退赃退赔，积极修复环境，并确有悔改表现的，可以认定为犯罪情节轻微，不起诉或者免予刑事处罚。

（16）最高人民法院、最高人民检察院《关于办理妨害文物管理等刑事案件适用法律若干问题的解释》（法释［2015］23号，自2016年1月1日起施行）。

第16条第2款规定，实施本解释第3条至第5条规定的行为，虽已达到应当追究刑事责任的标准，但行为人系初犯，积极赔偿损失，并确有悔罪表现的，可以认定为犯罪情节轻微，不起诉或者免予刑事处罚。

刑事司法解释中以“情节显著轻微”作为出罪事由的规定是对《刑法》第13条“但书”的具体落实。“情节”是影响定罪量刑的各种主客观因素，包括罪前、罪中、罪后因素，也包括主观因素、客观因素。“显著轻微”是对行为实质危害性程度的判断，从法益侵害说的角度来讲，是指行为对法益的威胁或侵害程度十分轻微，不值得动用刑罚手段对该行为进行惩罚。“情节显著轻微”和“危害不大”经常结合起来使用，两者属于并列关系，前者从情节方面来说明行为，后者从危害结果方面来说明行为，情节显著轻微的行为，其危害后果必然不大，而危害后果不大的行为属于情节显著轻微的行为。从司法解释的规定来看，情节显著轻微的行为、危害不大的行为的法律后果有：不认为是犯罪、不作为犯罪处理、依法不追究刑事责任，虽然三者之间有差别[1]，但是客观结果都是出罪。

刑事司法解释中规定的行为“情节轻微”也是对行为实质危害性程度的判断，其比“情节显著轻微”更重，其法律后果是不起诉或免予刑事处罚。这里的“不起诉”是酌定不起诉，不同于行为“情节显著轻微”的法定起诉的情形，留待检察机关裁量处理，换言之，检察机关对酌定不起诉具有裁量权，对法定不起诉没有裁量权。无论是酌定不起诉还是法定不起诉，都是法律上对犯罪嫌疑人作出的出罪处理。

（二）未成年人

最高人民法院《关于审理未成年人刑事案件具体应用法律若干问题的解释》（法释［2006］1号，自2006年1月23日起施行）。

该解释第6条规定，已满14周岁不满16周岁的人偶尔与幼女发生性行为，情节轻微、未造成严重后果的，不认为是犯罪。

第7条规定，已满14周岁不满16周岁的人使用轻微暴力或者威胁，强行索要其他未成年人随身携带的生活、学习用品或者钱财数量不大，且未造成被害人轻微伤以上或者不敢正常到校学习、生活等危害后果的，不认为是犯罪。

已满16周岁不满18周岁的人具有前款规定情形的，一般也不认为是犯罪。

---

[1] “不认为是犯罪”是行为具有一定的违法性，但是没有达到使用刑罚来处罚的程度，不符合具体的犯罪构成要件，不被认定为犯罪；“不作为犯罪处理”是行为虽然符合具体的犯罪构成要件，但是不作为犯罪来处理；“不追究刑事责任”是指行为人没有刑事责任或者虽有刑事责任，但依法不被追究的情形，“犯罪情节显著轻微危害不大”是“不追究刑事责任”的情形之一。

第9条规定，已满16周岁不满18周岁的人实施盗窃行为未超过3次，盗窃数额虽已达到“数额较大”标准，但案发后能如实供述全部盗窃事实并积极退赃，且具有下列情形之一的，可以认定为“情节显著轻微危害不大”，不认为是犯罪：①系又聋又哑的人或者盲人；②在共同盗窃中起次要或者辅助作用，或者被胁迫；③具有其他轻微情节的。

已满16周岁不满18周岁的人盗窃未遂或者中止的，可不认为是犯罪。

已满14周岁不满16周岁的人偶尔与幼女发生性关系、使用轻微暴力或者威胁，强行索要其他未成年人的财物等，情节轻微、危害不大，不被认为是犯罪，但成年人实施这些行为就要被认定为犯罪，这体现了刑事司法解释对未成年人的特别保护。未成年人生理、心理发育还不成熟，自控能力差，容易受到不良影响，因此，对同样行为的处理，因成年人和未成年人不同而有别，这也符合“儿童利益最大化”原则。

（三）亲属关系

（1）最高人民法院《关于审理毒品犯罪案件适用法律若干问题的解释》（法释［2016］8号，自2016年4月11日起施行）。

该解释第12条第3款规定，容留近亲属吸食、注射毒品，情节显著轻微危害不大的，不作为犯罪处理。

（2）最高人民法院、最高人民检察院《关于办理盗窃刑事案件适用法律若干问题的解释》（法释［2013］8号，自2013年4月4日起施行）。

该解释第8条规定，偷拿家庭成员或者近亲属的财物，获得谅解的，一般可不认为是犯罪。

（3）最高人民法院、最高人民检察院《关于办理敲诈勒索刑事案件适用法律若干问题的解释》（法释［2013］10号，自

2013 年 4 月 27 日起施行）。

该解释第 6 条规定，敲诈勒索近亲属的财物，获得谅解的，一般不认为是犯罪。

（4）最高人民法院、最高人民检察院《关于办理诈骗刑事案件具体应用法律若干问题的解释》（法释［2011］7 号，自 2011 年 4 月 8 日起施行）。

该解释第 4 条第 1 款规定，诈骗近亲属的财物，近亲属谅解的，一般可不按犯罪处理。

（5）最高人民法院《关于审理未成年人刑事案件具体应用法律若干问题的解释》（法释［2006］1 号，自 2006 年 1 月 23 日起施行）。

该解释第 9 条第 3 款规定，已满 16 周岁不满 18 周岁的人盗窃自己家庭或者近亲属财物，或者盗窃其他亲属财物但其他亲属要求不予追究的，可不按犯罪处理。

对于以亲属为对象实施的容留吸毒、盗窃、诈骗、敲诈勒索等行为，一般不按照犯罪来处理，体现了法律对伦理亲情的尊重，避免将上述行为作为犯罪处理而破坏家庭成员的关系。法亦能容情，刑事司法必须尊重人伦，应追求法律效果和社会效果的统一。值得注意的是，亲属身份一般可成为侵害财产类犯罪的出罪事由，但以亲属为对象实施的侵害人身的犯罪，如故意杀人、故意伤害、强奸罪等，不得以亲属身份作为出罪的事由。

（四）认罪、悔罪且退赃、退赔（或赔偿）

（1）最高人民法院《关于审理掩饰、隐瞒犯罪所得、犯罪所得收益刑事案件适用法律若干问题的解释》（法释［2015］11 号，自 2015 年 6 月 1 日起施行）。

该解释第 2 条第 2 款规定，行为人为自用而掩饰、隐瞒犯罪所得，财物价值刚达到本解释第 1 条第 1 款第（一）项规定的标准，认罪、悔罪并退赃、退赔的，一般可不认为是犯罪；依法追究刑事责任的，应当酌情从宽。

（2）最高人民法院、最高人民检察院《关于办理抢夺刑事案件适用法律若干问题的解释》（法释［2013］25号，自2013年11月18日起施行）。

该解释第5条规定，抢夺公私财物数额较大，但未造成他人轻伤以上伤害，行为人系初犯，认罪、悔罪，退赃、退赔，且具有下列情形之一的，可以认定为犯罪情节轻微，不起诉或者免予刑事处罚；必要时，由有关部门依法予以行政处罚：①具有法定从宽处罚情节的；②没有参与分赃或者获赃较少，且不是主犯的；③被害人谅解的；④其他情节轻微、危害不大的。

（3）最高人民法院、最高人民检察院《关于办理寻衅滋事刑事案件适用法律若干问题的解释》(法释［2013］18号，自2013年7月22日起施行)。

该解释第8条规定，行为人认罪、悔罪，积极赔偿被害人损失或者取得被害人谅解的，可以从轻处罚；犯罪情节轻微的，可以不起诉或者免予刑事处罚。

（4）最高人民法院、最高人民检察院《关于办理敲诈勒索刑事案件适用法律若干问题的解释》（法释［2013］10号，自2013年4月27日起施行）。

该解释第5条规定，敲诈勒索数额较大，行为人认罪、悔罪，退赃、退赔，并具有下列情形之一的，可以认定为犯罪情节轻微，不起诉或者免予刑事处罚，由有关部门依法予以行政处罚：①具有法定从宽处罚情节的；②没有参与分赃或者获赃较少且不是主犯的；③被害人谅解的；④其他情节轻微、危害不大的。

（5）最高人民法院、最高人民检察院《关于办理盗窃刑事案件适用法律若干问题的解释》（法释［2013］8号，自2013年4月4日起施行）。

该解释第7条规定，盗窃公私财物数额较大，行为人认罪、悔罪，退赃、退赔，且具有下列情形之一，情节轻微的，可以不起诉或者免予刑事处罚；必要时，由有关部门予以行政处罚：①具有法定从宽处罚情节的；②没有参与分赃或者获赃较少且不是主犯的；③被害人谅解的；④其他情节轻微、危害不大的。

（6）最高人民法院、最高人民检察院《关于办理诈骗刑事案件具体应用法律若干问题的解释》（法释［2011］7号，自2011年4月8日起施行）。

该解释第3条规定，诈骗公私财物虽已达到该解释第1条规定的“数额较大”的标准，但具有下列情形之一，且行为人认罪、悔罪的，可以根据《刑法》第37条、《刑事诉讼法》第142条的规定不起诉或者免予刑事处罚：①具有法定从宽处罚情节的；②一审宣判前全部退赃、退赔的；③没有参与分赃或者获赃较少且不是主犯的；④被害人谅解的；⑤其他情节轻微、危害不大的。

行为人认罪、悔罪能表明行为人的人身危险性减小，对行为人特殊预防必要性减小；行为人退赃、退赔或者对被害人积极赔偿，能弥补犯罪行为给被害人造成的损失。行为人认罪、悔罪且退赃、退赔已经表明犯罪情节轻微，由检察机关酌定不起诉，从而出罪。储槐植、闫雨认为，犯罪既遂后的赎罪行为（如盗窃既遂后主动、全额退赃）可以修复被犯罪侵犯的法益，抵消犯罪行为的实质违法性，从而是犯罪行为被非犯罪化——出罪，赎罪行为是犯罪既遂后不出罪的例外。[1]

---

〔1〕参见储槐植、闫雨：“‘赎罪’——既遂后不出罪存在例外”，载《检察日报》2014年8月12日。

（五）主动、全部交出

最高人民法院《关于审理非法制造、买卖、运输枪支、弹药、爆炸物等刑事案件具体应用法律若干问题的解释》（2009年修正，自2010年1月1日起实施）。

该解释第6条第2款规定，行为人非法携带该条第1款第（三）项规定的爆炸物（即炸药、发射药、黑火药500克以上或者烟火药1000克以上、雷管20枚以上或者导火索、导爆索20米以上）进入公共场所或者公共交通工具，虽未达到上述数量标准，但拒不交出的，依照《刑法》第130条的规定定罪处罚；携带的数量达到最低数量标准，能够主动、全部交出的，可不以犯罪论处。

爆炸物属于违禁品，不准私自制造、使用、买卖、持有、存储、运输，否则会对公共安全造成威胁。《刑法》第64条规定，对违禁品应予以没收。如果携带爆炸物的数量刚达到最低数量标准，主动、全部交给有权机关处理，则对公共安全不会造成威胁，可不以犯罪论处。

（六）受蒙蔽、胁迫

最高人民法院《关于审理黑社会性质组织犯罪的案件具体应用法律若干问题的解释》（法释［2000］42号，自2000年12月10日起施行）。

该解释第3条第2款规定，对于参加黑社会性质的组织，没有实施其他违法犯罪活动的，或者受蒙蔽、胁迫参加黑社会性质的组织，情节轻微的，可以不作为犯罪处理。

行为人如果受到蒙蔽，可能会对自己行为的性质产生错误的认识；如果受到胁迫，则意志处于不自由的状态。在行为人受蒙蔽、受胁迫时，要求行为人对自己的行为承担完全的责任，会强人所难。换言之，在行为人受蒙蔽、受胁迫时，法律对行为人可谴责性降低或者消失。在行为人受蒙蔽、受胁迫时所做的危害社会的行为，如果情节轻微，可出罪。

（七）盗窃、诈骗未遂情节不严重

（1）最高人民法院、最高人民检察院《关于办理盗窃刑事案件适用法律若干问题的解释》（法释［2013］8号，自2013年4月4日起施行）。

该解释第12条第1款规定，盗窃未遂，具有下列情形之一的，应当依法追究刑事责任：①以数额巨大的财物为盗窃目标的；②以珍贵文物为盗窃目标的；③其他情节严重的情形。

犯罪未遂对法益的侵害小于犯罪既遂对法益的侵害。对以上规定进行反对解释，可以得出以下结论：不以数额较大的财物为盗窃目标或不以珍贵文物为目标，盗窃未遂，情节轻微的，可以出罪。

（2）最高人民法院、最高人民检察院《关于办理诈骗刑事案件具体应用法律若干问题的解释》（法释［2011］7号，自2011年4月8日起施行）。

该解释第5条第1款规定，诈骗未遂，以数额巨大的财物为诈骗目标的，或者具有其他严重情节的，应当定罪处罚。

对以上规定进行反对解释，可以得出以下结论：以数额较大的财物为诈骗目标，诈骗未遂，情节轻微的，可以出罪。

（八）共同犯罪中起次要作用

最高人民法院《关于审理拐卖妇女儿童犯罪案件具体应用法律若干问题的解释》（法释［2016］28号，自2017年1月1日起施行）。

该解释第8条规定，出于结婚目的收买被拐卖的妇女，或者出于抚养目的收买被拐卖的儿童，涉及多名家庭成员、亲友参与的，对其中起主要作用的人员应当依法追究刑事责任。

对该条规定进行反对解释，可以得出以下结论：涉及多名家庭成员、亲友参与的，对其中起次要作用的人员，可以出罪。这是为了防止扩大打击面，体现了刑法的谦抑性。

（九）因民间矛盾而引发

（1）最高人民法院、最高人民检察院、公安部、司法部《关于办理黑恶势力犯罪案件若干问题的指导意见》（法发［2018］1号，自2018年1月16日起施行）。

该意见第17条规定，为追讨合法债务或者因婚恋、家庭、邻里纠纷等民间矛盾而雇佣、指使（他人有组织地采用滋扰、纠缠、哄闹、聚众造势等手段强迫交易、敲诈勒索），没有造成严重后果的，一般不作为犯罪处理，但经有关部门批评制止或者处理处罚后仍继续实施的除外。

（2）最高人民法院、最高人民检察院、公安部、司法部《关于办理实施“软暴力”的刑事案件若干问题的意见》（自2019年4月9日起施行）。

该意见第11条规定，因本人及近亲属合法债务、婚恋、家庭、邻里纠纷等民间矛盾而雇佣、指使（他人采用“软暴力”手段强迫交易、敲诈勒索的），没有造成严重后果的，一般不作为犯罪处理，但经有关部门批评制止或者处理处罚后仍继续实施的除外。

第二节 世界主要国家刑法典中的出罪事由概述

《苏俄刑法典》（自1961年1月1日起施行）[1]第7条第2款规定了“显著轻微而对社会没有危害性”的行为不被认为是

〔1〕《苏俄刑法典》，王增润译，法律出版社1962年版。

犯罪；第10条规定了未成年人的刑事责任；第11条规定了无责任能力；第13条规定了正当防卫；第14条规定了紧急避难。

《德国刑法典》（1998年11月13日颁布，自1999年1月1日起生效）〔1〕第17条规定了行为人对不可避免的法律认识错误不负刑事责任；第19条规定了儿童（行为时不满14周岁）不负刑事责任；第20条规定了不能预见其行为的违法性的精神病患者不负刑事责任；第32条规定了正当防卫，第34条规定了阻却违法性的紧急避险；第35条规定了阻却责任的紧急避险；第36条、第37条分别规定了议会言论和议会报道不受处罚。

《俄罗斯联邦刑法典》（俄罗斯国家杜马1996年5月24日通过）〔2〕第21条规定无刑事责任能力者不负刑事责任；第28条规定了无罪过行为；第37条规定了正当防卫；第38条规定了在拘捕犯罪人时造成损害不是犯罪的情形；第39条规定了紧急避险；第40条规定了身体或心理受到强制时实施的行为不被认为是犯罪的情形；第41条规定了在合理的风险情况下对法益造成损害的行为不是犯罪；第42条规定了执行命令或指令不负刑事责任的情形。

《意大利刑法典》（1930年10月19日被批准、1931年7月1日生效）〔3〕第45条规定了意外事件或者不可抗力；第46条规定了身体受强制而被迫实施行为的，不受处罚；第47条第3款规定了对刑事法律之外的法律产生错误认识，该错误认识导致对构成要件行为发生错误时，排除可罚性；第49条规定了错误推测的犯罪（相当于幻觉犯）和不可能的犯罪（相当于不能

〔1〕《德国刑法典》，徐久生、庄敬华译，中国法制出版社2000年版。
〔2〕《俄罗斯联邦刑法典》，黄道秀译，北京大学出版社2008年版。
〔3〕《最新意大利刑法典》，黄风译注，法律出版社2007年版。

犯)；第50条规定了权利人同意；第51条规定了行使权利、履行义务、执行命令的行为；第52条规定了正当防卫；第53条规定了合法使用武器的行为；第54条规定了紧急避险；第85条至第98条规定了可归罪性，即刑事责任能力和刑事责任年龄的相关要素。

《葡萄牙刑法典》(1982年9月23日颁布)〔1〕第17条规定了行为人对合法性认识错误而不可被谴责时，其行为无责任；第19条规定了因不满16周岁而不予归责；第20条规定了因精神错乱而不予归责；第三章专门规定了阻却违法与责任的事由(第31条至第39条)，包括正当防卫、行使权利、履行法定义务或当局正当命令、获得法律受侵害人的同意、阻却违法的紧急避险、阻却责任的紧急避险、义务冲突、阻却责任的不当服从上级命令、同意和推定同意等。

《西班牙刑法典》(1995年11月23日通过)〔2〕卷一第一编第二章规定了刑事责任免除的情形，其中，第20条规定了免除刑事责任的行为，包括因精神异常或精神状况暂时改变导致不能理解其行为的违法性或者不能按照其理解实施行为；因理解能力发展迟缓而导致行为人认知能力低下时实施的行为；正当防卫；紧急避险；因无法克服的恐惧而实施的损害行为；依法行使权利、履行义务、公务或职务的行为等。

《荷兰刑法典》(1881年3月3日颁布)〔3〕第一编总则第三章规定了刑事责任的排除事由，其中，第39条规定了因精神缺陷或精神疾患而不能承担责任，不负刑事责任；第40条规定了由于无法抗拒的力量而实施犯罪，不负刑事责任；第42条规定了执行合法要求而实施犯罪，不负刑事责任；第43条规定了执

〔1〕《葡萄牙刑法典》，陈志军译，中国人民公安大学出版社2010年版。

〔2〕《西班牙刑法典》，潘灯译，中国检察出版社2015年版。

〔3〕《荷兰刑法典》，颜九红、戈玉和译，北京大学出版社2008年版。

行官方命令或者真诚相信未经合法授权的命令系合法授权而在职权范围内执行该命令而实施犯罪，不负刑事责任；第296条之5规定了终止妊娠行为由医院或诊所的医生实施的（医生的治疗行为需符合《妊娠终止法》的规定），不罚。

《希腊刑法典》（1950年8月17日颁布）[1]第20条至第25条规定了阻却行为违法性的事由：行使权利或者履行法律义务的行为、上级命令、正当防卫、阻却违法的紧急避险；第32条规定了阻却责任的紧急避险；第31条之2规定了可宽恕的认识错误；第34条规定了因精神病或者意识障碍而欠缺认识能力或控制能力。在分则中规定了阻却违法的情形：第304条第4款、第5款规定了不属于非法终止妊娠的情形；第308条第2款规定了经被害人同意且不违反道德的情况下实施普通伤害；第367条规定了对科学、艺术或者职业活动的批评、公文中包含与机关活动有关的批评性表述、出于履行法定职责、行使合法权利、保护权利或者其他正当利益的目的实施批评等；第371条第4款规定了行为人为履行职责或者为了保护合法或者具有其他正当根据的重大权益而别无他法的情况下，侵犯职业秘密的情形。

《匈牙利刑法典》（1978年第4号法案颁布）[2]第三章规定了刑事责任阻却事由（包括刑事追诉阻却事由、刑事责任消灭事由），第22条规定了阻却刑事责任的事由：未成年、精神病、强制和胁迫、错误（行为人欠缺认识或者错误地认为其行为无社会危害性且有合理依据）、行为的社会危害性程度非常轻微、正当防卫、紧急避险、没有提起自诉等；第32条规定了刑事责任消灭的事由：行为人死亡、超过追诉时效；赦免、行为已不再具有社会危害性或者危害性变得轻微等。

---

〔1〕《希腊刑法典》，陈志军译，中国人民公安大学出版社2010年版。

〔2〕《匈牙利刑法典》，陈志军译，中国人民公安大学出版社2008年版。

《波兰刑法典》（1997年6月6日制定，自1998年9月1日起施行）[1]第1条之2规定，法律所禁止的行为的社会后果非常轻微，不应当作为犯罪处理；第1条之3规定，行为人在实施法律所禁止的行为时不能被归责的，不构成犯罪。第三章规定了刑事责任阻却事由，其中，第25条规定了正当防卫；第26条规定了紧急避险；第27条规定了出于进行认知、医疗、技术、经济实验之目的而实施的实验行为（要求目的、方法合理）；第29条规定了行为人有合理理由的法律认识错误；第31条之1规定了因精神疾病、精神缺陷、精神错乱而不能认识或控制行为的情形。

《科索沃地区刑法典》（2003年7月6日颁布，2004年4月6日生效）[2]第7条规定，若某一行为是情节显著轻微的，即使其符合法律规定的犯罪特征也不能被认为是刑事犯罪；第8条规定了正当防卫；第9条规定了紧急避险；第10条规定了犯罪人按照政府或上级命令而实施犯罪行为减免刑事责任的情形：行为人具有法定义务服从政府或上级命令、行为人不知道命令是非法的、该命令未明显违法；第19条规定了不可避免的法律错误（确实不知或者不可能知道其行为被法律禁止）。

《保加利亚刑法典》（1968年4月2日公布，1968年5月1日起开始实施）[3]第9条之2规定了不具有社会危害性或者社会危害性显著轻微的行为不被认为是犯罪，即使该行为在形式上符合法定的犯罪构成特征；第12条规定了正当防卫；第13条规定了紧急避险；第15条规定了不构成犯罪的偶然行为，即行

---

〔1〕《波兰刑法典》，陈志军译，中国人民公安大学出版社2009年版。

〔2〕《科索沃地区刑法典》，汤海军、徐留成译，中国人民公安大学出版社2011年版。

〔3〕《保加利亚刑法典》，陈志军译，中国人民公安大学出版社2007年版。

为人没有义务预见或无法预见危险后果发生的行为；第 16 条规定了执行命令的行为（明显认识到该命令属于犯罪行为的除外）。

《瑞典刑法典》（1962 年通过，1965 年生效）[1]第二十四章规定了免除刑事责任的一般根据，其中，第 1 条规定了自我防卫权；第 2 条规定了可以根据环境使用正当武力阻止罪犯、被羁押的人逃跑以维持秩序的情形；第 7 条规定了经他人同意而对他人实施的犯罪行为；第 8 条规定了行为人按照命令而实施的犯罪行为；第 9 条规定了基于可被原谅的认识错误而实施的行为。

《芬兰刑法典》（1889 年制定时仅有 39 条，后经不断增补，截至 2003 年共 650 条）[2]第三章规定了辩护与减轻处罚的事由，其中，第 1 条规定未满 15 周岁的人实施犯罪行为不可罚；第 3 条规定了因精神原因不具有认识或控制行为的能力时实施行为不可罚；第 5 条之 1 规定了意外事件；第 6 条、第 7 条规定了自卫行为；第四章规定了免责事由，其中，第 2 条规定了行为非法性的错误（法律认识错误）；第 5 条规定了紧急避险。

《瑞士联邦刑法典》（2003 年 3 月 18 日修订）[3]第 10 条规定了无责任能力；第 20 条规定了法律上的错误；第 23 条规定了不能犯未遂（行为人因无知而行为，法官可免除其刑罚）；第 32 条规定了法律义务、职务义务、职业义务要求之行为属于合法行为；第 33 条规定了正当防卫；第 34 条规定了紧急避险。

《比利时刑法典》（1867 年 6 月 8 日通过，1867 年 10 月 15 日起施行）[4]在第一卷第八章中专章规定了正当化事由和免责事由，其中，第 70 条规定了法律规定或有权机关命令之行

---

〔1〕《瑞典刑法典》，陈琴译，北京大学出版社 2005 年版。

〔2〕《芬兰刑法典》，肖怡译，北京大学出版社 2005 年版。

〔3〕《瑞士联邦刑法典》，徐久生、庄敬华译，中国方正出版社 2004 年版。

〔4〕《比利时刑法典》，陈志军译，中国政法大学出版社 2015 年版。

为不为罪；第71条规定了行为人的辨认或控制自己行为的能力丧失或严重受损而行为，或者被其不能抗拒之力量强制的，不为罪。

《捷克刑法典》(2009年1月9日通过，2010年1月1日起施行)〔1〕在第一卷总则第三编专门规定了违法阻却事由，其中，第28条规定了紧急避险；第29条规定了正当防卫；第30条规定了被害人承诺；第31条规定了被允许的危险（威胁或者侵害法益，但有利于社会的活动)；第32条规定了依法使用武器。关于责任阻却事由，第25条规定了刑事责任年龄（不满15周岁的人实施刑法规定的行为，不负刑事责任)；第26条规定了因精神病不能认识行为的性质或者控制自己行为时实施刑法规定的行为，不负刑事责任；第19条之一规定了因不可避免的认识错误而实施刑法规定的行为，不具有罪过。值得注意的是，第33条规定了有效悔罪，即行为人犯不提供救助罪、传播人类传染病罪、劫持人质罪等，如果行为人避免或者弥补犯罪的危害后果、在犯罪的危害后果尚且能够避免时报告其犯罪的，消灭行为人的刑事责任即行为人不承担刑事责任，这是该刑法典独特的规定。

《澳大利亚联邦刑法典》（联邦议会于1995年3月通过)〔2〕第一章2.3部分规定了不负刑事责任的情形：缺乏行为能力、精神错乱、醉态、错误或不知的情形、外部因素（介入行为或者事件、胁迫、突发的或者特别的紧急情况、自卫、合法权限）等。

《墨西哥联邦刑法典》(1931年8月14日公布，1931年9月

〔1〕《捷克刑法典》，陈志军译，中国人民公安大学出版社2011年版。

〔2〕《澳大利亚联邦刑法典》，张旭等译，北京大学出版社2006年版。

17 日起施行)[1]第四章规定了犯罪阻却事由，包括不受行为人意志支配的行为；缺乏犯罪构成要件的行为；基于财产合法所有人同意实施的行为；正当防卫；紧急避险；为履行法定义务或者行使权利而实施的行为；由于精神错乱或智力发育迟滞而导致无认识或控制自己行为的能力；因不可避免的违法性错误而实施的行为；在实施行为时无法期待行为人决定实施合法行为（期待不可能性)；意外事件等。

《古巴刑法典》(1987 年 12 月 29 日通过)[2]第 8 条之 2 规定，形式上符合构成要件但后果轻微且按照行为人的个人情况来看不具有社会危害性的行为，不被认为是犯罪；第三章规定了刑事责任阻却事由，包括精神疾病；正当防卫；紧急避险；错误（对构成要件产生错误认识或者错误地认为存在正当化事由而实施法律禁止的行为)；履行义务、行使权利、履行职业、职务、职责的行为；对迫近的不法侵害产生的无法抗拒的恐惧而实施的损害小于或等于不法侵害的行为（相当于阻却责任的正当防卫）等。

《智利刑法典》(1875 年 3 月 1 日生效)[3]在第一编第一章第二节中专门规定了刑事责任阻却事由，包括：非处于清醒期的精神错乱或者痴呆和由于意志以外的原因而完全丧失理智者；正当防卫；紧急避险；履行义务或者合法行使权利、权力、职业、职务中之行为。

《日本刑法典》(1907 年颁布，1908 年 10 月 1 日起施行)[4]在第一编总则第七章犯罪的不成立和刑罚的减免中规定了依照

---

〔1〕《墨西哥联邦刑法典》，陈志军译，中国人民公安大学出版社 2010 年版。

〔2〕《古巴刑法典》，陈志军译，中国人民公安大学出版社 2010 年版。

〔3〕《智利刑法典》，陈志军译，中国政法大学出版社 2015 年版。

〔4〕《日本刑法典》(第 2 版)，张明楷译，法律出版社 2006 年版。

法令或者基于正当业务而实施的行为（第35条）、正当防卫（第36条）、紧急避难（第37条）、心神丧失和心神耗弱（第39条）、责任年龄（第40条）。

《大韩民国刑法》（2018年10月26日施行）[1]第9条规定了最低刑事责任年龄；第10条规定了心神障碍；第12条规定了被强迫的行为；第13条规定了不处罚未认识到法律构成要素的事实之行为；第16条规定了不处罚确有正当理由的违法性认识错误而实施的行为；第20条规定了依照法令、因业务实施的行为以及不违背社会常规的行为；第21条规定了正当防卫；第22条规定了紧急避难；第23条规定了不处罚有正当理由的自救行为；第24条规定了被害人承诺。

《朝鲜民主主义人民共和国刑法典》（1950年3月3日制定）[2]第11条规定了刑事责任年龄；第13条规定了刑事责任能力；第14条规定了不承担刑事责任的一般条件，即没有造成社会危害或者后果显著轻微，且没有从重情节的犯罪行为，不承担刑事责任；第15条规定了正当防卫；第16条规定了紧急避险；第17条规定了基于被害人请求之加害者的刑事责任；第18条规定以家庭成员、亲属为对象实施犯罪行为，但被害人要求不追究行为人刑事责任时，行为人可不承担刑事责任。

《越南刑法典》（1999年12月21日通过）[3]第8条之4规定，行为虽然触犯了刑法，但社会危害性显著轻微，不认为是犯罪；第11条规定了意外事件；第12条规定了刑事责任年龄；第13条规定了无刑事责任能力情况；第15条规定了正当防卫；

---

[1]《大韩民国刑法与刑事诉讼法》，葛晓娟译，中国人民公安大学出版社2019年版。

[2]《朝鲜民主主义人民共和国刑法典》，陈志军译，中国人民公安大学出版社2008年版。

[3]《越南刑法典》，米良译，中国人民公安大学出版社2005年版。

第 16 条规定了紧急避险。

《泰国刑法典》（1956 年公布实施）[1]第 65 条规定了行为人因不能辨认或控制自己行为时实施犯罪，不予处罚；第 67 条规定了紧急避险；第 68 条规定了正当防卫；第 69 条规定了因激动、惊吓、恐惧而导致的防卫过当，应免除处罚；第 70 条规定了依公务员命令（不明知命令违法）的行为；第 71 条第 1 款规定了丈夫或妻子对对方犯盗窃罪、抢夺罪、诈欺罪、侵占罪、赃物罪、毁损罪、非法侵入罪的，不应当处罚。

《菲律宾刑法典》（1932 年 1 月 1 日起施行）[2]在第一卷第二章中专章规定了正当化事由与免除刑事责任事由，其中，第 11 条规定了正当化事由，包括防卫行为、紧急避险、履行义务或者行使权利的行为、执行上级合法发布的命令的行为等；第 12 条规定了免除刑事责任的情形，包括智障者或精神病人在精神不正常时实施的行为、不满 8 岁的人实施的行为、意外事件、在不可抗力的驱使下实施的行为、受到同等或者更大的损害无法控制的恐惧驱使而实施的行为、因某些合法的、难以克服的原因所阻碍而未能按法律要求实施的行为（相当于期待不可能性）等。

《斐济群岛刑法典》（1985 年）[3]第 8 条规定行为人无欺诈意图而善意主张权利不负刑事责任；第 12 条规定了因精神病不能理解其行为或者不能知晓其不应当实施作为或不作为，行为人对其行为不负刑事责任；第 14 条规定了刑事责任年龄；第 16 条规定了受到即刻的杀害或严重身体伤害强迫实施作为或不作为，行为人对其行为不负刑事责任；第 17 条规定了防卫人身和

---

〔1〕《泰国刑法典》，吴光侠译，中国人民公安大学出版社 2004 年版。

〔2〕《菲律宾刑法典》，陈志军译，中国人民公安大学出版社 2007 年版。

〔3〕《大洋洲十国刑法典》（上册），李洪磊译，中国方正出版社 2009 年版，第 24~27 页。

财产；第 18 条规定了执行逮捕中使用暴力；第 19 条规定了受丈夫的强迫成立一项辩护事由。

《萨摩亚刑事罪行条例》（1961 年）[1]第二章规定了正当化事由和免责事由，其中，第 11 条规定了承担刑事责任的最低年龄——8 周岁；第 13 条规定了精神病情况；第 14 条规定了受到被杀害或者重伤的胁迫下实施犯罪行为，不承担刑事责任；第 15 条规定了对无故攻击的自卫；第 16 条规定了对自招攻击的自卫；第 17 条规定了防卫住宅；第 18 条规定了防卫土地或建筑物；第 19 条规定了防卫被监护人；第 21 条规定了任何人无权同意他人剥夺自己的生命，即被害人对剥夺自己生命的承诺无效。

《库克群岛刑事法典》（1969 年版）[2]第三章专章规定了正当化事由和免责事由，第 24 条、第 25 条规定了刑事责任年龄；第 26 条规定了受精神病影响的刑事责任能力；第 27 条规定了受杀害或重伤害胁迫下实施的犯罪行为，不承担刑事责任；第 28 条规定了不知法不能成为免责事由；第 29 条至第 32 条规定了判决、传票和令状的执行；第 33 条至第 41 条规定了逮捕；第 42 条至第 44 条规定了暴力的合理使用；第 45 条至第 49 条规定了阻止妨害治安行为；第 50 条至第 53 条规定了对攻击的防卫；第 54 条至第 58 条规定了对财产的防卫；第 59 条、第 60 条规定了和平的进入；第 61 条规定了父母对子女、教师对学生实施合理的暴力惩戒被视为正当；第 62 条规定了为维持船舶或航空器上的秩序和纪律而合理使用暴力被视为正当；第 63 条规定合理的手术行为不负刑事责任；第 65 条规定任何人无权同意剥夺自己的生命。

---

〔1〕《大洋洲十国刑法典》（上册），李洪磊译，中国方正出版社 2009 年版，第 377~380 页。

〔2〕《大洋洲十国刑法典》（下册），李洪磊译，中国方正出版社 2009 年版，第 706~708 页。

按照法系分，可以将世界各主要国家的刑法划分为大陆法系国家的刑法和英美法系国家的刑法，两大法系国家的刑法出现融合的趋势，英美法系国家的刑法出现法典化趋势；从世界各国的刑法典来看，其由总则和分则构成，总则部分均规定了刑法出罪事由。绝大部分国家的刑法典都规定了正当防卫和紧急避险（难）两大出罪事由，并且区分了正当化的出罪事由和免责的出罪事由。少数国家的刑法典规定了轻微的、危害性较小的触犯刑法的行为不被认定为犯罪（相当于我国《刑法》第13条“但书”规定）。从世界主要国家刑法典规定的出罪事由的内容来看，有逐渐趋同的趋势。因此，需要吸收、借鉴人类优秀的法治经验和成果来进一步完善我国的刑法。

第三节　我国刑法出罪事由适用的现状考察

通过对我国刑法出罪事由的适用现状进行考察，旨在揭示刑法出罪事由适用的规律，为反思和完善我国刑法出罪事由打下坚实的基础。出罪的结果包括无罪、不起诉、撤回起诉、撤销案件，刑法出罪事由是导致不起诉、无罪裁判的原因之一，考察刑法出罪事由适用的现状，需要先考察不起诉、无罪裁判的现状。

一、中国检察机关不起诉的情况

在侦查阶段，侦查机关通过不立案、撤销案件的途径对犯罪嫌疑人出罪；在审查起诉阶段，检察机关通过不立案、撤销案件、不起诉的途径对犯罪嫌疑人出罪。检察机关有刑事立案监督权和侦查监督权，对有案不立、有罪不究、以罚代刑等问题有权进行纠正。

笔者根据1998年至2020年最高人民检察院工作报告，制作下表：

1998年至2020年全国检察机关决定（不）批捕、（不）起诉人数表

年度	批准逮捕人数	不批准逮捕人数	决定起诉人数	决定不起诉人数
1998	582 120	93 218	557 929	11 225
1999	663 518	104 199	672 367	16 172
2000	715 833	未公布	708 836	未公布
2001	841 845	93 760	845 306	26 373
1998～2002	3 601 357	466 357	3 666 142	106 715
2003	764 776	58 872	819 216	27 957
2004	811 102	67 904	867 186	21 225
2005	860 372	29 334	950 804	14 939
2006	891 620	96 382	999 086	7204
2003～2007	4 232 616	255 931	4 692 655	34 433
2008	952 583	107 815	1 143 897	29 871
2009	941 091	未公布	1 134 380	未公布
2010	916 209	64195	1 148 409	29 898
2011	908 756	151 095	1 201 032	39 754
2008～2012	2 642 067	311 460	2 965 467	150 309
2013	879 817	100 157	1 324 404	16 427
2014	879 615	85 206	1 391 225	52 218
2015	873 148	131 675	1 390 933	25 778
2016	828 618	132 081	1 402 463	26 670
2013～2017	4 531 000	625 000	7 173 000	121 000

续表

年度	批准逮捕人数	不批准逮捕人数	决定起诉人数	决定不起诉人数
2018	1 056 616	284 910	1 692 846	136 970
2019	1 088 490	未公布	1 818 808	未公布
2020	770 561	未公布	1 572 971	未公布

从上表来看，决定不起诉的人数大致呈逐年增长的趋势。从我国刑事诉讼法的规定来看，检察机关不批准逮捕的主要原因有：犯罪嫌疑人的行为不构成犯罪、依法不应当追究其刑事责任、其行为构成犯罪但无逮捕的必要、证明其犯罪的证据不足等；检察机关不起诉的主要原因有：犯罪嫌疑人的行为不构成犯罪、涉嫌犯罪情节轻微、危害性较小（免除刑罚）、依法不应当追究其刑事责任、证明其犯罪的证据不足等。在审查起诉阶段，不起诉是刑法出罪的重要途径。其中，行为不构成犯罪、涉嫌犯罪情节显著轻微、危害不大、犯罪情节轻微、危害性较小等均是刑法出罪事由。

二、中国法院无罪裁判的情况

从我国 2001 年至 2018 年我国法院无罪裁判（见下表）[1]来看，我国无罪判决率较低，且呈逐年下降趋势，这与司法规律不符。无罪判决率最高的年份是 2001 年，不到 1%。根据 2019 年最高人民法院工作报告，2018 年，全国法院一审审结刑事案件 119.8 万件，判处罪犯 142.9 万人，宣告 517 名公诉案件被告人和 302 名自诉案件被告人无罪，无罪判决率约为 6‰。根

〔1〕“中国无罪判决率的‘门道’”，载 http://kuaibao.qq.com/s/20190313B1GW9G00? refer=spider，2020 年 5 月 24 日访问。

据2020年最高人民法院工作报告，2019年，全国法院审结一审刑事案件129.7万件，判处罪犯166万人，宣告637名公诉案件被告人和751名自诉案件被告人无罪，无罪判决率约为8‱。根据2021年最高人民法院工作报告，2020年，全国法院审结一审刑事案件111.6万件，判处罪犯152.7万人，宣告656名公诉案件被告人和384名自诉案件被告人无罪，无罪判决率约为6.8‱。

我国每年进入法院审判环节的刑事案件（不含减刑、假释、暂予监外执行案件）百万余件，但无罪裁判却较为少见，刑事被告人被判无罪可能是“万一的事”。律师所承办的刑事案件如果能得到无罪判决，可能是一种值得炫耀的资本。

我国法院每年的无罪判决中，有公诉案件无罪判决和自诉案件无罪判决，前者少于后者，有依刑法出罪事由而出罪，如正当防卫，有依刑事诉讼法出罪事由而出罪，如事实不清、证据不足。从近年来被纠正的重大冤错案件（如佘祥林案、赵作海案、呼格吉勒图案、念斌案、聂树斌案、“五周”案、张玉环案等）来看，全部都是因事实不清、证据不足而出罪。换言之，依刑法出罪事由而出罪的案件只占无罪案件的极少部分。

我国法院无罪判决率低的第一大原因是侦查机关在侦查阶段、检察机关在审查起诉阶段过滤掉了大部分可能被判处无罪的案件。我国实施的是“立法定性、司法定量”模式，这在数额犯中表现得尤为明显，侦查机关、检察机关、审判机关通过刑事司法解释共享着同一套定罪标准和证据标准。无罪判决率低在大陆法系国家是个普遍的现象，这与英美法系国家20%至30%的无罪率形成巨大的反差，因为在大陆法系国家实行“起诉便宜主义”，检察机关对是否起诉享有较大的裁量权，能起诉到法院的案件都经严格筛选，很多不能被起诉案件在审前就被检察机关过滤掉了。日本最高法院2014年度司法统计表明：地方法院和简易法院共实施了59 665件实际审判，其中无罪判决仅122件，无罪判决率仅为0.2%。

我国法院无罪判决率低的第二大原因是司法机关内部的绩效考核指标，无罪判决率是公诉案件考评的一个重要指标，法院的无罪判决案件、检察机关撤回起诉的案件会被认为是错案，甚至会被追责。对于检察机关来说，无罪判决率越低越能表现公诉工作的成效，而对于被告人及其辩护人来说，无罪判决率越低可能表征较低的刑事法治水平。公检法机关“相互配合，相互监督”，但有时会出现“配合有余，监督不足”的情况，如在无罪判决上，法院可能会为了顾及检察机关的“面子”而选择要求检察机关撤回起诉、定罪免刑、发回重审等方式规避无罪裁判。因此，在刑事案件绩效考核上，要科学、合理地设置考评指标，防止出现负面激励、逆淘汰的情况。

我国法院无罪判决率低的第三大原因是陈旧的诉讼观念。在普通民众看来，被侦查机关抓捕的人都是罪犯，一旦法院作出无罪判决，就会被认为是偏袒、放纵罪犯，一些被害人或被害人亲属会因此“缠访”“闹访”，并且一些司法工作人员并没有真正树立“疑罪从无”的理念。

2001年至2018年我国无罪判决人数及无罪判决率

年　份	法院无罪判决人数 （单位：人）	法院无罪判决率 （单位：‱）
2001	6597	88
2002	4935	70
2003	4835	65
2004	3365	44
2005	2162	26

续表

年　份	法院无罪判决人数（单位：人）	法院无罪判决率（单位：‱）
2006	1713	19
2007	1417	15
2008	1373	14
2009	1206	12
2010	999	10
2011	891	8
2012	727	6
2013	825	7.1
2014	778	6.6
2015	1039	8.4
2016	1076	8.8
2017	1156	9
2018	819	5.7

表格说明：根据《最高人民法院工作报告》《最高人民检察院工作报告》和《中国法律年鉴》整理。

2008年至2018年公诉案件及法院无罪案件数量对比图

	公诉案件无罪人数（单位：人）	自诉案件无罪人数（单位：人）	无罪案件总人数（单位：人）	公诉无罪率（单位：‱）	整体无罪率（单位：‱）
2008	671	702	1373	5.7	14
2009	572	634	1206	4.9	12
2010	494	505	999	4.1	10

续表

	公诉案件无罪人数（单位：人）	自诉案件无罪人数（单位：人）	无罪案件总人数（单位：人）	公诉无罪率（单位：‱）	整体无罪率（单位：‱）
2011	479	412	891	3.9	8
2012	346	381	727	2.4	6
2013	/	/	825	/	7.1
2014	518	260	778	3.6	6.6
2015	667	372	1039	4.6	8.4
2016	656	420	1076	4.6	8.8
2017	/	/	1156	/	9
2018	517	302	819	3	5.7

表格说明：(1) 根据《最高人民法院工作报告》《最高人民检察院工作报告》《中国法律年鉴》整理；(2) 2008 年至 2012 年数据来自马剑的《人民法院审理宣告无罪案件的分析报告——关于人民法院贯彻无罪推定原则的实证分析》；(3) 公诉无罪率=公诉案件无罪人数÷公诉案件总人数。

三、刑法出罪事由司法适用类案检索

检索数据库中的刑事判决书、裁定书，通过大数据的方法进行分析，可以揭示刑法出罪事由司法适用的现状。在审判中，刑法出罪事由的结果是无罪，那么，先从无罪裁判入手进行检索、分析。

（一）我国的无罪裁判的概况

1. 一审无罪判决的情况

时间：2020 年 5 月 31 日之前

案例来源：Alpha 案例库〔1〕

数据采集时间：2020 年 5 月 31 日

检索条件：裁判结果=无罪

本次检索获取了 2020 年 5 月 31 日前共 3829 件一审无罪判决，其中，判决 3827 件，裁定 2 件。整体情况如下：

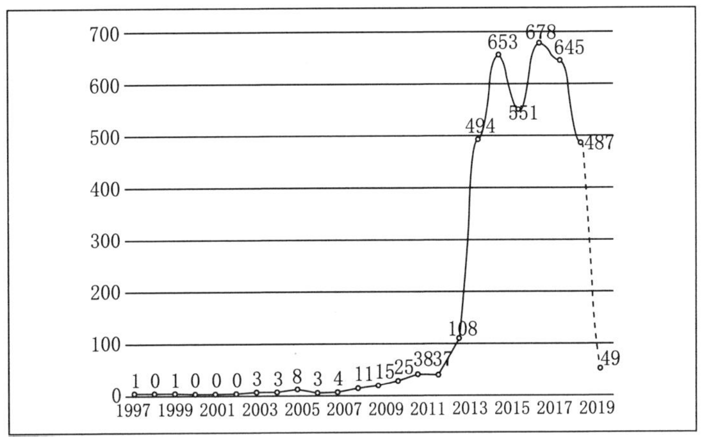

我国刑事一审无罪判决的数量呈上升趋势，其中，2017 年的无罪判决数量最多，达 678 件。

从地域分布来看，当前刑事一审无罪判决主要集中在云南省、河北省、广东省，分别占比 17.03%、9.30%、5.85%。其中云南省的案件量最多，达到 652 件。（注：此处显示该条件下判例数量排名前五的省份。）

〔1〕 Alpha 案例库的裁判文书来源于中国裁判文书网，但中国裁判文书网并非收录了所有的裁判文书，故 Alpha 案例库的裁判文书的数量是不完整的。在信息不完整的情况下，只能了解我国司法实践的部分情况。

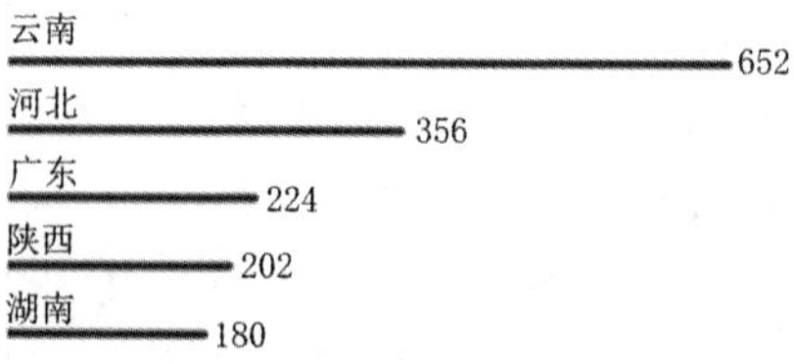

从下面案由分类情况可以看到，刑事一审无罪判决的案由分布由多至少分别是：侵犯公民人身权利、民主权利罪、侵犯财产罪、破坏社会主义市场经济秩序罪、妨害社会管理秩序罪、其他案由。

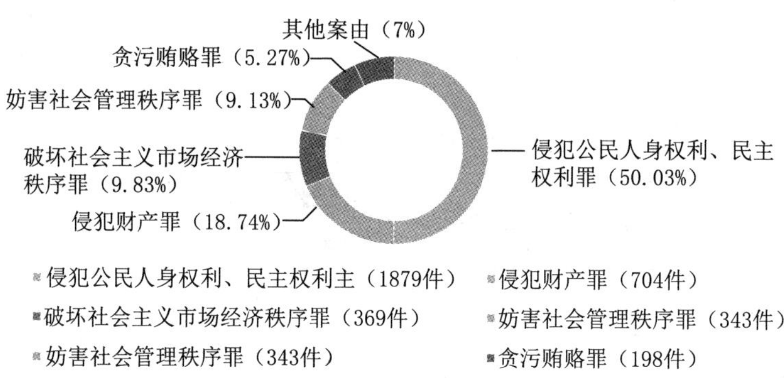

2. 二审无罪判决或裁定的情况

时间：2020 年 5 月 31 日之前

案例来源：Alpha 案例库

数据采集时间：2020 年 5 月 31 日

检索条件：裁判结果＝无罪

本次检索获取了 2020 年 5 月 31 日前共 3953 件二审无罪判决或裁定。整体情况如下：

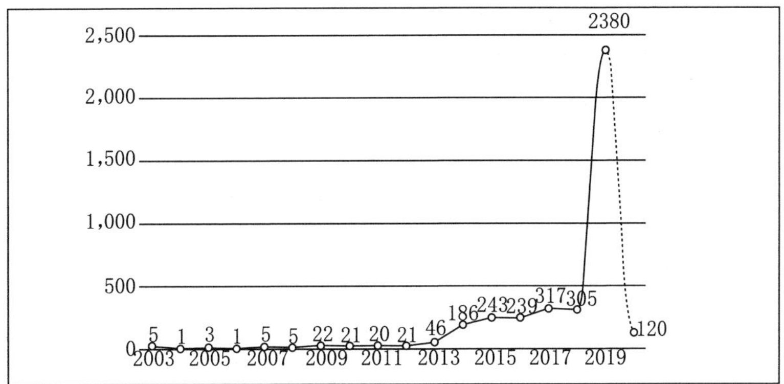

我国刑事二审无罪判决或裁定的数量呈上升趋势，其中，2019 年的无罪判决或裁定的数量最多，达 2380 件。

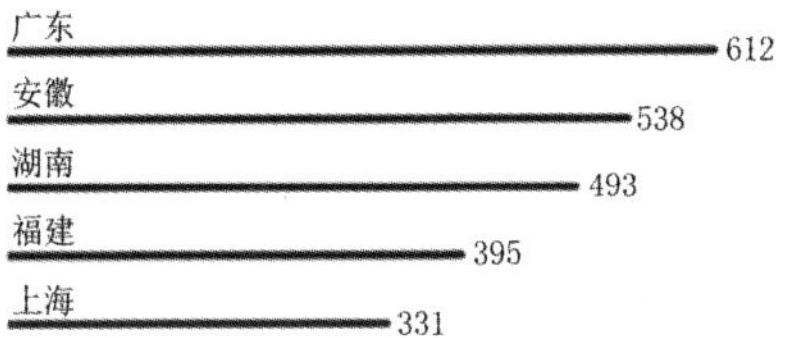

从地域分布来看，刑事二审无罪判决或裁定主要集中在广东省、安徽省、湖南省，分别占比 15.48%、13.61%、12.47%。其中广东省的案件量最多，达到 612 件。（注：此处显示该条件下案例数量排名前五的省市。）

从下面的案由分类情况可以看到刑事二审无罪判决或裁定当前的案由分布，侵犯财产罪、妨害社会管理秩序罪、侵犯公民人身权利、民主权利罪是最为主要的三个，其次是破坏社会主义市场经济秩序罪和危害公共安全罪。

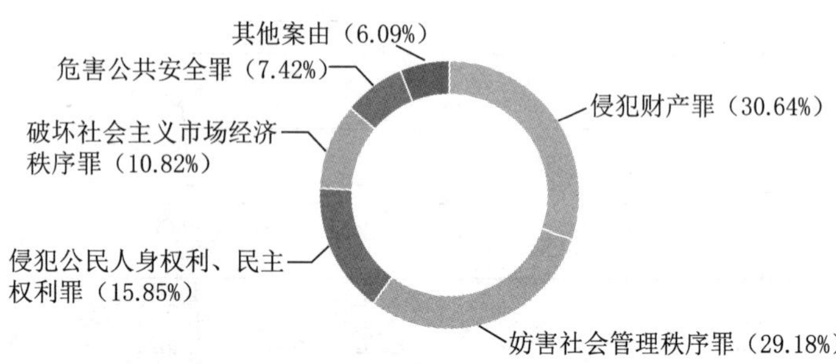

3. 再审无罪判决或裁定的情况

时间：2020年5月31日之前

案例来源：Alpha案例库

数据采集时间：2020年5月31日

检索条件：裁判结果=无罪

本次检索获取了2020年5月31日前共427件再审无罪判决或裁定。整体情况如下：

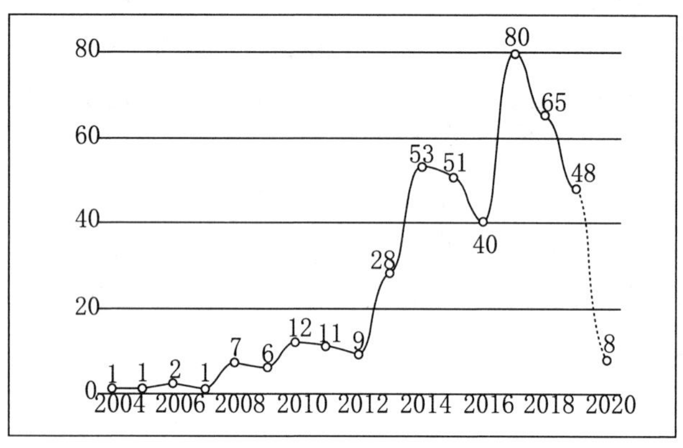

我国再审无罪判决或裁定的数量呈上升趋势，其中，2018年的无罪判决或裁定的数量最多，达80件。

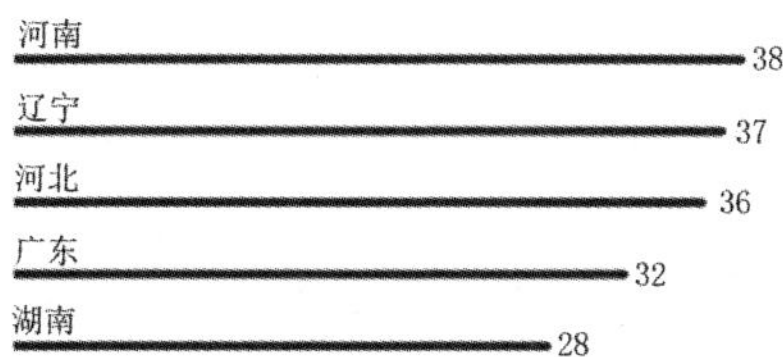

从地域分布来看，当前再审无罪判决或裁定主要集中在河南省、辽宁省、河北省，分别占比8.90%、8.67%、8.43%。其中河南省的案件量最多，达到38件。（注：此处显示该条件下案例数量排名前五的省份。）

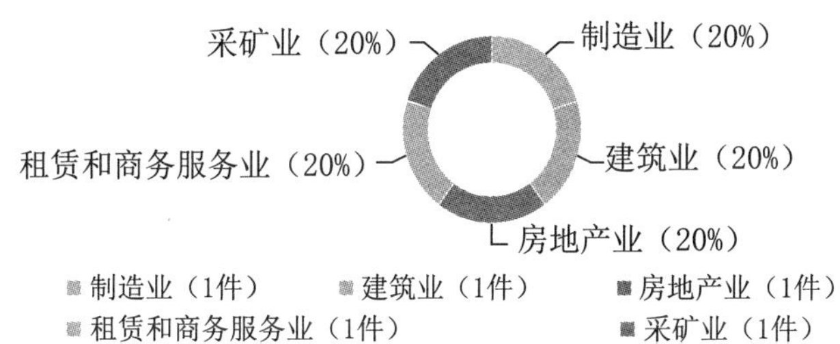

从案由分类情况可以看到，再审无罪判决或裁定的案由分布由多至少分别是侵犯财产罪、破坏社会主义市场经济秩序罪、侵犯公民人身权利、民主权利罪、贪污贿赂罪、其他案由。

（二）适用《刑法》第13条“但书”而无罪的裁判

1. 一审

时间：2020年6月1日之前

案例来源：Alpha案例库

案由：刑事

检索条件：审理程序：一审法院认为包含：情节显著轻微；裁判结果包含：无罪

数据采集时间：2020 年 6 月 1 日

本次检索获取了 2020 年 6 月 1 日前共 135 件适用《刑法》第 13 条“但书”出罪的一审无罪刑事判决。整体情况如下：

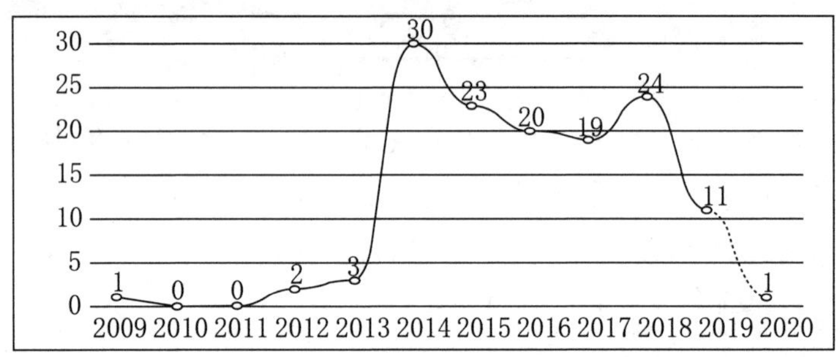

从上方的年份分布可以看到当前条件下适用《刑法》第 13 条“但书”出罪的一审无罪刑事判决数量的变化趋势。

云南 58
湖南 11
四川 10
河北 8
河南 8

从地域分布来看，当前适用《刑法》第 13 条“但书”出罪的一审无罪刑事判决主要集中在云南省、湖南省、四川省，分别占比 42.96%、8.15%、7.41%。其中云南省的案件量最多，达到 58 件。(注：此处显示该条件下案例数量排名前五的省份。)

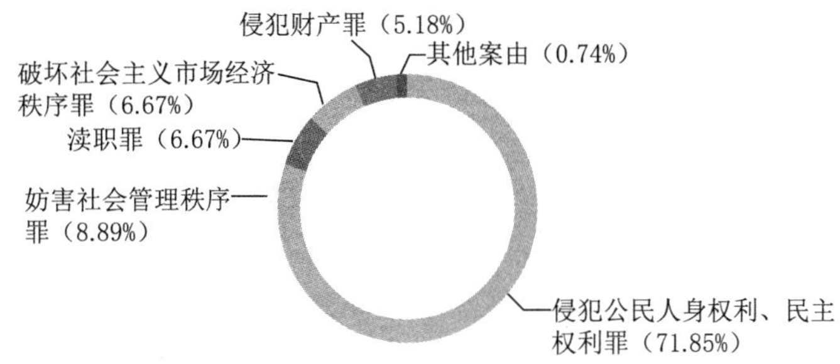

从上面的案由分类情况可以看到，适用《刑法》第 13 条“但书”出罪的一审无罪刑事判决最主要的案由是侵犯公民人身权利、民主权利罪，有 97 件，占一半以上，其次是妨害社会管理秩序罪、渎职罪、破坏社会主义市场经济秩序罪、侵犯财产罪。

2. 二审

时间：2020 年 6 月 1 日之前

案例来源：Alpha 案例库

案由：刑事

检索条件：审理程序：二审法院认为包含：情节显著轻微；裁判结果包含：无罪

数据采集时间：2020 年 6 月 1 日

本次检索获取了 2020 年 6 月 1 日前共 40 件适用《刑法》第 13 条“但书”出罪的二审无罪刑事判决、裁定，其中，判决 39 件，裁定 1 件。

3. 再审

时间：2020 年 6 月 1 日之前

案例来源：Alpha 案例库

案由：刑事

检索条件：审理程序：再审法院认为包含：情节显著轻微；裁判结果包含：无罪

数据采集时间：2020 年 6 月 1 日

本次检索获取了 2020 年 6 月 1 日前共 14 件适用《刑法》第 13 条“但书”出罪的再审无罪刑事判决、裁定，其中，判决 13 件，裁定 1 件。

（三）适用《刑法》第 20 条正当防卫的规定而无罪的裁判

1. 一审

时间：2020 年 6 月 1 日之前

案例来源：Alpha 案例库

案由：刑事

检索条件：审理程序：一审、法院认为包含：正当防卫；裁判结果包含：无罪

案件数量：117 件（均为刑事判决）

数据采集时间：2020 年 6 月 1 日

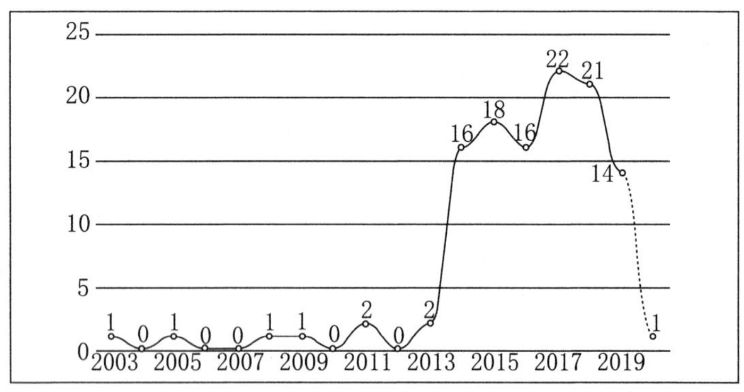

从上方的年份分布可以看到当前条件下适用正当防卫出罪事由的一审无罪判决数量的变化趋势。

从地域分布来看，当前适用正当防卫出罪事由的一审无罪判决主要集中在云南省、四川省、广西壮族自治区，分别占比31.62%、6.84%、6.84%。其中云南省的案件量最多，达到37件。(注：此处显示该条件下案例数量排名前五的省份。)

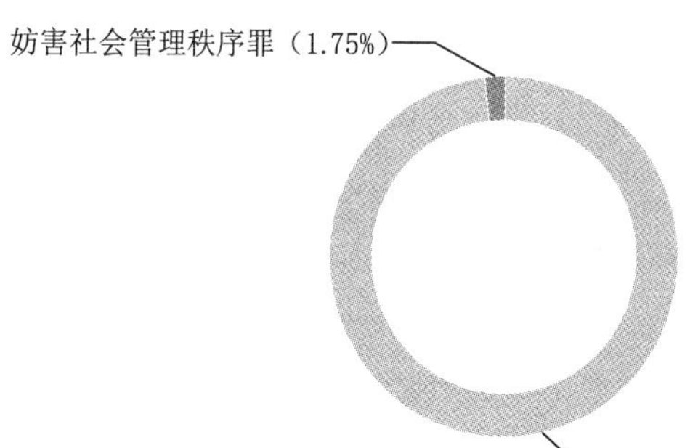

从上面的案由分类情况可以看到，适用正当防卫出罪事由的一审无罪判决案由分布由多至少分别是侵犯公民人身权利、民主权利罪、妨害社会管理秩序罪。

2. 二审

时间：2020年6月1日之前

案例来源：Alpha案例库

案由：刑事

检索条件：审理程序：二审、法院认为包含：正当防卫；裁判结果包含：无罪

案件数量：28 件（判决 25 件、裁定 3 件）

数据采集时间：2020 年 6 月 1 日

3. 再审

时间：2020 年 6 月 1 日之前

案例来源：Alpha 案例库

案由：刑事

检索条件：审理程序：再审、法院认为包含：正当防卫；裁判结果包含：无罪

案件数量：2 件（均为判决）

数据采集时间：2020 年 6 月 1 日

（四）适用《刑法》第 21 条紧急避险的规定而无罪的裁判

时间：2020 年 6 月 1 日之前

案例来源：Alpha 案例库

案由：刑事

以法院认为部分包括“紧急避险”和裁判结果包括“无罪”进行检索，未能检索出裁判文书。

以全文包括“紧急避险”和裁判结果包括“无罪”进行检索，检索出裁判文书 5 件[1]，其中一审 4 件，二审 1 件。在被告人韩某生、许某山、杨某风、李某鹏犯故意伤害罪一案[2]中，被告人杨某风的辩护人提出，被告人不构成犯罪。本案中没有合法的鉴定结论，被害人的伤情不构成轻伤，被告人实施

[1] 一审判决书案号分别为：[2014] 兴刑初字第 00237 号；[2016] 云 0125 刑初 208 号；[2019] 内 0502 刑初 621 号；[2017] 粤 0883 刑初 49 号；二审判决书案号为 [2015] 秦刑终字第 360 号。

[2] [2014] 兴刑初字第 00237 号一审刑事判决（兴城市人民法院）。

行为的目的是把被害人手中的打火机抢下来，避免液化气罐爆炸，应属于紧急避险，但法院并没有对被告人杨某风的行为是否构成紧急避险行为进行评判，而是以事实不清、证据不足为由宣告被告人韩某生、许某山、杨某风无罪。

从以上检索结果可知，和以正当防卫为出罪事由的裁判数量相比，以紧急避险为出罪事由的裁判数量相对稀少。

（五）适用《刑法》第16条不可抗力或意外事件的规定而无罪的裁判

时间：2020年6月1日之前

案例来源：Alpha案例库

案由：刑事

以法院认为部分包括“不能抗拒”和裁判结果包括“无罪”进行检索，检索出一审判决2件[1]。

以法院认为部分包括“不能预见”和裁判结果包括“无罪”进行检索，检索出一审判决8件[2]。

以法院认为部分包括“意外事件”和裁判结果包括“无罪”进行检索，检索出一审判决1件（剔除与以上重复的案件）[3]。

【刑事司法案例第5例】黄某某过失致人死亡案[4]

被告人黄某某与被害人保某系邻居，两家因为地基纠纷曾多次发生争吵。2016年10月5日10时许，保某在其家门前用

---

〔1〕［2017］内0781刑初61号和［2016］吉0302刑初89号一审刑事判决书。

〔2〕一审判决书案号分别为：［2015］东二法刑自初字第4号；［2017］陕0824刑初451号；［2015］栾刑初字第95号；［2016］兵0801刑初99号；［2017］内0781刑初61号；［2016］川1423刑初108号；［2016］湘0923刑初120号；［2017］云0128刑初97号。

〔3〕一审判决书案号为［2018］鲁0202刑初216号。

〔4〕参见云南省禄劝彝族苗族自治县人民法院［2017］云0128刑初97号刑事判决书。

锄头清理从黄某某家地里滑下来的泥土去填路，从地里掰苞谷回来的黄某某见状，叫保某不要挖她家的土，她家会找挖机来挖，两人因此发生争吵。争吵中，黄某某用“你挖这些土是要埋你们全家”等语言骂保某。随后，黄某某被其丈夫张某劝回家。黄某某和其丈夫随后又返回地里掰苞谷，途经保某家门口时，黄某某与保某再次发生争吵，黄某某丈夫张某叫黄某某朝前走，张某在后劝阻保某，在此过程中保某倒地身亡。经禄劝县公安司法鉴定中心鉴定，保某死因系冠心病（冠状动脉Ⅲ－Ⅳ级硬化狭窄、心梗）致心源性猝死，并在分析论证部分载明，情绪激动、身体活动量增加等因素可诱发冠心病急性发作。案发后，黄某某的家属已向保某的家属支付了42 000元。

一审法院经审理认为，本案中，虽有被害人保某死亡的结果，但经鉴定，保某自身患有冠心病，保某死因系冠心病致心源性猝死。被告人黄某某与被害人保某只发生争吵，并没有发生过肢体接触，被告人黄某某虽知道保某患有心脏病，但根据其所在地区，文化程度，认知能力，其在主观上不能预见到自己的言语会导致被害人死亡的危害结果。因此，公诉机关指控被告人黄某某的行为构成过失致人死亡罪缺乏主观构成要件。被告人黄某某与被害人保某的争吵、被告人黄某某的辱骂行为，不足以导致被害人死亡，其行为属情节显著轻微，不构成犯罪，不应受到刑罚处罚，遂判决被告人黄某某无罪。

在本案中，一审法院适用了意外事件和《刑法》第13条“但书”的出罪事由对被告人黄某某进行出罪。在社会上的一般人看来，争吵行为并不是过失致人死亡的实行行为。在不能预见到自己的争吵行为会导致被害人死亡的情况下，因为缺少犯罪的责任要件（无故意或过失）而无罪。

【刑事司法案例第6例】苏某某故意伤害案〔1〕

2012年8月18日20时许，被告人苏某某和其妻子林某某、儿子林某甲、侄子苏某乙等人在东莞市虎门镇厚记新河畔海鲜酒家一楼大厅25号台用餐，被害人莫某某（男，殁年59岁）和其儿子莫某伟、儿媳朱某某等人在42号桌用餐。期间，因苏某乙的儿子苏某丙（约4岁）与莫某某的外孙发生打闹，引致双方家人发生争吵而打架。苏某某追打莫某伟，莫某某便上前拉住苏某某，苏某某使劲挣脱，过程中用手打了莫某某肩膀一下，用脚踢了莫某某臀部一下，并把莫某某推开后继续追赶莫某伟，莫某某被推开后晕倒在地，苏某某随即逃离现场。后莫某某被送太平人民医院抢救无效死亡。经法医鉴定，莫某某符合冠心病引起猝死。

一审法院经审理认为，根据法医学尸体检验报告，被害人生前有高血压病史，存在严重的冠状动脉粥样硬化基础，左前降支阻塞达90%，右冠脉主干阻塞达50%，病理检验提示有陈旧性心肌梗死，分析死者符合冠心病引起猝死，情绪激动时易诱发。检验报告中并没有明确检验出本案受害人冠心病引起猝死的诱因，仅反映出情绪激动时易诱发冠心病引起猝死这一意见，但就本案情况而言，被害人因情绪激动诱发冠心病引起猝死的可能性较大，虽然双方的争吵、拉扯等行为都有可能导致被害人情绪激动，但被害人的死亡主要还是因为其自身患有冠心病，并非推打行为直接导致的，遂判决被告人苏某某无罪。

本案也是因被害人特殊体质致死的刑事案件，行为人是否应承担刑事责任，要从行为的社会危害性、刑法中的因果关系、

〔1〕 参见东莞市第二人民法院［2015］东二法刑自初字第4号刑事判决书。

行为人的有责性三个方面进行判断[1]。

(六) 因适用超法规的出罪事由而无罪的裁判

1. 自救

时间：2020年6月1日之前

案例来源：Alpha案例库

案由：刑事

以法院认为部分包括“自救”和裁判结果包括“无罪”进行检索，检索出一审判决2件[2]，分别是申某情、钱某兴故意毁坏财物案和赵某以危险方法危害公共安全罪案，在前案中，法院以“被告人请刘卫良采取自救措施，拆除自诉人设置在共用通道上障碍物围墙的行为，属于排除妨碍的行为，不构成故意毁坏财物罪”。

【刑事司法案例第7例】赵某以危险方法危害公共安全罪案[3]

2018年2月1日8时许，邱某驾驶车牌号×××的白色汽车无证营运拉载被告人赵某、李某强和敖某荣自通辽市科尔沁左翼中旗宝龙山镇至通辽市科尔沁区。当日10时许，因通辽市运输责任有限公司的员工陶某等人欲对车牌号为×××的白色汽车，无证营运拉载乘客的违法司机邱某进行举报，在邱某拉载乘客赵某等人从通辽市科尔沁左翼中旗宝龙山镇行驶至科尔沁区君宁小区西门附近时，将邱某驾驶的车辆截停，在邱某启动汽车逃离现场的过程中，向后倒车撞到堵截邱某的一辆车牌号为×××黑色汽车，后又将路边停放的车牌号为辽×××的汽车、车牌号为×××

---

[1] 参见桂林：“‘三步法’界定被害人特殊体质致死案刑事责任”，载《检察日报》2019年7月18日。

[2] [2015] 罗刑初字第86号和 [2019] 内0502刑初621号一审刑事判决书。

[3] 参见通辽市科尔沁区人民法院 [2019] 内0502刑初621号刑事判决书。

的汽车、车牌号为×××的汽车撞坏。在邱某驾车逃离的过程中，坐在驾驶位后座的被告人赵某为迫使邱某停车，与邱某发生撕扯，并用手拽司机邱某胳膊，勒邱某的颈部，抢车钥匙。

一审法院经审理认为，鉴于案发地点属闹市区，车主邱某撞击车辆的先前行为本身就具有危及他人生命、健康及公私财产安全的高度危险，考虑到被告人赵某的心理恐惧及精神紧张等情形，制止邱某驾车的行为具有通常性，被告人赵某的行为系自救行为，属于制止不法侵害，不应将危害公共安全的结果归责于被告人赵某，其行为不构成犯罪，遂判决被告人赵某无罪。

2. 因适用被害人承诺、违法性认识、期待可能性、中立的帮助等而无罪的裁判

时间：2020年6月1日之前

案例来源：Alpha案例库

案由：刑事

以法院认为部分包括“被害人承诺”和裁判结果包括“无罪”进行检索，未检索出裁判案例。

以法院认为部分包括“违法性认识”和裁判结果包括“无罪”进行检索，未检索出裁判案例。

以法院认为部分包括“期待可能性”和裁判结果包括“无罪”进行检索，未检索出裁判案例。

以法院认为部分包括“中立的帮助”和裁判结果包括“无罪”进行检索，未检索出裁判案例。

从以上对无罪裁判的检索结果可以看出，我国法院以超法规出罪事由对被告人的行为进行出罪的裁判案例较少。

第四章 不符合构成要件而出罪的常见情形

犯罪构成是认定犯罪的思维模型和标准，行为只有符合了刑法分则规定的某一具体犯罪的犯罪构成（法定的犯罪类型），才能被认定为犯罪。任何犯罪都必须符合犯罪的一般构成要件，而具体的犯罪构成要件是区分此罪与彼罪的标准。犯罪构成是一系列要件的组合。犯罪构成理论是刑法犯罪论的核心。“犯罪构成”是苏俄刑法学和中国刑法学中的概念，类似于犯罪成立理论，四要件是我国传统的犯罪构成理论。在以德日为代表的大陆法系国家，通行的是三阶层犯罪构成理论，即构成要件符合性（该当性）、违法性、有责性，判断犯罪成立的第一步是构成要件符合性（该当性）的判断。构成要件符合性（该当性）是案件事实符合刑法分则规定的具体犯罪构成要件的性质。案件事实不符合刑法分则规定的具体犯罪构成要件，只能出罪。易言之，案件事实不符合构成要件是常见的刑法出罪事由，此时案件事实所涉行为应从犯罪评定圈中被排除出去。

第一节　构成要件概说

一、构成要件

“构成要件”一词的德语是 Tatbestand，来源于中世纪意大利宗教裁判上的概念 Corpus delicti（拉丁语，译为“罪体”）。而根据德国学者哈尔（Hall）的研究，在 Corpus delicti 概念之前，还存在 Constare de delicti（译为“犯罪的确证”）的概念，这是中世纪意大利纠问程序中使用的概念，后来德国学者克莱因最早将 Corpus delicti 翻译成德语 Tatbestand〔1〕。“构成要件”的概念是在刑事诉讼法实践中诞生的，最早是诉讼法上的概念。在中世纪的意大利的纠问程序中，首先要调查是否存在犯罪事实（一般纠问），如果存在犯罪事实（“犯罪的确证”），则可以对犯罪嫌疑人进行调查、拷问、追诉（特殊纠问）。“犯罪的确证”主要具有三方面的意义：一是将对犯罪嫌疑人的调查建立在客观事实基础上，限制了国家权力机关对犯罪的肆意追查、追诉，有利于保障人权；二是确立了诉讼法上的待证对象，将犯罪的证明责任主要分配给控方；三是确立了从客观到主观的证明顺序。〔2〕可见，“犯罪的确证”具有程序法上的机能。在 18 世纪末，这一概念又被用于表示构成犯罪的行为及其结果，以此来限制法官的恣意裁判。〔3〕近代刑法学之父费尔巴哈首先将 Tatbestand 作为刑事实体法上的概念来使用。日本学者将 Tatbestand 翻译为“构成要件”〔4〕，在苏俄刑法学中，“构成要件”用“犯罪构成”来表达，但两者内涵有所不同，后“犯罪构成”被引入我国刑法学。

---

〔1〕 参见马克昌：《比较刑法原理——外国刑法学总论》，武汉大学出版社 2002 年版，第 100 页。

〔2〕 参见复旦大学法学院教授杜宇在 2020 年 4 月 16 日的睿信公益讲座《犯罪成立判断与证明责任分配》。

〔3〕 参见马克昌、杨春洗、吕继贵主编：《刑法学全书》，上海科学技术文献出版社 1993 年版，第 613 页。

〔4〕 参见［日］小野清一郎：《犯罪构成要件理论》，王泰译，中国人民公安大学出版社 1991 年版，第 2~3 页。

构成要件理论是由德国刑法学家贝林（Ernst Beling，1866~1932年）首创的。在贝林看来，构成要件是抽象的、特别的、客观的、记述的（与价值无涉的），是犯罪类型（由不同要素组成的整体）的轮廓，所有的法定构成要件在内容上都是相对的（即各具体构成要件的内容各不相同）。构成要件不包含故意、过失等主观要件，且独立于违法性、有责性。[1]贝林认为犯罪是"类型性违法、有责的行为，且无（事实的）法律的刑罚排除事由"[2]。迈耶（Mayer Max Emst，1875~1923年）将构成要件与价值判断相关联，其承认规范的要素是构成要件的内容，构成要件是违法性的认识根据，两者如同"烟"与"火"的关系。麦兹格（Edmund Mezger）提出，构成要件应包含主观要素和规范要素。构成要件就是违法类型，构成要件是违法的存在根据，行为该当构成要件，如果不存在违法性阻却事由就是违法。日本刑法学家小野清一郎认为构成要件系违法、有责的类型，其力图将构成要件作为决定违法、有责、未遂、共犯、罪数甚至刑事诉讼指导原理。[3]

在刑法用语中，存在狭义的构成要件和广义的构成要件，前者是指"构成要件符合性、违法性、有责性"中的"构成要件"，即是"通过解释刑法法规确定其含义而表明的各个犯罪行为的类型或观念形象"[4]。后者指犯罪成立要件的总称，包括

---

〔1〕 参见［德］恩施特·贝林：《构成要件理论》，王安异译，中国人民公安大学出版社2006年版，第1~33页。

〔2〕 ［德］恩施特·贝林：《构成要件理论》，王安异译，中国人民公安大学出版社2006年版，第28页。

〔3〕 参见［日］小野清一郎：《犯罪构成要件理论》，王泰译，中国人民公安大学出版社1991年版，第2~3页。

〔4〕 ［日］井田良：《讲义刑法学·总论》，有斐阁2008年版，第87页，转引自陈家林：《外国刑法理论的思潮与流变》，中国人民公安大学出版社、群众出版社2017年版，第127页。

狭义的构成要件，也包括违法要件、责任要件。本章中的“构成要件”采狭义说。

构成要件就是犯罪行为的类型化、抽象化，如果某行为符合某一具体的构成要件，就被认为是犯罪。“构成要件就是将具体的、特定的事实变成观念化的东西。因此，日常生活中发生的具体、特定的事实，其构成要件在一般、抽象性的意义形态上就成为参考判断的东西。”[1]构成要件具有行为违法性、有责性的推定机能，行为只要符合构成要件，即可认定行为具有违法性、有责性，除非存在违法性阻却事由和责任阻却事由。构成要件使得罪刑法定原则得以落实，行为只要不符合构成要件，就不能认定其为犯罪并加以处罚，其实际上起到了保障人权的作用。本章中心内容——行为不符合构成要件而出罪实际上是以罪刑法定原则为事由的出罪。

二、犯罪构成

犯罪构成，“就是依照我国刑法的规定，决定某一具体行为的社会危害性及其程度而为该行为构成犯罪所必需的一切客观和主观要件的有机统一”[2]。犯罪构成与构成要件一样，都是成立犯罪必不可少的诸多要素的有机组合。“从犯罪构成理论与构成犯罪的事实之间关系的角度考察，各国犯罪构成理论体系中都包含了全部犯罪成立所必须具备的基本条件。”[3]这反映了刑法的趋同性，尽管诸要素都大同小异，但是组合方式的不同

〔1〕［日］木村龟二主编：《刑法学词典》，顾肖荣、郑树周译校，上海翻译出版社公司1991年版，第117页。

〔2〕高铭暄、马克昌主编：《刑法学》（第9版），北京大学出版社、高等教育出版社2019年版，第47页。

〔3〕陈忠林：“现行犯罪构成理论共性比较”，载《现代法学》2010年第1期。

却导致了犯罪论体系的差异。犯罪构成在刑法分则中表现为罪状，是区分罪与非罪、此罪与彼罪的具体标准。犯罪构成的一般要件（相当于构成要件要素）通常包括：犯罪主体、犯罪主观方面、犯罪客观方面、犯罪客体，四个要件缺一不可，缺少任何一个要件，行为不构成犯罪。按照不同的标准，可以将犯罪构成分为以下几类：基本的犯罪构成和修正的犯罪构成、普通的犯罪构成和派生的犯罪构成、叙述的犯罪构成和空白的犯罪构成等。

三、犯罪成立条件

犯罪成立条件是指行为成立犯罪所必须具备的主客观条件。在我国的刑法语境中，犯罪成立条件等同于犯罪构成，因为两者的核心都是成立犯罪所必需的要素。当然，有学者提出不同意见：犯罪成立要件是决定行为是否成立犯罪的必要条件，而犯罪构成是行为成立犯罪后，犯罪的组成结构及其规格、标准。〔1〕换言之，犯罪成立条件在先，而犯罪构成在后。犯罪成立理论既要研究行为成立犯罪必须具备的条件（要素），又研究这些条件的实质、判断顺序及其内在关系。〔2〕

在当今世界上，存在三大犯罪构成：以德日为代表的阶层论犯罪构成、以英美为代表的双层控辩平衡式的犯罪构成和我国通行的四要件犯罪构成，它们的构成要件要素大部分相同，最大的不同在于是否区分了违法和罪责，是否拥有较多的、明确的刑法出罪事由。

〔1〕 参见周其华："论犯罪成立要件与犯罪构成要件的异同"，载《中国刑事法杂志》2004年第6期。

〔2〕 参见李立众：《犯罪成立理论研究——一个域外方向的尝试》，法律出版社2006年版，第1页。

刑法不可能将所有的违法行为或危害行为都规定为犯罪，如何判定哪些违法行为或危害行为构成犯罪，需要借助构成要件、犯罪构成（犯罪成立要件），它们是认定犯罪的模型。构成要件、犯罪构成（犯罪成立要件）编织成刑法网，刑法网的功能是对违法行为或危害行为进行过滤，留在刑法网中的就是犯罪行为，而被过滤掉的违法行为或危害行为就不是犯罪行为。

第二节　不符合行为要件而出罪

犯罪是行为，行为是构成要件的核心要素。某行为不符合刑法分则规定的任何具体犯罪构成要件中的行为要件，应出罪。

【刑事司法案例第 8 例】谭医生损害商品声誉案

广东省广州市的一名麻醉科医生谭某东于 2017 年 12 月 19 日在“美篇”个人主页上发表了一篇名为《中国神酒“鸿茅药酒”，来自天堂的毒药》的文章。文章中指出，人在步入老年后，身体各项机能会发生变化，患有高血压、糖尿病的老年人不能饮酒，鸿茅药酒生产者夸大了疗效。内蒙古鸿茅国药有限公司向公安机关报案称，有人在网络上宣称鸿茅药酒是“毒药”，传播虚假信息，致多家经销商退货退款，严重损害公司商业信誉，造成公司巨额经济损失。2018 年 1 月 10 日，内蒙古凉城警方以谭某东涉嫌犯损害商品声誉罪跨省将其抓捕。1 月 25 日，凉城县人民检察院批准对谭某东的逮捕。3 月 23 日，凉城县人民检察院要求凉城县公安局对谭某东涉嫌犯罪一事补充证据。4 月 17 日，内蒙古自治区人民检察院认为谭某东损害鸿茅药酒商品声誉案事实不清、证据不足……同年 5 月 17 日，谭某东在网络上发道歉声明。同日，鸿茅药酒公司决定接受谭某东的致歉声明，并向凉城县公安局撤回报案。至此，“鸿茅药酒案”尘埃落定，虽然凉城县公安局没有撤销案件的决定，但凉城县公安局实际上对谭某东作了出罪处理。

“鸿茅药酒案”在社会上引起了广泛的讨论，人们普遍担心网络意见的表达与刑事犯罪的界限过于模糊会导致“寒蝉效应”，质疑以刑事手段介入民事纠纷的合法性，批评地方保护主义。谭某东的家人表示，谭某东发表文章的本意是以医生的视角提醒老年人不要饮用鸿茅药酒，并非虚构事实。可以说，谭某东作为一名医生，从医学的角度发表对某产品的看法，属于学术研究的范畴，刑法不宜介入学术之争。要注意区分公民监督与损害商品声誉违法犯罪行为之间的界限。

根据《刑法》第221条的规定，捏造并散布虚伪事实，损害他人的商品声誉，给他人造成重大损失或者有其他严重情节的，构成损害商品声誉罪。损害商品声誉的犯罪行为是捏造并散布虚伪事实，损害他人的商品声誉。捏造是虚构事实，本罪中是指虚构损害商品声誉的事实；散布是使用让公众能够知晓的方式将虚构的损害商品声誉的事实传播出去。

1964年的美国《纽约时报》诉沙利文案确立了时报—沙利文规则（Times-sullivan rule），即某言论要成立对公众人物、官员的诽谤，要具备两个要件——虚假事实和主观恶意，换言之，行为人明知其欲发表的言论与客观事实不符合，且出于恶意发表该言论。商品是人们为了出售而生产的劳动成果，具有流通性。行为是否构成损害商品声誉罪可借鉴时报—沙利文规则，即除非能证明行为人捏造并散布虚伪事实是出于实际恶意（actual malice），否则不构成此罪。消费者对商品有权进行批评、评论，这是公民言论自由的一部分；而专业技术人员有权从专业的角度质疑、批评商品，这是学术研究的需要。除非能证明行为人出于恶意，否则，损害商品声誉的行为就不能成立。

行为人对商品存在的缺陷、不足进行披露，是行使监督权的表现，不仅不是损害商品声誉的行为，反而是有益于社会的行为。

【刑事司法案例第 9 例】李某武组织卖淫、李某文、黄某亮协助组织卖淫案〔1〕

2011 年，李某武、李某文、黄某亮三人共同在广东省佛山市南海区经营一家理发店，其中，李某武为理发店老板，李某文、黄某亮担任理发店的管理人员。为了招揽生意，他们雇佣多名按摩女为顾客提供按摩服务。如顾客需要，按摩女为顾客提供“打飞机”“波推”等色情按摩服务。

2011 年底，广东省佛山市南海区人民法院以李某武犯组织卖淫罪，判处其有期徒刑 5 年 3 个月，以李某文、黄某亮犯协助组织卖淫罪，分别判处有期徒刑 1 年 3 个月和 1 年。一审判决后，三人不服，提起上诉。佛山市中级人民法院经审查认定，一审判决认定事实不清，适用法律不当，发回重审。2012 年，广东省佛山市南海区人民检察院以“不应当追究被告人刑事责任”为由撤回起诉并决定不起诉，三人被释放。后三人因被无罪羁押获得国家赔偿金。

【刑事司法案例第 10 例】冯某某容留卖淫案〔2〕

2017 年 9 月 6 日 23 时许，包头市公安局九原区分局民警在对位于九原区的由冯某某担任经理的某某洗浴中心检查时，发现该洗浴中心容留按摩女以“打飞机”形式从事卖淫活动。

包头市九原区人民检察院经审查后认为，冯某某实施的容留以“打飞机”形式从事卖淫的行为，不属于我国刑法规定的

〔1〕“3 人因提供‘打飞机’服务被拘 1 年获国家赔偿 17 万”，载 http://legal. people. com. cn/n/2013/0809/c188502-22499741. html，2020 年 6 月 19 日访问。

〔2〕参见内蒙古自治区包头市九原区人民检察院九检公诉刑不诉［2018］11 号不起诉决定书。

卖淫行为，故冯某某的上述行为不构成犯罪，决定对冯某某不起诉。

性工作由来已久，卖淫现象自古有之，到现代社会也没有被禁绝。卖淫通常是指妇女以追求金钱为目的与男性进行性交的行为，后来，卖淫者并不限于女性，男性也可以成为卖淫者，[1]而接受卖淫者（嫖娼者）也不限于男性，女性也可以成为嫖娼者，卖淫的内容也不限于性交行为，也包括口交、手交、乳交、肛交、足交等。1991 年，全国人大常委会通过了《关于严禁卖淫嫖娼的决定》（部分失效），我国的《治安管理处罚法》规定了对卖淫、嫖娼、引诱、容留、介绍他人卖淫等行为的行政处罚，但没有明确卖淫的内涵和外延。公安部《关于对同性之间以钱财为媒介的性行为定性处理问题的批复》（公复字［2001］4号）对卖淫嫖娼进行了定义，即指通过金钱交易一方向另一方提供性服务，以满足对方性欲的行为，至于具体性行为采用什么方式，不影响对卖淫嫖娼行为的认定。这一定义是最广义的"卖淫"的定义，是行政法的定义，不属于立法解释、司法解释，只能作为行政处罚的依据。《刑法》分则第六章第八节规定了组织、强迫、引诱、容留、介绍卖淫罪，但没有规定"卖淫"的定义。有人主张"空白罪状"的补全应行政法的规定，即刑法上的"卖淫"等同于行政法上的"卖淫"。基于刑法的谦抑性考虑，刑法上不宜采用行政法上的"卖淫"概念，以防止扩大打击面。口交、手交、乳交等性行为与性交行为不具有相当性，将这些行为都认定为卖淫嫖娼，脱离大众的认知。最高人民法院在答复浙江省高级人民法院关于口淫、手淫等行为能否

---

〔1〕 参见南京李某组织同性恋卖淫案，即被告人李某以营利为目的，组织"公关先生"从事金钱与性的交易活动。虽然该交易在同性之间进行，但该行为亦为卖淫行为。

作为组织他人卖淫罪中的卖淫行为时，称口交、手淫等尚不属于组织他人卖淫罪中的“卖淫”。2017 年 7 月施行的最高人民法院、最高人民检察院《关于办理组织、强迫、引诱、容留、介绍卖淫刑事案件适用法律若干问题的解释》对“卖淫”的概念和内涵仍没有明确规定，肛交、口交、乳交、手交等是否为刑法意义上的卖淫的问题仍悬而未决。最高人民法院刑庭的法官在发表对该司法解释的理解与适用的文章时，提出刑法上的卖淫外延不局限于性交行为，对于生殖器进入体内的性交行为，如口交、肛交，应被认定为刑法上的卖淫行为。[1]但该文章对卖淫的解释属于学理解释、无权解释，不能作为法律适用的依据。为避免在卖淫类犯罪入罪与出罪问题上的法律适用不统一，立法机关应秉承刑法谦抑原则，尽快对刑法上的“卖淫”作出立法解释。

第三节　不符合行为对象要件而出罪

行为对象是犯罪行为所直接指向的人或物，其不同于犯罪客体。因案件中的行为对象不符合任何刑法分则规定的具体行为对象，应作出罪处理。

【刑事司法案例第 11 例】河南卢氏县兰草案

2016 年 4 月 22 日，河南省卢氏县农民秦某换在所居住的村庄旁边的山上采掘了 3 株兰草，被森林警察查获。经鉴定，秦某换采挖的兰草系兰属中的蕙兰，属国家重点保护植物。同年 10 月 27 日，卢氏县人民检察院以秦某换犯非法采伐国家重点保

〔1〕参见周峰等：“《关于审理组织、强迫、引诱、容留、介绍卖淫刑事案件适用法律若干问题的解释》的理解与适用”，载《人民司法（应用）》2017 年第 25 期。

护植物罪，向卢氏县人民法院提起公诉。卢氏县人民法院审理后认为，秦某换非法采伐国家重点保护植物蕙兰3株，其行为已构成非法采伐国家重点保护植物罪，且属情节严重，遂判处其有期徒刑3年，宣告缓刑3年，并处罚金人民币3000元。[1]在秦某换之前，秦某、黄某峰、肖某山三人也因挖掘兰草被该法院以相同罪名判处刑罚。后4人以自己的行为不构成犯罪为由，向卢氏县人民法院提出申诉，2018年5月，卢氏县人民法院经再审，宣告4人无罪。

卢氏县人民法院宣告4名被告人无罪的主要理由是4人所采掘的蕙兰不属于国家重点保护植物。我国在1980年12月25日加入了《濒危野生动植物种国际贸易公约》，蕙兰属于该公约附录二中所列植物物种，但蕙兰并没有被列入《国家重点保护野生植物名录（第一批）》。被列入《国家重点保护野生植物名录》的植物才属于“国家重点保护的其他植物”，未被列入其中的植物不能成为非法采伐、毁坏国家重点保护植物罪的对象。我国加入的国际条约不能直接作为办案的法律依据，而只能依据我国法律。

类似的案件有深圳“鹦鹉”案、南京“鹦鹉”案，在日常生活中，养鹦鹉的人很多，很少有人将买卖鹦鹉与犯罪联系起来。根据最高人民法院《关于审理破坏野生动物资源刑事案件具体应用法律若干问题的解释》，刑法上的珍贵、濒危野生动物，既包括野生的物种，也包括驯养繁殖的物种。

---

〔1〕 参见河南省卢氏县人民法院［2016］豫1224刑初208号刑事判决书。2019年，该法院又通过再审程序纠正了2起相同案件，参见［2019］豫1224刑再2号、［2019］豫1224刑再3号再审判决书。

【刑事司法案例第12例】王某其非法买卖、运输枪支案〔1〕

2009年10月，警方在王某其经营的店铺内查获20支仿真枪，其中有18支被鉴定为法律意义上的枪。广州市越秀区人民法院以王某其犯非法买卖、运输枪支罪，判处其有期徒刑10年，其提出上诉，广州市中级人民法院驳回上诉，维持原判。2012年8月，广州市中级人民法院启动再审程序，撤销原判，以同样的罪名判处王某其有期徒刑4年。2014年12月，广州市越秀区人民检察院撤销了对王某其的起诉，广州市越秀区人民法院予以准许。王某其坚称自己无罪，提出上诉。2015年9月，广州市中级人民法院撤销广州市越秀区人民法院准许撤诉的裁定，将案件发回广州市越秀区人民法院重新审判。广州市人民检察院在开庭前一天以证据发生变化为由再次提交了撤回起诉决定书，广州市越秀区人民法院裁定准许撤诉。

广州市越秀区人民检察院的不起诉决定书写明了不起诉的理由：公安部对枪支的鉴定有两个规定，即2001年的《公安机关涉案枪支弹药性能鉴定工作规定》和2007年的《枪支致伤力的法庭科学鉴定判据》，因后者对枪支的认定范围比前者宽，且后者实施时前者仍有效，到2010年，前者被废除。从有利于被追诉人的原则出发，对王某其案应适用前者，根据前者，涉案枪形物不应被认定为枪支，故王某其没有犯罪事实。

【刑事司法案例第13例】通厕器握把被认定为枪支散件案

2016年3月，安徽阜阳一农户家养的鸡被气枪打死，警方在调查枪支来源过程中，发现网络售枪案。在该案中，一款外观设计专利产品——通厕器握把被警方认定为枪支散件。随后，通厕器的研发人姜某平被警方抓获。2018年9月，安徽省阜阳

---

〔1〕参见曹晶晶：“卖仿真枪小贩为求无罪判决坚持上诉有了结果：王国其得到‘不构成犯罪’说法”，载《南方都市报》2016年1月27日。

市中级人民法院以姜某平犯非法制造、买卖、邮寄枪支罪，判处其有期徒刑13年。姜某平不服，向安徽省高级人民法院提起上诉，该院认为原判部分事实不清、证据不足，将此案发回重审。

【刑事司法案例第14例】火柴枪案

海归硕士郑某哲自行设计出一款以弹簧为动力、可以射出火柴头、长11厘米的火柴枪，在淘宝店铺售卖。郑某哲所售卖的火柴枪被鉴定为“以火药发射为动力的枪支，可以击发并具有致伤力”。2017年11月，上海市宝山区人民检察院以涉嫌非法制造、买卖枪支罪对郑某哲提起公诉，建议对其判处有期徒刑6年至8年。2019年12月25日，上海市宝山区人民法院对该案作出宣判，判决被告人郑某哲犯非法制造、买卖枪支罪，免予刑法处罚。法院认为，被告人郑某哲非法制造、买卖以火药为动力发射枪弹的非军用枪支10支，其行为已构成非法制造、买卖枪支罪。涉案枪支的枪管口径较小，可供填充的火药量较少，枪口比动能也相对较小，不易通过改制提高致伤力，甚至远不及匕首等管制刀具可能造成的致伤后果……郑某哲犯罪情节轻微，未造成实际危害后果……不需要判处刑罚。

近年来，有不少制造、运输、买卖、持有“玩具枪”“仿真枪”“火柴枪”的被告人被认定为犯制造、运输、买卖、持有枪支罪并被追究刑事责任。典型的案例有刘某蔚网购仿真枪案、天津摆摊老太非法持有枪支案、广州微商罗某阳买卖枪支案、胡某夫妇网售高压气瓶案等，这些案件引起了激烈的争议。在普通民众的认知中，“玩具枪”“火柴枪”不应被认定为刑法上的枪支。对枪支的认定之所以脱离民众的一般认知，是因为对枪支的认定标准过低。《枪支管理法》第46条对枪支进行了定性，但没有明确“足以致人伤亡或者丧失知觉”的枪支标准。枪支标准依赖于公安机关的内部规定。结合2001年公安部《公安机关涉案枪支弹药性能鉴定工作规定》第3条规定和刑事科学实验结果，非制式枪支枪口比动能在16焦耳/平方厘米以上的，可认定为枪支。2007年《枪支致伤力的法庭科学鉴定判据》第3.2条确立了“未造成人员伤亡的非制式枪支致伤力判据为枪口比动能≥1.8焦耳/平方厘米”的非制式枪支的认定标准。对非制式枪支认定标准的剧降，客观上降低了涉枪案件的入罪门槛，导致涉枪刑事案件的剧增。事实上，很多玩具枪、仿真枪的杀伤力远远不如管制刀具，仅仅根据枪口比动能来认定枪支不仅背离公众一般认知，而且浪费司法资源。2018年3月，最高人民法院、最高人民检察院发布《关于涉以压缩气体为动力的枪支、气枪铅弹刑事案件定罪量刑问题的批复》，要求贯彻宽严相济刑事政策，不唯数量，要综合考虑各种量刑因素。

第四节　不符合主体要件而出罪

主体不符合主要表现在被告人不符合刑法分则某具体犯罪构成要件的特殊主体身份。

【刑事司法案例第15例】广州佛山首例被告人被判无罪的婚内强奸案〔1〕

李某与妻子张某于2005年结婚，婚后育有一女。2009年初，两人闹离婚并在家中分房居住。4月8日，李某与张某在家中发生争吵。在争吵过程中，在张某明确拒绝李某与其发生性关系的情况下，李某仍强行与张某发生了性关系。张某的叫喊

〔1〕 刘艺明：“男子‘婚内强奸’被判无罪 法院称定罪不合伦理”，载http://news.sohu.com/20101207/n278141800.shtml，2020年6月19日访问。类似的案例还有被告人白某峰强奸案，参见中华人民共和国最高人民法院刑事审判第一庭编：《刑事审判参考》（第3辑），法律出版社1999年版。

声引起了邻居的注意，邻居报警。后张某要求警方追究李某强奸罪的刑事责任并于同日向法院起诉离婚。

佛山市顺德区人民法院经审理认为，在正常的婚姻关系存续期间，任何一方都有与另一方同居的义务，性生活是夫妻共同生活的组成部分，在这种情形下对强行与妻子发生性关系的丈夫以强奸罪判处刑罚，与事实及法律相违背，也不符合我国的伦理风俗，丈夫不应成为强奸罪的主体，遂认定被告人李某不构成强奸罪。

在婚姻关系存续期间，丈夫采用暴力、胁迫和其他手段，违背妻子的意志，强行与妻子发生性关系的行为是否构成犯罪，存在巨大的争议，涉及婚姻存续期间同居义务和妇女性自主权的冲突问题。性爱和生育是婚姻的主要功能，夫妻之间发生性关系是婚姻的内容。婚姻法将夫妻同居确定为夫妻之间的权利和义务，实际上为夫妻之间发生性关系提供了法律保障。如果不加区分，一律将婚内的强奸行为认定为犯罪，将会给婚姻的性爱功能设置障碍。夫妻之间双方自愿地发生性关系应当是夫妻关系的常态，如果一方与另一方强行发生性关系被认定为强奸罪，可能导致以下后果：①夫妻之间在发生性关系前，先要确认对方是否自愿；②夫妻发生性关系是很隐秘的活动，证据难以保存、收集；③婚姻存续期间，夫妻之间一般有感情，一旦一方因婚内强奸被判刑，对方不要求追究刑事责任，如何处理？因此，在婚姻存续期间，一般可以推定对方同意发生性关系，婚内强奸一般不宜认定为强奸罪（除非触犯其他罪名，如故意伤害罪），即丈夫不是强奸自己妻子的犯罪主体（共同犯罪除外），否则与社会通常的观念不相符，也不利于夫妻感情的维持。在婚姻关系非正常存续期间（如男女双方虽领取了结婚证，但从来没有同居过，没有夫妻感情；夫妻感情破裂，处于离婚诉讼阶段，法院尚未裁判或者法院虽已裁判但裁判未生效），一方违背另一方意志，强行与之发生性关系，则可能构成强奸罪，如上海发生的被告人王某明在与钱某的离婚被法院准予但判决未生效时强奸钱某案是全国首例被告人被判有罪的婚内强奸案。

【刑事司法案例第16例】河北男子婚内强奸妻子案〔1〕

2021年4月，河北男子赵某与妻子王某处于分居状态，王某向法院起诉离婚。一天，赵某在酒后欲强行与王某发生性关系，遭遇王某反抗而未能得逞。

河北省邯郸市磁县人民法院经审理认为，赵某与王某已经分居，且王某已起诉离婚，两人的婚姻关系处于不稳定状态，但赵某违背妇女意志，强行与王某发生关系，因遭到王某反抗未能得逞，其行为已构成强奸罪，遂判处赵某有期徒刑8个月。

【刑事司法案例第17例】A公司非法经营案〔2〕

浙江省绍兴市越城区人民检察院指控，被告人张某某在担任A公司总经理期间，明知A公司无烟草批发许可证，仍于2006年8月以公司名义，通过网上转账的方式，先后两次将本公司的中华牌香烟批发给被告人无证经营户王某平，合计1200条，被告人王某平将上述香烟贩卖到浙江省慈溪市，非法经营额达人民币552 000元。

法院经审理认为，被告单位A虽然经过工商部门审批而登记注册，但实质上是名为有限公司实为个人的独资企业，根据最高人民法院《关于审理单位犯罪案件具体应用法律有关问题

---

〔1〕 刘艺明:“一男子婚内强奸妻子获刑8个月”，载 https://www.thepaper.cn/newsDetail_forward_15510380，2021年12月3日访问。

〔2〕 参见浙江省绍兴市越城区人民法院［2007］越刑初字第53号刑事判决书。

的解释》之规定，不符合单位犯罪的主体条件，应以个人犯罪论处。因此，公诉机关指控被告单位犯非法经营罪不成立，遂判决被告单位 A 无罪。

【刑事司法案例第 18 例】被告单位大湾村村民委员会、被告人常某祥非法转让土地使用权罪案〔1〕

原判认定，被告人常某祥 2005 年任清水乡大湾村村主任。2007 年 10 月 11 日主持召开村、组干部会议（村书记朱某生因故未到会），讨论出卖大湾村棋盘岩的果园，参会人员一致同意卖该地筹款修路。同年 10 月 18 日，在未经土地管理部门审批，也未办理相关土地使用权转让手续的情况下，被告人常某祥代表村委会与刘某英、易某敏、龙某平、龙某建、刘某民签订土地出让合同，非法转让该村土地 26.7 亩，获利 462 000 元。

原判认为，被告单位清水乡大湾村村民委员会、被告人常某祥以牟利为目的，违反土地管理法规，非法转让土地使用权，构成非法转让土地使用权罪。但公诉机关指控被告单位清水乡大湾村村民委员会、被告人常某祥非法转让土地使用权获得 466 800元不准确，只应认定获利 462 000 元，因另 4800 元，不是非法转让 26.7 亩土地使用权所得，而是收取村民转让土地管理费所得。

被告单位大湾村村民委员会上诉称，转让土地是个人行为，大湾村村民委员会不应承担责任。其辩护人辩称，大湾村村民委员会是村民自我管理、自我教育、自我服务的基层群众性自治组织，不具备《刑法》第 30 条所规定的单位犯罪主体，不构成犯罪。

---

〔1〕 本案一审由湖南省保靖县人民法院审理，案号［2008］保刑初字第 68 号；二审由湖南省湘西土家族苗族自治州中级人民法院审理，案号［2009］州刑二终字第 2 号。

二审法院经审理查明，被告人常某祥在任大湾村村主任期间，将大湾村棋盘岩26.7亩果园非法转让给他人。二审法院认为，大湾村村民委员会系基层群众自治性组织，不属于《刑法》第30条所列举的单位犯罪的主体，不构成犯罪。原判认定大湾村村民委员会构成单位犯罪，系适用法律错误，应予纠正，遂判决被告单位大湾村村民委员会无罪。

第五节　不符合主观要件而出罪

主观要件是构成要件主观的要素，“指记述存在于行为人内心的现象的要素”[1]。主观要素可以分为一般的主观要素和特殊的主观要素，一般的主观要素包括构成要件的故意和过失，而特殊的主观要素包括：目的犯中的目的（如诈骗罪中的“非法占有为目的”）；倾向犯中的内心倾向（如强制猥亵罪中的满足性欲的内心倾向）；表现犯中的内心状态（如伪证罪中行为人确信自己作的是违反自己记忆的虚假陈述）；被害人的内心的状态（如敲诈勒索罪中行为人的胁迫行为使被害人产生的恐惧心理）；主观的正当化要素（如正当防卫中的防卫意思）等。[2]某些犯罪事实如果不符合刑法分则具体构成要件的主观要件，就可能出罪。

【刑事司法案例第19例】被告人庄某某故意伤害案[3]

自诉人李某某与被告人庄某某同住在一小区内。被告人庄

〔1〕马克昌：《比较刑法原理——外国刑法学总论》，武汉大学出版社2002年版，第123页。

〔2〕参见马克昌：《比较刑法原理——外国刑法学总论》，武汉大学出版社2002年版，第124~125页。

〔3〕参见上海市静安区人民法院［2005］闸刑初字第573号刑事判决书。

某某因行走不便，平时以残疾车代步。2003年4月中旬，自诉人与被告人曾因琐事发生争吵，由此积怨。2003年4月27日下午3时左右，自诉人与被告人在小区内相遇，双方再次发生争执，并争抢被告人庄某某的拐杖，期间自诉人李某某受伤。经鉴定，李某某因外伤致胸椎压缩性骨折，构成轻伤。

上海市静安区人民法院经审理认为，自诉人李某某及其代理人指控被告人庄某某犯故意伤害罪的事实及理由不能成立。虽然双方当事人均对李某某的轻伤结果系在当日争执过程中造成无异议，但由于自诉人在公安机关所做的笔录与其诉状中及庭审中陈述的致伤原因不一致，唯一一份证人证言也仅能证实该轻伤结果系双方争抢拐杖时因被告人庄某某抢不过自诉人而松手，自诉人失重倒地所致，并非被告人直接伤害行为造成，故难以认定庄某某有伤害自诉人的故意，被告人庄某某的行为不构成犯罪，遂判决被告人庄某某无罪。

【刑事司法案例第20例】何某某、衣某甲聚众斗殴案〔1〕

2002年5月，被告人何某某、衣某甲各操持一条水上采金船，各由4人组成采金队，在大沙河进行水上采金。7月9日上午10时许，何某某见前两天从上游漂下的衣某甲的船在自己船的上游采金，怕挡住自己的采金水道，便与同船人员周某甲、邹某某（在逃）、彭某某用石子扔打衣某甲的船舱。衣某甲的儿子衣某乙，见此情况，便下船上岸告诉衣某甲，衣某甲听后，便让其雇工陈三去叫人，衣某甲、衣某乙父子二人手持铁锨、木棒先后过河到何的采金船跟前，衣某甲手持铁锨向何某某打去，何某某躲过，后赶来的被叫人员衣某丙、衣某丁、刘某某也手持木棒、铁锨，与同持木棒、铁锨的何某某、周某甲、邹

〔1〕参见新疆维吾尔自治区阿克塞哈萨克族自治县人民法院［2006］阿刑初字第02号判决书。

某某、彭某某互相进行厮打，厮打中衣某乙被邹某某击打头部后倒地，何某某被衣某甲一铁锨打在左腿部倒地，周某甲、邹某某也受伤。衣某乙被打受伤后在送往敦煌市医院途中死亡。经该院放射科X线检查，何某某为左外踝骨骨折，邹某某为右尺骨近端粉碎性骨折。经鉴定，衣某乙系被他人持钝性物体打击头部致颅骨骨折，颅内出血引起死亡。

阿克塞哈萨克族自治县人民法院经审理认为，被告人何某某在客观方面，没有证据证实其有聚众斗殴行为，却有证据证实其是被动挨打，而随手所持生产工具进行防备，既不是组织、指挥、策划的首要分子，也无证据证实其是直接致死、致伤他人的积极参加者，故不能成为聚众斗殴犯罪的主体。在主观方面，何某某是基于影响采金水道所引起的利害冲突，不是出于私仇、报复他人、争霸一方或其他不正当的目的，也不具有公然藐视国家法纪和社会公德，以捣乱为乐趣，寻求精神上的刺激或追求某种卑鄙欲念的满足的故意及动机。公诉机关指控被告人何某某犯聚众斗殴罪的证据不足，不能认定其有罪。被告人衣某甲虽有纠集众人持械殴打他人的事实，但仅是一方的纠集斗殴，有犯罪动机的非法性，另一方被告人何某某不具备聚众斗殴的主客观要件和犯罪主体，且不具有犯罪动机的非法性，故衣某甲实施的聚众斗殴行为不能构成聚众斗殴罪。公诉机关指控被告人衣某甲犯聚众斗殴罪，不能成立，不能认定其有罪，遂宣告何某某、衣某甲无罪。

聚众斗殴罪是从1979年《刑法》流氓罪中分离出来的罪名，构成本罪在主观上是否需要流氓动机存在争议。肯定说认为，构成聚众斗殴罪需要行为人在主观上具有逞强斗狠、报私仇等流氓动机，在司法实践中，行为人在主观上是否具有流氓动机是区分因民事纠纷而引起的一般斗殴和聚众斗殴犯罪的标准。否定说认为，行为人是否在主观上具有流氓动机不影响聚众斗殴罪的成立，因为聚众斗殴行为本身就扰乱了社会秩序，且流氓动机的标准比较模糊，不好把握。而且，聚众斗殴的成立不以双方均有聚众斗殴的故意为条件。

【刑事司法案例第21例】上诉人张某信用卡诈骗案〔1〕

2012年12月12日，上诉人张某在中国光大银行广州分行申请了一张信用卡（卡号：62×××67），至2016年6月14日累计透支本金人民币（以下币种均同）297 717.13元；2013年2月7日，张某在中国光大银行广州分行申请了另一张信用卡（卡号：48×××40），至2016年6月14日累计透支本金199 868元。张某透支前述两张信用卡主要用于偿还其所欠招商银行的贷款。自2015年7月21日始，张某未能按期偿还涉案透支款，中国光大银行广州分行多次向张某催收欠款，张某多次表明其出售自己的房屋后将偿还涉案透支款。2016年6月13日，招商银行佛山分行作为第三方，张某（卖方）与陶某周（买方）签订了房屋买卖协议，该协议约定自该协议生效之日起陶某周支付购房总价款430万元给张某，后因买方对房屋过户后权属人登记问题存在异议而未能交易成功。2016年6月17日张某被公安机关抓获。

二审法院经审理认为，虽然张某透支后逾期还款，但是其并无逃匿行为，其对银行的催收电话亦未拒绝接听，且能主动与催收银行沟通并欲通过出售房屋从而偿还透支欠款，之后其与买方协定的房屋售价款亦足以偿还其在本案中所负的全部银行债务，虽然其最终未能偿还涉案透支款，但是该结果并非张某自身主观原因所致。根据本案现有证据，按照“存疑有利于

〔1〕 一审：广东省佛山市顺德区人民法院，［2017］粤0606刑初33号刑事判决；二审：佛山市中级人民法院，［2017］粤06刑终398号刑事判决。

被告人”的原则，应当认定张某主观上没有非法占有的目的，客观上没有实施信用卡诈骗的行为，其不构成信用卡诈骗罪。原审判决认定张某构成信用卡诈骗罪证据不足，属客观归罪，遂判决撤销原判、上诉人张某无罪。

“非法占有目的”是诈骗类犯罪必要的主观构成要件要素，认定行为人在主观上是否具有非法占有为目的，要坚持主客观相一致的原则，避免仅根据被害人的经济损失而客观归罪。

第五章

阻却违法性的出罪事由

在阶层犯罪构成中，违法性是判断行为是否成立犯罪的第二个层次，违法性评价的对象是符合构成要件的行为。所谓违法性，是指行为被法规范所不容忍的性质。但是，对行为违法性的判断并不是积极地判断——是否符合法律规范，而是消极地判断——是否存在违法阻却事由。在违法性判断之前，需要进行构成要件符合性（该当性）的判断，构成要件是违法类型，行为如果符合刑法分则规定的某一具体构成要件，就可以推定其具有违法性。如果存在违法性阻却事由，则例外地排除行为的违法性。有学者将构成要件该当性与违法性合称为“不法”，从而将犯罪构成分为不法和责任两个阶层。一般来说，构成要件符合性判断属于事实判断，而违法性判断则属于价值判断，事实判断优先于价值判断，这是符合思维规律的，构成要件具有违法性推定机能。在三阶层犯罪构成中，违法性判断在犯罪构成内即可完成，即查明是否存在违法性阻却事由，如果存在，则直接排除行为的犯罪性而予以出罪，不再进入有责性判断阶层。在我国传统的四要件犯罪构成中，并不存在违法性阻却事由，违法性阻却事由规定在犯罪构成要件之外。违法性阻却事由是出罪事由，是有利于被告人的，其存在范围并不以法律的明文规定为限，事实上，还存在超法规的违法性阻却事由，这并不违反罪刑法定原则。法规上的阻却违法性事由通常有：正当防卫、紧急避险、法令行为、正当业务行为等，超法规的违法性阻却事由通常有：被害人承诺、推定被害人承诺、自损行为、自救行为、义务冲突等。在英美刑法中，类似于大陆法系刑法中的阻却违法事由的正当防卫、紧急避险、上级命令等是一般辩护事由。

第一节　阻却违法性出罪事由的理论基础

一、违法性的本质

认识违法性的本质的目的在于“寻求正确进行违法评价而决定是否对行为人科以刑罚”〔1〕。违法性的本质和阻却违法性的出罪事由的基本原理是不同的，前者对后者起指导作用，后者是前者的体现。关于违法性的本质问题，有形式的违法性和实质的违法性、客观的违法性和主观的违法性、行为无价值和结果无价值、可罚的违法性等理论。

形式的违法性是符合构成要件的行为违反了法律规范的性质，而实质的违法性是指符合构成要件的行为违反了法律规范之外的实质根据的性质。关于实质的违法性，存在法益侵害说和规范违反说的对立。法益侵害说认为，违法性的实质是行为具有威胁或者侵害法律所保护的社会生活利益的性质；规范违反说认为，违法性的实质是行为违反了社会伦理规范的性质；而折中说则认为，违法性既具有威胁或侵害法益的性质，又具有违反社会伦理规范的性质。

客观的违法性论将法律规范分为评价规范（判断和评价行

〔1〕 余振华：《刑法违法性理论》，元照出版公司2001年版，第1页。

为是否违法）和意思决定规范（行为人在行为时是否服从法律），行为人违反评价规范就是违法，违反意思决定规范就是责任。主观的违法性论将法律规范解释为禁止、命令规范，只有那些能够理解法律规范并能够按照其理解作出意思决定的能力者即具有责任能力者才存在是否具有违法性的问题，而无责任能力者，因不能理解法律规范的意义，不能成为违法性的判断对象。在客观的违法性论看来，违法性与行为人的责任能力无关，对无责任能力者实施的违法行为可以进行正当防卫，而在主观违法性论者看来，无责任能力者的行为无法用违法性来评判，对其行为不能进行正当防卫，主观违法性论混淆了违法和责任，也会导致不知法不违法、知法反而违法的荒唐结论。

结果无价值和行为无价值实际上是结果反价值和行为反价值，前者认为违法性的本质应当从法益威胁、侵害的结果中去寻找，而后者认为违法性的本质应从行为人有关的违法行为中寻找，前者是物的违法观，后者是人的违法观。一般而言，持法益侵害说的学者持结果无价值的立场。

日本刑法学者宫本英修首先提出了可罚的违法性理论，后来该理论被佐伯千仞进一步发展。佐伯千仞基于法益侵害说的立场，认为刑法规范都预设着一定程度的违法性，行为虽然符合构成要件，但是因行为威胁或侵害法益的程度轻微，未达到刑法规范预设的违法性程度，不值得动用刑罚处罚，从而阻却该行为的违法性。“一厘金”案件是可罚的违法性被适用的第一案，法官在本案中否定了轻微违法行为的可罚性。颇有争议的是，违法性是对行为的定性，而非定量，违法性只有有无的问题，而没有程度的问题。可罚的违法性理论在相对意义上看待违法性。可以说，可罚的违法性是适应日本刑事司法对犯罪行为“只定性不定量”的现实的，我国的刑事司法对犯罪“既定性又定量”，可罚的违法性在我国没有存在的空间。在可罚的违法性体系定位上，存在着构成要件符合性和阻却违法性的争议。

二、阻却违法性出罪事由的基本原理

从实践操作层面来看，从正面证明行为违法性的存在是十分困难的，而以是否存在阻却违法性事由来判断行为的违法性是否存在是比较容易的，也符合思维经济原则。只要存在阻却违法性事由，就可以确认行为之合法性，从而排除行为构成犯罪，阻却违法性事由是刑法出罪事由的重要内容之一，其也被称为阻却违法性出罪事由，其是排除符合构成要件行为违法性的依据。因为阻却违法性事由的存在，符合某一构成要件的行为成为合法行为、适法行为，因此，阻却违法性事由又被称为正当化事由、合法化事由。“阻却违法性事由之确立，其有如在不法阶层里创设另一个消极不法要件，倘若此消极要件存在，行为人之行为即为法律所容许，而此消极不法要件又称容许构成要件或合法化构成要件。”[1]

阻却违法性出罪事由的基本原理要解决的问题是，为符合构成要件的行为提供排除违法性的依据（行为正当化依据）。关于阻却违法性出罪事由的基本原理有多种学说：法益衡量说、目的说、社会相当性说、社会伦理说以及综合说。

利益衡量说（优越利益说）认为，在利益阙如或者利益冲突的情况下，牺牲较小的利益而保全较大的利益的行为是正当的。利益衡量说被分为两种情况，第一种情况是利益阙如，第二种情况是利益冲突。在利益阙如的情况下，应当受法律保护的社会生活利益不存在或者不值得用法律保护时，符合构成要

〔1〕 余振华：《刑法违法性理论》，元照出版公司2001年版，第41页。

件的行为就阻却违法性，得被害人承诺的行为、自杀行为就是适例。在利益冲突的情况下，多种利益不可能同时保全，在不得已的情况下，需要牺牲其他利益来保全目标利益，在被保全的目标利益等于或大于被牺牲的目标利益的情况下，符合构成要件的行为就阻却违法性，典型的行为是紧急避险行为。

目的说认为，如果行为是实现社会共同生活目的的适当手段，那么该行为就应被排除违法性。目的说可被分为衡量型目的说和重视手段型目的说，前者是衡量目的的客观价值和所使用的手段对法益的侵害，其与法益衡量说几无差别；后者指手段的正当性，不管目的如何正当，只要采用不正当的手段，该手段就不能被排除违法性。〔1〕目的说的缺陷是对于什么是“社会共同生活的目的”没有统一的标准。

社会相当性说是德国刑法学家韦尔策尔（Hans Welzel）首创的，他认为，社会相当的行为是“所有处于共同体生活的历史形成之社会道德秩序之内的行为”，其功能是否定行为的构成要件符合性，因此，应严格区分社会相当的行为与违法阻却事由，前者是社会生活秩序之内的行为，后者是脱离了社会生活秩序的例外情形。〔2〕刑法学者陈璇认为：“当某一行为在其所属的具体社会范围内具有通常性和必要性，并且从整体法秩序的角度来看，也具有规范价值上的适当性时，它就属于社会相当的行为。”〔3〕换言之，社会相当性行为具有日常性、通常性，虽然其具有构成要件符合性，但是其能被绝大多数社会成员所容

〔1〕 参见张明楷：《外国刑法纲要》（第3版），法律出版社2020年版，第117页。

〔2〕 参见陈璇：“社会相当性理论的源流、概念和基础”，载陈兴良主编：《刑事法评论》（第27卷），北京大学出版社2010年版，第258~259页。

〔3〕 陈璇：“社会相当性理论的源流、概念和基础”，载陈兴良主编：《刑事法评论》（第27卷），北京大学出版社2010年版，第288~289页。

忍，国民对其具有预测可能性。法益侵害行为具有社会相当性，就阻却违法性。

社会伦理说认为，按照社会伦理规范，某行为能够被社会伦理赞同、容忍，就应当排除其违法性。该观点是基于规范违反说的立场的学说。

有学者认为，单一的学说是片面的，只有将多种学说结合起来才能说明违法性阻却事由的本质。耶塞克（Jescheck）主张将法益衡量说和目的说结合起来；大塚仁主张将优越利益说和目的说相结合；罗克辛（Roxin）认为，只有从多角度才能说明阻却违法性事由的本质。〔1〕

三、社会相当性可作为阻却违法性出罪事由的基本原理

我国学者方鹏教授认为，社会相当性的反面是社会危害性，以规范违法说为基础的社会相当性理论以社会评价为基点的价值基础符合我国刑法的本意，其可以作为所有正当化出罪事由的理论根基。〔2〕

关于社会相当性的体系性地位，有阻却构成要件符合性说、阻却违法事由说、违法阻却与构成要件的规整原理说、构成要件的原理说。〔3〕社会相当性应定为于阻却违法性的统一解释原理。固然，社会相当性具有抽象性、模糊性，但是，正因为其具有抽象性、模糊性，才可能被归结为阻却违法性出罪事由的原理。

〔1〕 参见张明楷：《外国刑法纲要》（第3版），法律出版社2020年版，第118~119页。

〔2〕 参见方鹏：《出罪事由的体系和理论》，中国人民公安大学出版社2011年版，第185~186页。

〔3〕 参见于改之："社会相当性理论的体系地位及其在我国的适用"，载《比较法研究》2007年第5期。

用社会相当性理论可以很好地解释正当防卫、紧急避险行为，其以社会大众的眼光评判行为，从而将具有通常性、必要性的行为（如执行死刑、体育竞技行为、医生做手术、家长惩戒小孩等）从违法行为中剔除出去，这是一种出罪思维，而不是入罪思维，不需要遵守罪刑法定原则。但从法的明确性、稳定性来看，不宜将社会相当性理论直接作为出罪事由来适用，否则，将导致随意出罪。从普通民众的视角来看（"平均人"是评判的主体），具有通常性、必要性的行为虽然符合构成要件，有的可能威胁、侵害法益，但是这是可以容忍的，将这些行为正当化符合常识常理常情。而违法性的实质在于行为不具有社会相当性的性质，而不被普通民众所容忍。

第二节　正当防卫

正当防卫是最古老的、最常见的阻却违法性出罪事由。《周礼·秋官·朝士》记载："凡盗贼军，乡邑及家人，杀之无罪。"这是正当防卫原则的体现。公元前 5 世纪，古罗马《十二铜表法》第 8 表第 12 条规定："如果夜间行窃，就地被杀，则杀死他是合法的。"

近年来，随着"昆山反杀案""河北涞源反杀案""抚顺残疾按摩师反杀案""云南唐雪反杀案"等正当防卫案件的曝光，涉案反杀人被认定为正当防卫，民众对正当防卫给予强大的舆论支持，个案推动了司法，刑法中的正当防卫制度被闲置、少用的状况正在改观，司法机关依法支持公民通过正当防卫同犯罪行为作斗争。最高人民检察院于 2018 年 12 月 19 日围绕正当防卫的主体发布第十二批指导性案例，对正当防卫的法律适用问题进行指导。最高人民法院拟适时出台防卫过当认定标准、处罚原则。

一、正当防卫的本质

正当防卫是为了保护自己或他人合法权益而对正在进行的不法侵害进行的反击行为。正当防卫是紧急行为，是在自己或他人遭受正在进行的不法侵害而来不及请求官方保护的情况下，行为人实施的防卫行为。和紧急避险行为针对的对象——合法的权益不同，正当防卫针对的对象是不法侵害，是“正对不正”，是值得鼓励的私人救济行为。

本来，人们结束自然状态、组建国家的目的之一，就是让国家能够保护自己，为公民提供保护是国家应当提供的公共产品。但是，国家的保护不是时时在、处处在，在公民的合法权益受到不法侵害而国家来不及提供保护时，应当容许公民行使防卫权和避难权。防卫权和避难权均属于自力救济权，是法律赋予公民在紧急情况下行使的权利。

关于正当防卫阻却违法性的依据有以下观点：①自然权利说，此说认为正当防卫权是人们的自然权利，不可被剥夺；②优越利益或利益阙如说，此说认为防卫者的利益优于不法侵害者的利益，或者不法侵害者的利益不值得法律保护；③法的确证说，此说认为防卫者对不法侵害者进行反击是为了确认法律本身的存在，是法的自我保全；④社会相当性说，此说认为正当防卫处于历史上形成的社会生活秩序的范围之内，系社会通常的、必要的行为，为公众所容忍甚至鼓励。

二、正当防卫的成立要件

我国《刑法》第20条规定了正当防卫制度，根据刑法的规定，正当防卫成立的要件有：

（1）起因条件。正当防卫的起因是客观存在的不法侵害。正当防卫是“正对不正”，其针对的必须是不法侵害。所谓“不法”是指违法，包括违反刑法、民法、行政法等法律的行为，“侵害”是对法益的威胁或实际损害。这里的“不法侵害”行为不一定要具备有责性，实施不法侵害行为的无责任能力者（丧失辨认、控制能力的精神病人、未达到刑事责任年龄的人）也可以成为正当防卫的对象。不法侵害行为包括故意行为、过失行为、作为、不作为。不法侵害行为必须是客观存在的，否则可能是假想防卫。

（2）时间条件。不法侵害正在进行之中，还未结束。对于还未开始的不法侵害或者已经结束的不法侵害进行防卫不成立正当防卫。但是，对于针对即将开始的不法侵害而设置防卫装置或者操持防卫工具，在不法侵害现实化后，可以成立正当防卫；对于不法侵害已经既遂但侵害人尚未逃离现场，可认为不法侵害正在进行，仍有成立正当防卫的余地，判断标准是不法侵害人是否脱离了现场，如对抢到财物的抢劫者进行追赶并使用暴力夺回被抢财物。在不法侵害既遂后但不存在当场恢复法益的可能时，则有成立自救行为的可能性，但自救行为仍需掌握适当的限度。

【刑事司法案例第22例】黄某权驾车撞死劫匪案〔1〕

2004年8月1日22时40分，被告人黄某权驾驶一辆出租车，在长沙市远大路某宾馆附近搭载姜某和另一青年男子。在行车途中，姜某持水果刀与同伙对黄某权实施抢劫，从其身上搜走现金若干和手机一部。两人拔下车钥匙下车后，姜某将车钥匙丢在地上，与同伙朝车尾方向逃跑。黄某权拾回钥匙上车

〔1〕参见湖南省长沙市芙蓉区人民法院［2005］芙刑初字第108号刑事判决书。

并发动汽车，准备追赶姜某及其同伙，因两人已不知去向，黄某权便沿着其停车处左侧房子绕了一圈寻找两人。

当车行至某店门前的三角坪时，黄某权发现姜某与同伙正搭乘一辆摩托车欲离开，便驾车朝摩托车车前轮撞去，摩托车倒地后姜某与同伙下车逃跑。黄某权又继续驾车追赶，姜某拿出刀边跑边持刀回头朝黄某权挥舞。在追赶过程中，黄某权驾车从后撞击姜某将其撞倒在楼梯台阶处，姜某倒地死亡。随后，黄某权拨打“110”报警，并向公安机关交代了案发经过。经法医鉴定，姜某系巨大钝性外力作用导致肝、脾、肺等多器官裂伤引起失血性休克死亡。

湖南省长沙市芙蓉区人民法院经审理认为，本案姜某与同伙实施抢劫后逃离现场，针对黄某权的不法侵害行为已经结束。此后黄某权驾车寻找并追赶姜某及同伙，姜某一边逃跑一边持水果刀对坐在车内的黄某权挥动，其行为是为阻止黄某权继续追赶，并未形成且不足以形成紧迫性的不法侵害，故黄某权始终不具备正当防卫的时间条件，其自救超过了必要的限度，应承担刑事责任。

本案中的被告人黄某权在抢劫行为已经结束且不法侵害人已经逃离现场的情况下，为夺回被劫财物，针对不法侵害人实施“防卫”行为，因不具备正当防卫的时间条件，属于事后防卫、延迟防卫，不成立正当防卫。行为人在不法侵害已经结束、来不及请求官方救济的情况下，针对不法侵害人实施的保护自己合法权益的行为，属于自救行为，但是要成立自救行为，同样要考虑所使用的手段、造成的后果与被保护的法益之间的均衡性。

【刑事司法案例第23例】女司机开车撞死劫匪案〔1〕

2008年7月13日凌晨4时许，被告人莫某壮、庞某贵伙同庞某添（已死亡）到被害人龙女士位于佛山市顺德区某街道一处住宅车库附近，莫某壮驾驶摩托车在附近接应，庞某贵和庞某添则戴上白色手套，并各持一个钻头守候在被害人住宅车库两旁。5时15分许，庞某贵、庞某添见被害人龙女士驾驶小汽车从车库出来，庞某添走到汽车驾驶室旁，庞某贵走到汽车副驾驶室旁，分别用铁制钻头敲打两边的汽车玻璃，抢走龙女士放在副驾驶室的一个装有80 360元现金和票据的手袋。在得手后，两人立即朝摩托车接应的地方跑去。莫某壮即启动摩托车搭载庞某添和庞某贵逃跑。龙女士见此驾驶汽车追赶欲取回被抢财物。当追至小区二期北面的绿化带，龙女士驾驶汽车将摩托车连同摩托车上的三人撞倒。莫某壮、庞某贵被撞倒后爬起逃跑并分别躲藏，庞某添则当场死亡。

案件发生后，审理被告人莫某壮、庞某贵抢劫案的法官认为龙女士驾车撞死劫匪的行为构成正当防卫，不负刑事责任。因为在劫匪抢劫财物准备逃离时，仍在被害人的视野之内，不法侵害仍在进行中，被害人仍可夺回财物，被害人开车撞击劫匪的行为系正当防卫行为。

（3）防卫意识。防卫人要认识到其实施的是防卫行为，目的是保护自己、他人、社会的合法权益。防卫人没有意识到自己实施的是防卫行为，其所实施的行为客观上起到了防卫的效果，则属于偶然防卫，不是正当防卫。正当防卫是“正对不正”，这里的“正”表现在防卫的正当目的上。

（4）防卫对象。正当防卫行为所针对的对象必须是不法侵

---

〔1〕刘艺明：“女司机开车撞死劫匪 法院认定为正当防卫”，载http://fdjpkc.fudan.edu.cn/d200922/2009/0408/c7583a11821/page.htm，2020年6月27日访问。

害的实施者。正当防卫的对象是不法侵害人，而不是物。对于动物的侵害所实施的防卫可能成立紧急避险。对于因动物的所有者故意或过失地驱使动物实施侵害，那么，对动物实施的防卫行为可能成立正当防卫，从而阻却违法性。在遭受不法侵害时，针对不法侵害者在场的近亲属实施的防卫不构成正当防卫，但可能成立紧急避险。无刑事责任能力者（未达到刑事责任年龄者、丧失辨认、控制能力的精神病人）能否成为防卫对象，客观违法论者和主观违法论者会得出不同的结论，前者持肯定态度，后者作否定回答。

（5）限度条件。针对不法侵害实施的防卫行为不能明显超过必要的限度而造成重大损害，否则，就可能构成防卫过当，防卫过当要承担刑事责任。在实践中，准确把握限度条件并不是一件容易的事情。在防卫行为是否超过必要的防卫限度问题上，不能仅以事后的结果作为判断标准，要结合防卫行为实施时的具体情形和防卫行为所造成的结果进行综合判断。“防卫行为超过必要的限度”必须同时符合两个条件，一是防卫手段超过必要的限度，即防卫手段与要防卫的侵害行为严重不对称；二是防卫造成的结果超过必要的限度，与要防卫的侵害行为造成的后果严重失衡。虽然防卫手段超过必要的限度，但是没有造成重大的损害，或者虽然造成重大的损害，但是防卫手段没有超过必要的限度，都不成立防卫过当。在通常的情况下，公民面对不法侵害时，没有躲避的义务，在能躲避而不躲避的情况下，同样可能成立正当防卫。

【刑事司法案例第 24 例】马某奎故意伤害案[1]

2014 年 12 月 22 日上午，被害人钟某（殁年 46 岁）与唐某毛相约到浙江省慈溪市公交车上扒窃。当日 12 时许，钟某、唐某毛乘坐 K201 路公交车，唐某毛坐在了被告人马某奎旁边，窃取了马某奎口袋里的钱包。马某奎发现外衣口袋被划开且钱包不见后，怀疑被唐某毛偷走，向唐某毛索要未果，遂从口袋里拿出随身携带的折叠刀逼迫唐某毛交出钱包。钟某听见马某奎与唐某毛的争吵声后，走到马某奎座位前，帮唐某毛解围并指责马某奎不该持刀，后唐某毛持刀与钟某一起和马某奎发生争吵、扭打，打斗中，马某奎持刀刺中钟某的左前颈和唐某毛，钟某因被刺破颈总动脉致大出血死亡，唐某毛系轻微伤。

宁波市中级人民法院经审理认为，被告人马某奎为使其自身权利免受不法侵害而实施持刀捅刺他人的行为，符合防卫的适时性的要件，但其采取持刀捅刺钟某并致其死亡的行为，明显超过当时不法侵害人的不法侵害对其人身安全所造成的危害程度，其行为属于防卫过当。法院遂以故意伤害罪判处马某奎有期徒刑 5 年。

在本案中，虽然其同伙唐某毛持刀，但是死者钟某并没有持刀，被告人马某奎持刀捅刺钟某致使其死亡，在手段和结果上均属过当，即使开始具有正当防卫的性质——持刀逼迫唐某毛交出盗窃的钱包，但从全过程来看，构成防卫过当。由于防卫过当不属于正当防卫，故不能阻却其违法性，但可减轻或免除处罚。“法律不强人所难”，当防卫过当是由于过度紧张、惊惧、错愕等情绪支配时，则可能阻却责任，从而出罪。[2]

---

〔1〕 参见浙江省宁波市中级人民法院［2015］浙甬刑一初字第 53 号刑事判决书。

〔2〕《德国刑法典》第 33 条规定了阻却责任的防卫过当。

三、规范正当防卫的法律适用

近年来，经过个案的推动，正当防卫法律制度被越来越多地适用，与之前的保守适用形成了鲜明的对比。最高检统计，2017 年 1 月至 2020 年 4 月，全国检察机关办理涉正当防卫案件中，认定正当防卫不批捕 352 件、不起诉 392 件，2019 年，涉正当防卫不捕不诉案件呈大幅增长之势，比前两年总和还分别增长 34.5%、35.4%。[1]以正当防卫为出罪事由的司法案件的攀升彰显了司法理念的进步。

以前，适用正当防卫进行出罪的案件较少，主要原因有：以结果为导向，从事后的视角来评价防卫的限度，导致正当防卫成立的范围狭窄；习惯性地认为双方以前有矛盾和冲突，不考虑事情的起因，因本次双方均有针对对方的暴力行为，是互殴行为，而否定正当防卫成立的余地；错误地认为在不法侵害人实施侵害行为的情况下，防卫人只能躲闪、逃避，或寻求国家的帮助，如果防卫人主动地攻击不法侵害人甚至致使不法侵害人死亡，可能构成防卫过当；不法侵害人及其亲属可能会信访、上访，特别是在不法侵害人死亡的场合，司法机关会面临维护稳定的压力，可能倾向于认定防卫过当，而对防卫人定罪并判处较轻的刑罚。

防卫权是公民应当享有的法律上的权利，在公民遭遇不法侵害的情况下，可以选择躲避、逃离现场，也可以选择积极地、主动地对不法侵害人实施防卫行为，法律应当鼓励公民见义勇为。正当防卫不同于紧急避险，是“正对不正”，如果在法益遭受侵害时，不容许公民积极地、主动地去防卫，会让不法侵害

〔1〕 参见徐日丹：“‘法不能向不法让步’深入人心”，载《检察日报》2020 年 5 月 27 日。

人更加肆无忌惮。“法不应向不法让步”，在公民实施正当防卫行为时，法律应当给予支持。在 Philips v. Commonwealth 一案中，在正当防卫辩护成立是否要求防卫人必须退却的问题上，上诉审法院认为：“如果受到敌人要杀害自己威胁的当事人受到法律的约束只能逃跑，而且他因此逃避了攻击，合法的自卫会变成可笑和成为自己神圣权利的阴影。”[1]

在正当防卫成立的问题上，“法益衡量”不是需要被特别考虑的因素。但是，防卫行为也会给不法侵害人带来损害甚至死亡，因此，正当防卫不应过多地超过防卫必需的限度而造成不必要的损害。关于《刑法》第 20 条第 2 款，有学者将其理解为“无限防卫权”，但其被行使时并非毫无限制，行使无限防卫权必须以某种特定暴力犯罪存在为前提。[2]在行使正当防卫权时，针对轻微的、平和的不法侵害，不可使用重大暴力手段实施防卫，在保护财产权利时，不得使用剥夺不法侵害人生命的手段。要特别防止行为人利用正当防卫之名行不法侵害之实，如防卫挑拨。

第三节　紧急避险

法谚有云：“紧急时无法律”，这意味着紧急避险行为和正当防卫行为一样，是阻却违法性的出罪事由。《德国刑法》第 34 条、第 35 条分别规定了阻却违法性的紧急避险和阻却责任的紧急避险。紧急避险是“正对正”，即为了避免紧迫的危难，而对与引发危难无关的第三者的合法权益实施的侵害行为。

---

〔1〕 参见王秀梅等：《美国刑法规则与实证解析》，中国法制出版社 2007 年版，第 172~175 页。

〔2〕 与其说无限防卫权是一种法律拟制，不如说其是一种法律提示性的规定。

一、紧急避险的本质

关于紧急避险的本质，大致有三种学说：第一种学说是阻却违法性说，紧急避险是为保护较大的利益而牺牲较小的利益时，是符合法律秩序要求的，因而阻却违法性；第二种学说是阻却责任说，在紧急的状态下，因不能期待行为人做出不侵犯他人法益的合法行为，因而阻却责任；第三种学说是两分说，在紧急的情况下，保护的利益大于所侵害的利益时，符合法律秩序的要求，因而阻却违法性，当保护的利益等于所侵害的利益时，因不能期待避险人做出合法行为，故阻却责任。

本书认为，紧急避险的本质是利益衡量。紧急避险之所以有正当性，是因为其以牺牲较小的利益保护了较大利益，具有结果上的合理性，为社会公众所容忍，具有社会相当性。"正对正之紧急避难行为，必须因避难所生之损害不超过避开危难所生之损害。"〔1〕而利益衡量的实质就是为了保全较大的利益而牺牲较小的利益，具有强烈的功利主义色彩。

二、紧急避险的成立要件

我国《刑法》第21条规定了紧急避险，结合其他国家刑法关于紧急避险的规定，紧急避险的成立要件一般有：

（1）避险的起因。紧急避险的起因是有现实的且紧迫的危难存在，如果存在非紧迫的危难，则不容许紧急避险。危难避险是现实的，如果不存在现实的危难而误以为存在并实施避险行为，则构成误想避险。紧急避险要避免的危难是侵害或威胁法益的危难，危难的来源不限于人的行为，自然现象、动物、

〔1〕余振华：《刑法违法性理论》，元照出版公司2001年版，第226页。

植物、微生物等造成的危难，均可以成为危难的来源。对于自招的危难能否成为避险的起因，有三种观点：一是肯定说，肯定自招的危难可以成为避险的起因；二是否定说，认为自招的危难不是偶然发生的，不能成为避险的起因；三是折中说，认为故意地自招危难不能成为避险的起因，而过失地自招危难可以成为避险的起因。

(2) 避险的意图。要成立紧急避险，避险行为实施人必须认识到危难现实的存在并具有紧迫性，避险的目的是保护自己、他人的合法权益、社会的公共利益免受正在发生的危险。避险的正当目的是紧急避险阻却违法性的主要原因之一。

(3) 避险的对象。避险的对象是他人的合法权益，是以牺牲他人的合法权益而保全自己或他人的合法权益，是“正对正”。如果行为针对的是他人的不法侵害行为，则可能构成正当防卫。

(4) 避险的限制。避险行为是唯一保全法益的办法，换言之，除了对他人的合法权益造成损害的方法外，没有别的保全法益的办法，如果有别的方法来保全法益，不允许牺牲他人的法益。因为紧急避险是“正对正”，只有在别无他法的情况下，才允许牺牲他人的合法权益来保护法益。避险的限制被称为补充性原则、必要性原则、相当性原则。

(5) 避险的限度。基于法益衡量原则，避险行为造成的法益损害不能大于所要避免的损害。在紧急的情况下，只有为了保全大的或者同等的法益，才允许牺牲小的或者同等的利益，否则就是避险过当。在关于生命的紧急避险问题上，一般应否定以生命为对象的紧急避险，因为人的生命都是平等的，不能为了保全自己的生命而牺牲他人的生命（见以下案例）；更不能为了保全财产（无论价值有多大）而牺牲他人的生命。在“电车难题”上，处于不同的立场上的人们有不同的答案，道义主义者认为，人是目的不是手段，不杀人和救人都是道德义务，当面临两难选择时，应不做选择；功利主义者认为，多个人的生命比一个人的生命更重要，当面临两难选择时，应当牺牲一个人的生命保全多个人的生命。

【刑事司法案例第 25 例】海难杀人案（女王诉杜德利与斯蒂芬案）[1]

1884 年，“木犀草号”（Mignonette）在南大西洋离岸 1000 多英里处因遭遇暴风雨而沉没。4 名船员包括船长杜德利（Thomas Dudley）、大副斯蒂芬（Edwin Stephens）、水手布鲁克（Edmund Brooks）和 17 岁的男仆理查·帕克（Richard Parker）登上了救生艇。由于事发突然，4 人只带了两罐蔬菜和一些航海用具，没有淡水。4 人在海上漂流 20 多天后，都奄奄一息，他们开始讨论抽签决定牺牲 1 人来保全其他 3 人的生命，但布鲁克表示反对，抽签未能进行。第二天，杜德利和斯蒂芬共同杀死了男仆理查，3 人以理查的血肉维生。过了 4 天，3 人被经过的船只救起，后案发。3 人均被指控犯杀人罪，在审讯期间，布鲁克转为证人而被撤销指控。1884 年 12 月 9 日，杜德利和斯蒂芬被判处绞刑，后来被维多利亚女王特赦，被判处监禁半年。

在本案中，杜德利和斯蒂芬为了求生而杀人、吃人可能情有可原，但是不能以紧急避难为借口而行谋杀之实。

【刑事司法案例第 26 例】被告人叶某华以危险方法危害公共安全案[2]

2011 年 10 月 16 日晚，湖州市织里镇富民路上人员众多，

---

〔1〕 See Regina vs. Dudley and Stephens, 14 Queen's Bench Division 273 (1884).

〔2〕 参见浙江省湖州市吴兴区人民法院［2011］湖吴刑二初字第 106 号刑事判决书。

其中部分不明身份的人员对停放在路边以及过往的车辆进行打砸。20时30分许，被告人叶某华驾驶轿车与妻子在富民路上行驶，有协警令其掉头，由于受后方车辆阻挡而无法掉头。此时有不明身份的人员围住其所驾驶的轿车拳打脚踢并用石块等工具打砸。叶某华为确保其本人和妻子的人身安全以及避免轿车遭受不法侵害，驾车加速向前逃离且在碰撞一人后继续前行，众多不明身份人员在车后追赶，前面也有不明身份的人员阻拦。当叶某华驾车至甲路段时撞到8名路人，驾车至乙路段时撞到1名路人，随后在丙路段与1辆三轮车相撞。叶某华驾驶的轿车随即遭到不明身份的人用石块再次打砸，为避免本人以及妻子和车辆遭受打砸，叶某华强行倒车后继续向前逃离，当车行至戊路段时，碰撞到2名路人。经法医鉴定，有2人被撞成重伤、8人被撞成轻伤。案发后，叶某华自动投案，并如实供述了自己的罪行。

法院经审理认为，被告人叶某华在遭受不明身份人员打砸其车辆的情况下，在人员聚集的公共场所驾车逃离，致使不特定多人轻伤和重伤，其行为已经构成以危险方法危害公共安全罪。叶某华实施以上行为是为了使本人、妻子的人身和财产权利免受正在发生的危险，不得已而采取的紧急避险行为，然而在避险过程中，超过必要的限度，造成了不应有的损害，应当负刑事责任，但依法应当减轻处罚。遂判处叶某华有期徒刑3年，缓刑4年。

在本案中，被告人叶某华为了避免自己和妻子以及轿车免受正在发生的紧迫危险，在能够预见自己在人员聚集的场合驾车冲撞的行为会造成他人伤亡或财产损失，仍不顾后果地驾车冲撞，其在主观上放任了危害后果的发生。在客观上，其避险行为损害的合法权益超过了其要保全的合法权益，即不能为了保全自己和妻子的生命、财产而牺牲多人的生命、财产。

（6）避险的禁止。在职务上、业务上负有特别职责、义务的人不能为了避免自己遭受的危险而不履行自己的职责、义务，因为履行特别职责、义务与紧急避险是不相容的。在职务上、业务上负有特别职责、义务的人包括船长、医生、护士、警察、消防员等。

第四节　自救行为

一、自救行为的属性

自救行为又被称为私力救济、自力救济，是行为人在自己的权益受到不法侵害后，无法或者来不及通过求助国家机关或通过法律程序来保护或恢复自己权益的情况下，通过自己的力量来保护或恢复自己的权益。在大陆法系国家，自救行为是阻却违法性事由之一，是出罪事由；在英美法系国家，自救行为是合法性抗辩事由。自救行为并不一定要在紧急的情况下才能实施，在非紧急的情况下也能实施，如行为人甲夜晚在乙的家门口发现了自己的、被乙盗走的汽车而悄悄地将车开走。在法治社会，行为人应尽量通过法律手段来保护或者恢复自己的权益，因为要避免“私刑”，但是国家的力量不是万能的，在特殊的情况下，应允许行为人自力救济。故自救行为阻却违法性的根据是：其是一种社会相当性的行为，自力救济是对公力救济的补充，对于恢复法秩序具有积极的意义，有助于人们对违法犯罪行为作斗争，应当被法律所允许。

自力救济和正当防卫一样都是“正对不正”，两者最大的不同是：前者是在不法侵害终了之后实施的，而后者是在不法侵害正在进行尚未结束的过程中实施的；两者的另一区别是，前者是非紧急行为，后者是紧急行为。

在他人的合法权益受到不法侵害后，行为人通过自己的力量为他人保护或恢复权益是否构成自力救济，如行为人甲夜晚在乙的家门口发现了自己朋友丙的、被乙盗走的汽车而悄悄地将车开走。此种行为既不符合正当防卫的要件也不符合自己救济的要件，但其是一种社会相当性行为，应阻却行为的违法性。

二、自救行为的成立条件

自救行为要阻却违法性，必须具备以下条件：①客观上存在着不法侵害，且不法侵害已经结束，如果不法侵害正在进行，则存在成立正当防卫、紧急避险的空间；②行为人自救的目的是保护或者恢复自己的合法权益。如果行为人为了保护或者恢复自己的非法权益，则不成立自救行为。最高人民法院《关于审理抢劫、抢夺刑事案件适用法律若干问题的意见》第 7 条规定，行为人仅以其所输赌资或所赢赌债作为抢劫对象，一般不以抢劫罪定罪处罚，构成其他犯罪的，依照刑法的相关规定处罚。如果行为人在通过自己的力量保护或恢复自己权利后，产生非法占有的目的，隐瞒真相，则可能构成犯罪，如甲偷偷地从乙家里取回自己被乙盗窃的珠宝，却向侦查人员隐瞒该事实。③自救行为不得超越一定的限度，要符合比例原则。自救手段、方法要与保护或恢复的权益相适应。

第五节　义务冲突

一、义务冲突的性质

义务冲突是行为人应当同时履行复数的义务，但是由于时间的限制或行为人能力的限制，行为人只能履行其中部分的义务而不得已放弃剩余义务的履行的情形。在义务冲突时，行为人不可能同时履行全部的义务，只能履行其中部分的义务，但不能任何义务都不履行。典型的义务冲突的难题是：母亲和妻子同时落水，而在当时的情境下，作为儿子和丈夫的你只能救一个人，你究竟先救谁？无论先救谁，都可能符合不作为故意杀人罪的构成要件，但在违法性判断阶层，因存在义务冲突而阻却违法性，义务冲突是违法性层面的出罪事由之一。

关于义务冲突的性质，有以下学说：①紧急避险特殊情况说。但是紧急避险表现为积极作为的形式，而义务冲突表现为消极不作为的形式，在遭遇紧急避险时，行为人可以选择忍受危险而不避险，但在遇到义务冲突时，行为人必须选择履行部分义务。在涉及挽救多人生命而只能挽救一人生命时，紧急避险缺乏解释力，而义务冲突则可圆满解释。②根据法律而行为说。③相对于紧急避险而言是独立的正当化事由或责任阻却事由。④按照其形态又具有紧急避险的性质与具有正当行为的性质。〔1〕

二、义务冲突的成立条件

义务冲突的成立条件有：①同时存在必须履行的复数义务。这里的“义务”是指法律义务，而不是道德义务、宗教义务等。在“母亲与女友同时落水，你只能救一个，你应当救谁”的难题中，从法律上来看，你应当救母亲，因为救母亲是法律上的义务，不履行法律上的义务应承担法律责任，而对女友只有道德上的救助义务。在自己的孩子和邻居家的孩子同时落水，而孩子的父亲只能救一个时，在法律上，只能救自己的孩子，因

〔1〕 参见马克昌：《比较刑法原理——外国刑法学总论》，武汉大学出版社2002年版，第361页。

为救自己的孩子是法律义务，救邻居家的孩子是道德义务，法律义务高于道德义务。②在当时的情形下，行为人受到时间或个人能力所限，只能履行部分义务，而不可能履行全部义务。③一般情况下，需要对义务的轻重进行衡量，应履行重要的义务而放弃不重要的义务，否则，不成立阻却违法性的义务冲突。如果行为人缺乏履行重要义务的期待可能性，则阻却责任。

第六节　被害人承诺和推定被害人承诺

法谚有云："经承诺的行为不违法。"这里的"承诺"是被害人的承诺，被害人承诺也被称为"被害人同意""权利人承诺"，是刑法违法性阻却事由，也是出罪事由之一。被害人承诺、推定被害人承诺是从被害人的角度来否定犯罪成立的事由。

一、被害人承诺

被害人承诺是被害人对自己所支配的个人利益同意他人损害的情形，在此情形下，他人做出的损害行为阻却违法性。

（一）被害人承诺阻却违法性的根据

关于被害人承诺阻却违法性的根据，一般有两种代表性的观点：①利益放弃说。刑法的任务是保护法益，防止法益被威胁或被侵害。法益分属于不同的法益主体，法益主体同意他人侵犯自己的法益，表明其放弃了法益，刑法要保护的法益就不存在了。该说实际上是以"利益阙如"来说明阻却违法性的根据，但是该说在被害人无权处分人身专属法益（如承诺杀人、承诺重伤害）上说服力不强。②法益保护不必要说。刑法只是保护值得保护的法益，法益的拥有者同意他人对法益进行侵害时，刑法就没有保护的必要了。被害人承诺和自损行为一样，不存在法律保护的必要。但是此说不能解释被害人承诺对自己利益的损害却侵犯了公共利益的情形，如得被害人承诺放火烧被害人的房子却危害了公共安全。

（二）阻却违法性的被害人承诺的成立条件

（1）承诺的主体要件。承诺的主体要件是被害人（这里被害人包括自然人、法人、其他组织）的承诺能力，其和自然人的刑事责任能力的性质基本一致，与自然人的年龄和精神状态有关。只有达到一定的年龄且精神正常的自然人才能理解自己承诺的性质、内容、后果等。如强奸罪以违背被害人意志为要件，如果存在被害人承诺，则阻却构成要件符合性，但是被害人一般需要年满 14 周岁才会有性的承诺能力。

（2）承诺的主观要件。被害人承诺必须自愿，即承诺基于被害人的自由意志，不存在被欺骗、胁迫、引诱等违背被害人意志的情形。承诺的方式可以是明示，也可以是默示。

（3）承诺的权限要件。被害人承诺体现了其对自身可支配的权益的有权处分，被害人对国家法益、社会法益无权处分，故被害人只能对自己所能处分的法益进行承诺。但是，被害人对自己法益的处分也有限制，生命的法益、重大身体健康的法益不属于被害人承诺的对象。在被害人以自己的法益为对象承诺时，不得损害国家法益、社会公共法益，如战时，不得承诺让他人伤害自己来逃避兵役。

【刑事司法案例第 27 例】夫妻欠巨债雇凶杀自己案〔1〕

周某红及其丈夫林某生均是某赌场高级管理人员，因欠下巨额债务无力偿还，周某红委托其弟弟周某宏雇杀手将自己及丈夫杀死。周某宏雇了杀手陈某建、李某江、潘某来、杨某林。

---

〔1〕“夫妻欠巨债雇凶杀自己 3 名割喉杀手被免死罪”，载 http://news.bandao.cn/newsprint.asp? id=668135，2020 年 7 月 1 日访问。

2006年8月18日凌晨，周某红及其丈夫林某生被杀手割喉而死。广东省珠海市中级人民法院以被告人周某宏、李某江犯故意杀人罪，判处其有期徒刑12年，剥夺政治权利2年；被告人陈某建、潘某来、杨某林犯故意杀人罪，判处其有期徒刑14年，剥夺政治权利2年。此案被列为广东省珠海市2007年“十大典型公诉案”。

在本案中，虽然两被害人均承诺被告人杀死自己，但是承诺的对象是被害人的生命，被害人对剥夺自己生命的承诺无效，属于无权承诺，不阻却侵害人侵害行为的违法性，但可以减轻侵害人的刑事责任，经被害人承诺的杀人行为与普通的杀人行为毕竟不同，被害人对犯罪的引起有重大过错。对于雇凶杀自己的人来说，其不构成故意杀人罪。因为故意杀人罪要保护的法益是他人的生命权，而非自己的生命权。在现代，自杀行为不构成犯罪，雇凶杀自己相当于自杀行为。而且，雇主与凶手不构成故意杀人罪的共同犯罪，因为雇主的行为不符合故意杀人罪的构成要件。但是，如果雇主雇凶杀死自己以骗取保险金，则与凶手构成保险诈骗罪的共同犯罪，因为雇主的行为不仅侵犯了自己的生命权，而且侵犯了保险公司的财产权。

（4）承诺的时间要件。被害人承诺的时间必须发生在侵害行为发生前或侵害行为发生过程中，即要先有被害人承诺，后有侵害行为。侵害行为发生终了后的被害人承诺无效。如果先有被害人承诺，在侵害行为发生前或发生过程中，被害人撤回承诺，侵害人仍实施了原先被承诺的侵害行为，不阻却侵害行为的违法性。

（5）侵害行为的内容、实施方式与承诺的具体内容、实施方式一致。侵害行为针对的对象是被害人，被害人承诺阻却了针对自己侵害行为的违法性，因此，为了尊重被害人的意志，侵害行为的内容、实施方式必须与被害人承诺的具体内容相一致，否则不构成被害人承诺。如果侵害行为的内容、实施方式与承诺的不一致，则视为被害人未承诺。

（三）安乐死

安乐死源于希腊文 Euthanasia，意为“没有痛苦的死亡”。通常而言，安乐死具有以下特征：①安乐死的对象身患绝症，承受着常人无法忍受的精神或肉体痛苦，在现有的医学条件下无法被治愈或无法被治疗，而且濒临死亡；②需要借助他人之手来结束生命，如果是病患者凭自己的力量来结束生命，则是自杀行为；③安乐死的目的是解除病患者的痛苦，而非亲属的痛苦，更不是为了国家、社会的利益；④安乐死必须基于病患者的请求或同意，在请求或同意时，病患者能理解安乐死的意义及其后果，且基于自己的自由意志；⑤安乐死原则上应由医生来执行；⑥安乐死的方法要妥当，不得违反社会伦理。

安乐死被分为积极的安乐死和消极的安乐死，前者是根据病患者本人的要求而提早结束其生命，而后者是撤销维持生命垂危的病患者生命的治疗或抢救措施而让其自然死亡，其在医疗实践中大量存在，前者是缩短病患者生命的安乐死，而后者是不伴随生命缩短的安乐死，也被称为纯正的安乐死。积极的安乐死是阻却故意杀人违法性的行为还是故意杀人行为，这和各国的法律规定相关。在消极的安乐死中，因不存在缩短病患者生命的行为，因而不构成故意杀人罪。蒲某升、王某成故意杀人案被称为我国“安乐死第一案”，在请示最高人民法院后，陕西省汉中市人民法院主要以“情节显著轻微，危害不大，不构成犯罪”为由，宣告蒲某升、王某成无罪。荷兰是世界上第一个将安乐死合法化的国家，在荷兰实施安乐死要遵守严格的程序，否则，实施者可能被指控故意杀人。世界上绝大多数国家和地区对（积极的）安乐死的合法化持保守、谨慎的态度，因为安乐死有很高的被滥用的风险。我国对积极的安乐死持否定态度，2011 年，甘肃省兰州市一男子贾某武经妻子同意后将身患重病的妻子推下河堤摔死，法院以贾正武犯故意杀人罪，判处其有期徒刑 5 年。

二、推定被害人承诺

推定被害人承诺是指在为了被害人的利益而侵害被害人法益时实际不存在被害人承诺，但是如果被害人知晓了真相，当然会作出承诺。如在邻居家发生火灾时，砸破邻居家的门而进入室内灭火。在患者及其家属未签字同意的情况下，为挽救患者生命而实施手术。“被害人当然会作出承诺”的判断标准是理性平均人的标准，即使被害人在知晓真相后有反对意思，也不妨碍成立推定被害人承诺。推定被害人承诺相当于紧急避险和民法上的无因管理。关于推定被害人承诺的本质有被害人承诺延伸说、法益衡量说、紧急避险说、社会相当性说、被允许的危险说等观点，推定被害人承诺阻却行为的违法性。

推定被害人承诺的成立条件有：①被害人的法益面临着紧急的、现实的危险；②被害人没有现实的承诺；③一般是为了保护被害人的利益，因为推定的承诺是牺牲被害人一部分利益而保护另一部分利益的行为；④侵害的对象是被害人有权处分的个人利益。

第七节　被害人自陷风险

被害人自陷风险和被害人承诺一样，都是从被害人行为的角度来阻却行为人行为违法性的情形，是刑法的出罪事由之一。

一、被害人自陷风险的内涵

被害人自陷风险又被称为危险接受、危险引受、自冒风险、自担风险，主要考虑的问题是："在被害人明知存在危险却仍然允许行为人实施危险行为或者参与其中，从而导致法益被侵害的案件中，如何对行为人的行为进行刑法评价。"[1]被害人自陷风险理论有如下特征：①被害人和行为人在主观上都对法益侵害后果的发生有认识能力，都不希望、放任侵害法益的结果发生；②法益侵害的结果的发生是由被害人和行为人不注意的态度共同引起的；③被害人过失地参与了侵害法益结果的发生，涉及的问题是行为人是否承担过失的刑事责任问题。[2]被害人自陷风险与被害人承诺最大的不同是：前者不希望、不放任侵害自己法益结果的发生，而后者则同意侵害自己法益结果的发生。

危险接受分为两种类型，其一是自己危险化的参与，"是被害人意识到并实施了危险的行为，而且遭受了侵害的结果，但被告人的参与行为与被害人的侵害结果之间具有物理的或心理的因果性"；其二是基于合意的他者危险化，"虽然给被害人造成侵害结果的是他人的行为，但被害人认识到并且同意行为人行为给自己带来的危险"[3]。

关于危险接受的理论根据有被害人承诺说、社会相当性说、责任阻却事由说和被害人自我答责说等。

---

〔1〕蔡颖："重构被害人自陷风险的法理基础"，载《法制与社会发展》2020年第3期。

〔2〕参见陈家林：《外国刑法理论的思潮与流变》，中国人民公安大学出版社、群众出版社2017年版，第341~342页。

〔3〕参见张明楷：《外国刑法纲要》（第3版），法律出版社2020年版，第152页。

二、被害人自陷风险的法律效果

被害人自陷风险（危险接受）从本质上来说是刑事责任的分配问题，作为一个理性人，应当对自己的行为造成的后果承担法律责任。如果被害人的行为对自己的法益造成了侵害后果，那么，这一侵害后果应由被害人自己承担，相应地，对参与针对被害人法益侵害进程的行为人就应当免责。因此，被害人自陷风险（危险接受）可以阻却行为的违法性，从而出罪。

在民事侵权法中，被害人自甘风险（自愿承担风险）可以作为免责事由。近年来发生的将洋水仙误当作韭菜偷吃中毒案、私自上树摘杨梅坠亡案、“驴头”“驴友”致害案件等，均系被害人自己的过失行为而遭遇伤害，被害人应自己承担伤害后果，不得请求他人赔偿。

【刑事司法案例第28例】小偷被追跳河溺亡案〔1〕

2019年7月14日晚，胡某和其未婚妻在宁乡市玉潭街道沩水边南门桥附近游玩时，发现一名男子杨某鬼鬼祟祟地围绕着自己的车。胡某询问杨某，杨某默而不语，拔腿就跑。随即，胡某发现自己轿车的车窗被砸烂，车内未婚妻的提包不见。胡某怀疑是杨某盗窃，于是便开始追逐杨某。在追赶的过程中，胡某看到杨某手上确实拿着自己未婚妻的手提包，胡某确信杨某实施了盗窃行为。在追赶途中，杨某跳进河中，杨某不听胡某让其上岸的劝告，反而继续向河中心走去。为防止杨某发生意外，胡某报警，警方经搜救，未发现杨某踪迹。7月16日，杨某的尸体在水中被发现，尸检结果是“不排除溺水死亡”，宁乡市公安局经审查认为无犯罪事实，不予立案。

---

〔1〕 佚名：“小偷被追跳河溺亡，法院判决追者无责”，载 https://new.qq.com/rain/a/20200616A0MYE200，2020年7月8日访问。

在本案中，被害人杨某自己跳入河水中并游向河水深处，自陷风险，且胡某对杨某的追击行为系合法的自救行为，胡某对杨某死亡的结果不承担（过失致人死亡）的刑事责任和民事赔偿责任。

【刑事司法案例第 29 例】被告人徐某哲诈骗案〔1〕

2016 年 8 月至 2017 年 1 月期间，被告人徐某哲在个人大量负债、没有实际偿还能力的情况下，先以承接某房地产项目需要前期投入为名，后又伪造房产证谎称其舅舅有房可抵押归还借款等手段，诱骗被害人虞某某多次出面向宁波 10 家投资担保公司借款人民币 4905 万元，扣除押金、利息、手续费等约人民币 953 万元，实际借得本金人民币 3953 万余元，其中人民币 1975 万元用于归还借款本金，被告人徐某哲谎称所借款项用于归还之前共同借款及本人资金周转，实际却将人民币 1276 万余元借款用于偿还其个人欠款。

笔者认为，在本案中，诈骗犯罪的被害人应当是出借人，即 10 家投资担保公司，虞某某实际上并没有遭受经济损失。10 家投资担保公司看中的是虞某某家族的经济实力，明知徐某哲、虞某某负债累累，甚至明知两人提供的贷款资料虚假，仍出借资金，属于被害人自陷风险，不符合诈骗罪中“被害人陷入错误认识而处分财产”的要件，公诉机关指控徐某哲诈骗虞某某难以被支持。

根据学者高诚刚的研究，我国涉骗取贷款行为贷款危险接受类型可以被分为自己危险化的参与和基于合意的他者危险化。在贷款人明知借款人使用虚假的材料申请贷款仍发放贷款，造

---

〔1〕 参见浙江省余姚市人民检察院余检诉刑诉［2018］1284 号起诉书。

成贷款损失的，应对贷款人追责，而对借款人予以出罪。[1]

第八节 依法令行为和正当业务行为

依法令行为是执行法律、法规、上级命令的行为的总称，而正当业务行为是社会生活中经常、反复出现的社会成员基于分工而进行的正当的事务性行为。依法令行为和正当业务行为具有社会相当性，而且是法律、法规所认可的合法行为，因而作为阻却违法的出罪事由。

一、依法令行为

因为依法令的行为是法律、法规本身所承认的行为，所以此类行为是维护法秩序的行为，因而阻却行为的违法性。按照依法令行为的性质，可以分为行使职权的行为、行使权利的行为和执行命令的行为。

（一）行使职权的行为

职权是职责、职务范围内的权力，行使职权的行为通常是指公务员在法定的职责、职务范围内行使公共权力的行为。根据“法无授权不可为”的公法原理，公务员的职权必须有明确的授权，不得超越授权行使权力，否则，就是滥用权力。行使职权的行为在日常生活中比较常见，如警察逮捕犯罪嫌疑人、搜查证据、司法警察执行死刑、国会议员在国会发表演讲等。不是所有的行使职权的行为都具有阻却违法的性质，只有那些由合法主体行使的、有法律授权的、未超越职权范围的行为才

---

〔1〕 参见高诚刚：《经济犯罪出罪事由研究》，武汉大学出版社 2018 年版，第 183~188 页。

能阻却行为的违法性。

（二）行使权利的行为

权利是法律赋予公民的自由和利益，法律鼓励公民行使权利，权利保障和实现得越充分的社会，其法治建设水平就越高。法律允许公民正当行使权利，而禁止公民滥用权利，公民要使用合法的方式行使权利。公民在行使权利的时候要尊重他人的权利，不得损害社会、国家、第三人的合法权利。行使权利的行为多种多样，如家长对儿童的惩戒行为、公民对现行犯的扭送行为、检举行为等。近年来，关于职业打假人打假、公民上访引发的刑事案件引人关注，应对以权利行使相威胁的行为谨慎入罪。

【刑事司法案例第 30 例】女大学生黄某向华硕电脑公司索赔千万被控敲诈勒索案

2006 年，首都经贸大学女大学生黄某购买的华硕笔记本电脑出现问题，在修理过程中发现其 CPU 存在问题，为此，黄某提出以华硕年营业额 0.05%为标准、数额达 500 万美元的惩罚性赔偿要求。然而在维权过程中，黄某却被华硕以敲诈勒索之名告到公安部门。此后，公安机关对黄某进行逮捕，黄某在看守所度过了近 10 个月后，北京市海淀区人民检察院以证据不足为由，对黄某作出不起诉决定。后黄某获得 2.9 万元的国家赔偿金。

在本案中，黄某作为消费者，向媒体曝光问题产品是其应当享有的权利，并不被法律所禁止。虽然其提出的索赔金额超出正常的限度，但是商家有选择支付索赔金或不支付索赔金的自由，也有选择合法途径（非私了）解决纠纷的自由。如果仅仅因消费者向商家提出超出正常限度的索赔金，而将维权行为认定为犯罪，则不利于消费者权利的行使，客观上助长不良商家制假售假的违法犯罪行为。

【刑事司法案例第 31 例】全国首例职业打假人被控敲诈勒索案〔1〕

2002 年，被告人臧某某要求“藏汴宝”补肾丸（为假药）的生产厂家按其在北京市购买补肾丸价值的双倍进行赔偿。后被告人臧某某又以其笔记本电脑中存有关于“藏汴宝”补肾丸是假药的调查文章为由，要求厂家购买电脑，以避免文章向媒体曝光。厂家同意以人民币 3.5 万元的价格购买该电脑（经鉴定，该电脑实际价值人民币 7500 元）。

法院经审理认为，被告人臧某某在发现“藏汴宝”补肾丸有问题后，积极进行调查，并向有关药品监督管理部门及新闻媒体反映情况，其行为正当合法。与此同时，臧某某又与事主单位联系，要求对购买的药品进行赔偿，即使索赔的数额高于双倍赔偿，但厂家表示同意，不能被视为刑法上的敲诈勒索。但是，臧某某要求厂家购买其存有调查文章的笔记本电脑的行为，则具有明显的非法占有的故意。其要求厂家一并购买电脑，并索要超出电脑实际价值数倍的价款，这一行为明显具有要挟的性质……其行为构成敲诈勒索罪，法院遂以臧某某犯敲诈勒索罪，判处其有期徒刑 3 年。

在本案中，法院明确了因消费者主观上认为产品存在质量问题为由向厂家索赔的行为本身不构成犯罪。

【刑事司法案例第 32 例】黄某回、陆某昌、范某海敲诈勒索案〔2〕

黄某回、陆某昌、范某海 3 名打假人多次购买问题食品（进口食品没有中文标签、过期食品等），向商家索赔，要求价

〔1〕参见北京市海淀区人民法院［2003］海刑初字第 738 号刑事判决书。

〔2〕参见史洪举：“别苛求民间打假人”，载《南通日报》2016 年 7 月 20 日。

款 10 倍的惩罚性赔偿。2015 年 7 月 8 日，3 人被广东省博罗县公安局以涉嫌敲诈勒索罪刑拘，广东省博罗县人民检察院对 3 人未予批捕。3 人在被羁押 34 天后，博罗县公安局决定对 3 人无罪释放。12 月 4 日，博罗县公安局作出《撤案告知书》，后 3 人获得国家赔偿。

自从《消费者权益保护法》规定了惩罚性赔偿的条款后，“知假买假”的职业打假人应运而生，而此后的《食品安全法》又规定了最高 10 倍的价款赔偿数额。在国外，对制假售假的商家科以巨额的惩罚性赔偿是司空见惯的事情。职业打假人知假买假后向商家索取超过 10 倍价款赔偿金额是否构成敲诈勒索罪？在司法实践中，有些地方的司法机关将职业打假行为作为犯罪进行打击，甚至将职业打假人列为扫黑除恶的对象。需要明确的是，只要购买了商品、服务的均属于消费者，不论购买者的动机如何。购买者选择向媒体曝光、向国家机关检举揭发、与商家和解等都是消费者行使权利的方式，不能被认定为敲诈勒索。任何公民都有检举违法犯罪的权利，检举制假售假行为是合法的行为。而作为消费者，有向商品、服务提供者进行索赔的权利。消费者与商家系平等民事主体关系，两者的纠纷属于民事纠纷，商家在是否满足消费者索赔问题上有自由选择权，有的商家的确会满足消费者高额索赔的要求，但是改变不了索赔是维权行为的性质。“打假无罪”，刑法应当打击的是制假售假行为，职业打假行为在客观上有遏止制假售假行为的效果，有净化市场的积极价值。

值得注意的是，2017 年 5 月 19 日最高人民法院办公厅在《对十二届全国人大五次会议第 5990 号建议的答复意见》（法办函［2017］181 号）中提出，“在除购买食品、药品之外的情形，逐步限制职业打假人的牟利性打假行为”。山东省青岛市中级人民法院以民事判决的形式明确了判断消费者的标准：不是以其主观状态为标准，而应以购买的商品的性质为标准，只要其购买的商品是生活资料，其就是《消费者权益保护法》所指的消费者。“打假也需要专业，如果多次打假者可以被定义为职业打假者的话，那么职业打假者就是消费者的先驱，自然受《消费者权益保护法》的保护……制假、售假获取的是非法利益，打假获取的是合法利益，为了获取合法利益，无可厚非。”〔1〕

【刑事司法案例第 33 例】女教师上访被控敲诈勒索后被判决无罪案〔2〕

陈某艳系河北省遵化市第二中学教师。自 2012 年 2 月份以来，陈某艳以遵化市第二中学在教师评优、职称评定、奖金发放等方面不合理为由多次到天安门、府右街等非国家信访接待场所进行非正常上访、持续缠访，并受到治安处罚。陈某艳在北京非正常上访期间，对接访人员提出“不给报销交通费、住宿费等费用不回遵化”的要求，接访人员为完成接访任务，经请示校领导后，共给付被告人陈某艳现金 16 900 元。

2014 年 1 月 27 日，河北省遵化市人民检察院指控被告人陈某艳犯敲诈勒索罪，6 月 3 日遵化市人民法院作出［2009］遵刑初字第 69 号刑事判决，以陈某艳犯敲诈勒索罪，判处其有期徒刑 1 年，罚金人民币 2000 元。宣判后，被告人陈某艳提出上诉，唐山市中级人民法院作出裁定，撤销原判，发回重审。2015 年 8 月 26 日，遵化市人民法院判决被告人陈某艳无罪。

敲诈勒索是以非法占有为目的，对财物所有人、占有人采用威胁、要挟、恐吓等方法，索取财物的行为。在该案中，接

〔1〕 参见山东省青岛市中级人民法院［2019］鲁 02 民终 263 号民事判决书。

〔2〕 参见河北省遵化市人民法院［2015］遵刑初字第 23 号刑事判决书（判决被告人陈某艳无罪）。

访人员的行为是其职责，给被告人钱财是经过学校领导批准的，不能认定陈某艳采用了威胁、要挟、恐吓的方法向学校索要财物。学校作为事业单位法人，不能成为敲诈勒索的对象，因为非自然人在行为人实施威胁、要挟、恐吓等手段时，不会产生精神上的恐惧。

【刑事司法案例第 34 例】72 岁上访农妇被改判无罪案

2006 年 3 月，广东省惠州市惠阳区秋长街办事处维布村村民代表大会决定，将该村的一块集体土地（含曾某珍家约 300 平方米的自留地）出租或出卖的形式出让给李某、何某等 5 人开发。曾某珍的儿子代表其家庭领取了 6200 元的自留地补偿款。曾某珍知情后，明确表示反对卖地，并要求其儿子向村干部退自留地补偿款，但未被接受。从 2006 年 4 月开始，曾某珍与部分村民一道，开始向国土部门反映涉案地块的违规建设行为。2007 年 3 月，购地者李某、何某等人在涉案地块动工建房时，遭到曾某珍阻挠。此后，曾某珍以涉案土地系非法转让、建房没有手续等原因多次上访。2007 年 10 月，何某、李某等人为平息此事，分两次以“果树赔偿款”的名义给了曾某珍人民币 15 万元。

广东省惠州市惠阳区人民法院认为被告人曾某珍的行为构成敲诈勒索罪，判处有期徒刑 4 年。曾某珍提出上诉，广东省惠州市中级人民法院驳回其上诉，维持原判。出狱后，曾某珍不断申诉。2016 年 5 月，广东省高级人民法院作出再审决定书，决定对该案提审，该院对该案审理后认为，曾某珍的举报是正当维权行为，其未主动索要补偿款，且不能认定曾某珍获取的补偿款超出其合法权益范畴，故改判曾某珍无罪。

根据我国《宪法》的规定，公民信访、上访是行使批评建议权、监督权的一种方式，是公民享有的法律权利。公民行使法律权利的行为不能被视为敲诈勒索罪中的威胁、要挟、恐吓手段，不能被认定为犯罪。在该案中，所谓“赔偿款”是建房者主动给予的，不是被告人主动索要的，如果连对方主动给予财物的行为要被判定为犯罪，无异于剥夺了公民的法律权利。信访、上访、检举、揭发等行为对揭露违法犯罪行为具有重要的积极作用，不能将刑法作为地方维护稳定的手段。在处理以行使权利相威胁的敲诈勒索案件时，要对敲诈勒索罪的构成要件——行为要件、对象要件进行限缩解释并采用数额比例制对敲诈勒索数额进行规范，从而将部分行为出罪。〔1〕

（三）执行命令的行为

【刑事司法案例第 35 例】未执行内部文件的法官被控玩忽职守案

2005 年，驻马店中级人民法院原法官的刘某山，在办理涉黑组织头目白某岗假释案件过程中，违反了河南省高级人民法院制定的一份关于减刑假释内部文件（豫高法［2004］214 号）“一般执行一年半以上方可减刑”的规定，被检察院指控犯玩忽职守罪，一审、二审法院均认为刘某山不构成犯罪。在被刑事拘留到拿到无罪判决书，刘某山被羁押超 15 个月。刘某山认为自己办理的白某岗减刑案完全符合刑事诉讼法及其司法解释的规定，内部文件中的“一般”如何掌握属于法官自由裁量权的范围。

【刑事司法案例第 36 例】执行违法“会议纪要”被控滥用职权案〔2〕

2012 年 11 月 2 日，受河南省永城市委常委、政法委书记张

〔1〕参见魏再金：“以行使权利相威胁的敲诈勒索行为定性研究——以限缩解释方法展开”，西南政法大学 2017 年博士学位论文，第 160~168 页。

〔2〕参见河南省周口市中级人民法院［2017］豫 16 刑终 482 号刑事裁定书。

某梅委托，河南省永城市市政府副市长骆某、市政府党组成员、市住建局局长梁某振召开会议，专题研究永阳花苑地下车库有关信访问题，该市政府办、维稳办、信访局、城乡规划服务中心、城乡建设服务中心、住房保障服务中心、综合执法大队等有关部门的负责同志参加了会议。会议形成了“关于解决永阳花苑地下车库信访问题的会议纪要”，并于2013年3月16日以永城市城市建设领导小组文件（永城建领［2013］4号，以下简称“会议纪要”）的形式印发。

研究和印发上述会议纪要时，被告人夏某旭尚在其他单位任职。2013年5月17日，被告人夏某旭调任中共永城市城乡规划服务中心党组书记、永城市城乡规划服务中心主任。

被告人夏某旭到永城市城乡规划服务中心任主任后，永阳置业有限公司副总经理姚某拿着“会议纪要”以及永城市正宇房地产开发有限公司的相关手续，找到夏某旭，要求按照该“会议纪要”为永城市江南世家小区A2号楼、A3号楼新增楼层办理《建设工程规划许可证》。永城市城乡规划服务中心用地规划股时任股长刘某永和夏某旭认识到该“会议纪要”内容违反法律、法规，二人商议后，2013年9月1日刘某永按照夏某旭的安排，以永城市规划服务中心名义出具情况说明，说明江南世家小区A2号楼、A3号楼增加楼层符合规划要求。后在上级领导要求按照“会议纪要”办理后，刘某永和夏某旭于2013年9月6日在江南世家A2号楼、A3号楼的“永城市建设工程规划许可证审查意见表”上分别签署“按照城市建设领导组文件（永城建领［2013］4号）要求，同意办理”“按城建领导组文件和信访案件推进会议要求，同意办理”的审核意见，并于2013年12月31日为江南世家小区A2号楼、A3号楼重新办理了《建设工程规划许可证》，使江南世家小区A2号楼、A3号楼擅自增加的7915.77平方米建筑合法化。

2017年7月19日，河南省沈丘县人民法院认定被告人夏某旭、刘某永构成滥用职权罪，但免予刑事处罚。2017年9月21日，周口市中级人民法院裁定维持一审判决。

以上两个司法裁判案例中的被告人，一个是没有执行内部文件的规定，另一个是执行了内部会议纪要，一个被控玩忽职守罪，另一个被控滥用职权罪，对于上级的决策（命令），到底执行还是不执行？这就涉及执行上级命令在什么样的情况下阻却违法性的问题。

阻却违法性的执行命令的行为必须符合以下条件：①行为人执行的命令是国家机关或国家机关的工作人员发布的；②国家机关或者其工作人员发布的命令是在其职权范围内，超越职权范围发布的命令是非法的，行为人不得执行；③所发布的命令，必须在形式上、程序上符合法律的规定；④行为人在执行命令时不明知该命令是非法的，否则，可能会和命令发布者构成共同犯罪。〔1〕

二、正当业务行为

正当业务行为在法律上并没有明文规定，但根据社会一般观念，正当业务行为属于正当行为，应被排除行为的违法性。但是正当业务行为必须符合以下条件：①行为人所从事、进行的业务必须是合法的、正当的业务。②从事、进行业务的人必须具有一定的业务知识和专业技能，如果法律要求具备一定的资格、条件则必须取得相应的资格、条件。如从事律师业务的人必须通过法律职业资格考试并取得律师执业资格证，行医的

---

〔1〕参见马克昌、杨春洗、吕继贵主编：《刑法学全书》，上海科学技术文献出版社1993年版，第113页。

人必须具备一定的医学知识并取得医师执业资格证等。如果不具备一定的业务知识和执业资格从事一定的业务，则不能被视为正当业务行为，可能构成犯罪，如非法行医罪。③行为人在从事、进行业务时，必须遵守职业、行业基本的操作规程。④行为未超出业务的范围。

【刑事司法案例第 37 例】青海律师林某青受聘涉恶公司被控诈骗、敲诈勒索案

2017 年 7 月，北京大成（西宁）律师事务所律师林某青受青海某汽车服务公司聘请担任该公司的法律顾问，顾问费每年 3 万元。2018 年 12 月，因该汽车服务公司涉嫌“套路贷”犯罪，并被控为恶势力犯罪集团。林某青被检方认定为这伙恶势力犯罪集团的 4 名重要成员之一，系从犯。

2019 年 3 月，青海省西宁市城中区人民检察院以被告人林某青犯诈骗罪、敲诈勒索罪向城中区人民法院提起公诉，同年 7 月，城中区人民检察院撤回对林某青的起诉。

在该案中，林某青担任涉案公司的法律顾问，其执业活动没有超出律师业务的范畴。律师可以为任何人提供法律服务，如果因被服务的对象被认定为犯罪而将律师视为“共犯”，则律师职业将不会存在。在律师知晓服务对象涉嫌非严重犯罪的情况下，律师有保密义务。

常见的正当业务行为有：①治疗行为，如避免身体其他部位的恶化而不得已截肢，以治疗其他疾病为目的的绝育、人工流产等。治疗行为以治疗为目的，虽然会对患者的身体造成伤害，但是应阻却行为的违法性。②体育竞技活动，如拳击赛，虽然双方都有伤害对方的故意，但是因其是业务，故阻却行为的违法性。③人大代表、国会议员在人大会议、国会上发表言论。④律师的辩护活动。⑤新闻媒体的报道活动。新闻媒体报道的事实是真实的、客观的、报道的方式是合适的，应阻却报道行为的违法性。⑥教师对学生的惩戒。教师基于职业要求，有一定的强制性管理学生的权力，即教育惩戒权，其是一种职业权力。教育惩戒权的行使同样要遵守合法性、必要性、适度性原则，不得被滥用，如北京某幼儿园多名幼师因虐童被以虐待被看护人罪判处刑罚。

第六章

阻却责任的出罪事由

有责性是三阶层犯罪体系中的最后一个阶层，在进行了构成要件符合性判断、违法性判断（通常是消极的判断，是否存在违法阻却事由）后，需要判断行为人是否具有责任（罪责）。责任论要回答的问题是："具备了哪些前提，才能对一个具体的、作为血肉之躯的个人就其行为进行谴责。"〔1〕判断行为人是否具有罪责，混合了积极判断和消极判断，一般来说，对责任故意、责任过失的判断是积极判断，而对违法性认识（可能性）、期待可能性的判断是消极判断。由于符合构成要件的违法行为在一般的情况下就具备了有责性，那么，责任判断的焦点就集中在责任阻却事由上。责任阻却事由是刑法出罪事由之一，包括未达到刑事责任年龄、无刑事责任能力、无违法性认识（可能性）、缺乏期待可能性等。

第一节　阻却责任出罪事由的理论基础

一、责任的概念及其本质

刑法中的"责任"（德文为Schuld）又被称为"有责性""罪

〔1〕李海东：《刑法原理入门（犯罪论基础）》，法律出版社1998年版，第101页。

责”“责任性”“罪过”，“指对于实施了该当于构成要件的违法行为的行为人，能够进行道义上的非难，即非难可能性”〔1〕。“非难可能性”是可谴责性、可责性，即对行为人意思决定予以否定性评价的可能性。责任即非难可能性。不仅刑法中有责任问题，民法、行政法领域也有责任问题，即民事责任、行政责任，而刑法中的责任，指的是“罪责”。“罪责是指依照某个价值判断标准对具有形成犯罪行为之心理关系的因素做评价而得出非难的结论……罪责的概念必然是评价的客体与对客体的评价的结合体。”〔2〕刑法中的责任不同于刑事责任，刑事责任是行为人因其犯罪行为而应当承担的不利法律后果。从刑事责任的性质上来看，其是法律对罪犯规定的最严厉的强制方法，刑事责任具有社会性质，表现为国家和社会对行为本身和实施行为的人在道德上及政治上作出不良的评价。〔3〕“刑事责任是法院依法确定行为人违反了刑事义务并且应受谴责后强制行为人承受的刑事负担。”〔4〕决定罪过性质的不是行为人的认识因素，而是行为人的意志因素，罪过的本质在于行为人的违法意志，行为人的违法意志集中体现其犯罪的本质。〔5〕

关于责任的本质，有以下几种学说：

(1) 道义责任论。此说为刑事旧派所持的观点，以意志自由论为基础，犯罪是人在自由意志的支配下实施的行为。人基

---

〔1〕 马克昌、杨春洗、吕继贵主编：《刑法学全书》，上海科学技术文献出版社 1993 年版，第 630 页。

〔2〕 李文健：《罪责概念之研究——非难的实质基础》，春风煦日论坛 1998 年版，第 301 页。

〔3〕 参见［苏］Л. В. 巴格里-沙赫马托夫：《刑事责任与刑罚》，韦政强、关文学、王爱儒译，法律出版社 1984 年版，第 19~21 页。

〔4〕 冯军：《刑事责任论》，法律出版社 1996 年版，第 33 页。

〔5〕 参见张波：《罪过的本质及其司法运用》，法律出版社 2014 年版，第 103~104 页。

于自由意志既可以实施犯罪行为又可以实施合法行为，但是其仍实施了犯罪行为，因此，应当对其进行道义上的否定评价。行为人基于自由意志实施了犯罪行为，就应当受到刑罚处罚，如此才符合道义的要求。

（2）社会责任论。此说为刑事新派所持的观点，新派认为犯罪的原因是行为人个人因素、自然因素、社会因素，行为人不具有自由意志，因犯罪而对行为人进行非难是不可能的。刑事责任的本质是防卫社会，而刑法是针对犯罪人危险性格进行处分的手段。因此，责任是具有危险性格的人承受作为社会防卫手段的法律地位。刑事责任的根据不是犯罪人的自由意志，而是其危险性格（人身危险性）。对于具有危险性格的人，无论其年龄、精神状态如何，都应当予以非难，因此，未成年人、精神病人也具有责任。刑事责任能力是刑罚适应能力，对于具有刑事责任能力的人，给予刑罚处罚，而对于不具有刑事责任能力的人，给予保安处分。社会责任论将关注的焦点从行为转向行为人，以社会防卫为中心，容易导致刑罚权的扩张。

（3）心理责任论。此说以自由意志为理论基础，从行为与行为者内部的心理关系来理解责任的实体，刑事责任的实体就是行为人的心理关系，责任就是确定行为者对于行为的心理状态，其中并不包含非难的要素。根据行为人心理关系的不同，将责任分为故意和过失，前者是现实的认识，后者是可能的认识，两者是确定刑事责任的决定性因素，在行为人具有刑事责任能力之时，如果还具有故意或过失，就可追究行为人的刑事责任。刑事责任是上位概念，故意、过失是下位概念，刑事责任是故意、过失的总和。[1]

[1] 参见马克昌、杨春洗、吕继贵主编：《刑法学全书》，上海科学技术文献出版社1993年版，第631页。

（4）规范责任论。规范责任论是从法律规范的角度来理解责任，法律规范分为禁止规范、命令规范，只有当行为人理解了法律规范，在能够遵守法律规范却选择了违反法律规范的情况下，才能对行为人进行非难（否定评价）。换言之，行为人仅仅具备故意、过失的心理要素还不够，还要能够期待行为人在实施行为时能实施合法行为，才能对其进行非难。期待可能性是规范责任论的核心，可见，刑法上的责任不仅仅是故意、过失心理事实，还应包括非难的要素（期待可能性）。期待可能性就是行为人在实施行为时，法律规范能够期待其实施合法行为的可能性。行为人在具备期待可能性时，却决意做出违法行为，其应被非难。

（5）人格责任论。此说调和了行为责任论和性格责任论，此说认为，人虽受其个人素质和环境的影响，但也不是完全没有意志自由，因此，在人格中，既有行为人个人无法控制的一部分，又有行为人基于意志自由可以选择的一部分，犯罪行为并不自然显示行为人一定的性格，而是行为人有意识地排斥合法性行为而实施的行为。因此，责任的根据既包括具体行为，还包括行为人的人格，行为责任处于第一位，人格责任处于第二位。规范责任论处于通说地位，规范责任论正是以期待可能性为核心形成的，责任的本质就是期待可能性。因此，判断行为人的刑事责任，除了要判断行为人是否具有责任能力、故意、过失外，还要判断行为人是否具有实施合法行为的期待可能性。

关于违法性与责任的区别，“违法性意味着行为违反规范的无价值判断或者无价值性，而责任意味着意志有违反义务的无价值性或无价值判断；违法性是评价法律不能容忍的行为，而责任是评价必须加以非难的违反义务的行为的意志”〔1〕。

---

〔1〕［日］木村龟二主编：《刑法学词典》，顾肖荣、郑树周译校，上海翻译出版公司1991年版，第218页。

在人工智能时代，强人工智能体能否成为责任主体，存在着巨大的争议。刘宪权教授认为，人工智能体发展到一定的阶段，能超越人类为其编制的程序范围而按照自己的意识和意志实施危害人类社会的行为，其能够成为刑事责任的主体进而承担刑事责任，其承担刑事责任的方式与人类不同，即删除数据、修改程序、永久销毁。[1]但是，即使强人工智能体未来具有了自主意识和自主意志，但是现有的人类法律体系是围绕人来设定和运行的，人工智能体只是人类行为的客体，无论其智能化程度有多高，人工智能体不具备社会规范意义上的辨认和控制行为的能力，对其实施所谓的刑罚处罚起不到报应或一般预防、特殊预防的作用，因此，将强人工智能体视为责任主体并对其施加刑罚处罚并无实际意义，这与中世纪将动物列为刑事被告进行审判并施加惩罚并无二致。

二、责任主义原则

“无责任即无刑罚”，责任是刑罚的前提，行为人没有刑法上的责任，就不得对其施加刑罚。在追究行为人刑事责任时，要贯彻责任主义原则。

责任主义有广义和狭义之分，狭义的责任主义是指“行为人的行为，以责任能力与故意或过失为要件只在可能非难行为人的场合，承认该行为人的责任的原则”[2]，而广义的责任主义还包括量刑中的责任主义，即责任是决定行为人刑罚轻重的标准。

---

〔1〕 参见刘宪权：“人工智能时代刑事责任与刑罚体系的重构”，载《政治与法律》2018年第3期。

〔2〕 马克昌：《比较刑法原理——外国刑法学总论》，武汉大学出版社2002年版，第390页。

责任主义的内容是主观责任和个人责任。主观责任是指要求行为人承担刑事责任时，不仅要求其有侵害、威胁法益的客观结果，而且要求行为人在主观上对于行为、结果具有故意、过失的心理联系。主观责任不同于主观归罪和客观归罪。而个人责任是行为人仅对自己所实施的犯罪行为负责，与犯罪行为无关的人不承担任何责任，从而排斥了团体责任。

三、期待不可能性是阻却责任出罪事由的理论基础

行为人具有非法可能性的原因是：当其实施不法行为时，其有能力决定从事合法行为（具有期待可能性），却不从事合法行为（具有其他行为的可能性）。[1]非难的基础是他行为能力，具体如下：①罪责阶层的负面检验法要以他行为能力为基础；②确定行为人可能作合法决定时，对之加以制裁才是有意义的；③他行为能力就是决定能力，它包含着认识不法的能力和依认识而行为的能力；④非难的重点是能为而不为及社会损害性。[2]责任的本质是非难可能性，即行为人在能够按照法律规范的要求而做出合法行为，却要决定做出违法行为，因而要被法律谴责。

阻却责任出罪事由是对行为人责任的阻却，而规范责任论是通说，规范责任论的要件包括故意、过失心理要素和刑事责任能力、期待可能性规范要素。前文已将故意、过失心理要素的判断列入构成要件要素的判断中，因此，阻却责任出罪事由只涉及对期待可能性的判断。从责任的反面出发，行为人缺乏期待可能性则阻却责任。具有刑事责任能力、故意、过失一般

〔1〕 参见张丽卿：《刑法总则理论与运用》，一品文化出版社2005年版，第215页。

〔2〕 参见李文健：《罪责概念之研究——非难的实质基础》，春风煦日论坛1998年版，第83~89页。

可认为行为人具有责任，而作为例外情况，即缺乏期待可能性则阻却责任。缺乏期待可能性时，行为人已经不具备他行为能力，即不能按照法律规范的要求而做出合法行为，其不应受到法律的非难。

四、责任的要素

有学者认为，只有刑事责任能力、故意、过失是责任的要素，违法性认识（可能性）、期待可能性被包含在故意、过失之中。但是故意、过失是一种心理要素，而违法性认识（可能性）、期待可能性是一种规范要素，不能将不同性质的要素混为一谈。有学者认为，违法性认识（可能性）被包含在故意、过失之中。故意的成立需要违法性认识（可能性），而且过失的成立也需要违法性认识（可能性），因为违法性认识（可能性）是过失规范评价要素，无此评价，过失就不成立。〔1〕还有学者认为，故意、过失是构成要件要素（主观的违法要素），刑事责任能力、违法性认识（可能性）、期待可能性是责任的要素。

在英美法系国家，犯罪行为和犯罪意图是犯罪的本体要件，犯罪意图（犯意、犯罪心态、犯罪心理要件）的基本内容是故意、明知、轻率、疏忽。〔2〕

一般认为，责任的要素有刑事责任能力、故意、过失、违法性认识（可能性）、期待可能性。但有学者将故意、过失理解为构成要件要素（主观的违法要素），因为故意、过失对于构成要件的个别化、定型化具有重要的作用，而且目的犯中的目的（传播淫秽物品牟利罪中的以牟利为目的）、表现犯中的内心经

---

〔1〕 参见林亚刚：“论过失中的违法性意识”，载《中国法学》2000年第2期。

〔2〕 参见赵秉志主编：《英美刑法学》（第2版），科学出版社2010年版，第49~50页。

过（伪证罪中的违背自己记忆的状态）、倾向犯中的内心倾向（猥亵罪中的性刺激动机），都是主观的违法要素。在我国四要件犯罪论体系中，故意、过失属于犯罪主观方面的要件。在构成要件阶段已经讨论过故意、过失，故在责任阶段不再赘述。本部分将重点讨论不具备刑事责任能力、不具有违法性认识（可能性）、不具有期待可能性三大阻却责任的出罪事由。

第二节　不具有刑事责任能力

一、刑事责任能力的本质和判断标准

刑事责任能力是对行为人进行非难的前提，也是追究其刑事责任的基础，当行为人不具备刑事责任能力时，法律不能对其进行非难，也不能追究其刑事责任。责任能力是指辨认和控制自己行为的能力。对于责任能力，各国、各地区刑法都没有作出积极的规定，而是规定了无责任能力、限制责任能力。

关于刑事责任能力的本质，刑事旧派和新派持有不同的观点。旧派从意志自由论出发，认为人在意志自由的情况下，能够选择实施合法行为，却选择了犯罪行为，因而应被非难。而人拥有意志自由的前提是具备是非善恶的辨别能力，只有具备了是非善恶的辨别能力，才能对其进行道义上的谴责和刑法的非难。因此，刑事责任的本质是意思能力、犯罪能力。刑事新派认为，人并没有意志自由，刑法的任务是对具有再犯罪可能性的行为人适用刑罚以保卫社会，刑事责任能力的本质是刑罚适应能力，其与行为人的故意、过失无关，对于精神病患者、年幼者不能适用刑罚，只能采用其他方法。折中说试图调和意思决定说和刑罚适应能力说，此说认为，责任能力的有无应以行为人是否具有通常的意思决定能力为标准。因此，责任能力

包括认识行为在社会规范中的价值的能力和基于此种认识而决定其意志的能力。

刑事责任能力不同于服刑能力，刑罚本质上属于一种惩罚，服刑能力是罪犯接受惩罚的能力。只有精神正常的人才能理解刑罚的意义，刑罚才能对其起作用，丧失辨认、控制行为能力的罪犯没有服刑能力，继续令其服刑违反刑罚人道主义原则，对于具有现实人身危险的，应强制医疗，强制医疗的时间计入刑期，对于无现实人身危险的，应对其暂予监外执行。

刑事责任能力的判断标准主要是年龄和精神状态。未达到刑法设定的最低刑事责任年龄的人，被视为无刑事责任能力；行为人因罹患精神疾病而不具备刑事责任能力。对于无刑事责任能力的刑法效果，各国规定不尽相同，一般有四种：①不认为是犯罪；②不予刑事处罚；③不负刑事责任；④对于罹患精神疾病而不具备刑事责任能力者应强制医疗。

二、降低最低刑事责任年龄的问题

近年来，低龄未成年人严重暴力行为连续发生，如“广西一名离家出走的 13 岁少年杀害三姐弟案”“12 岁男童弑母案”“13 岁男童锤杀双亲案”“大连 13 岁男孩奸杀 10 岁女童案”“安徽 13 岁男童杀害堂妹并抛尸案”等，这些案件经媒体报道后，引发了社会的广泛关注，降低最低刑事责任年龄的呼声日益高涨，有的专家建议将我国刑法中的最低刑事责任年龄从 14 周岁降至 12 周岁。

从世界各国的刑法规定来看，关于最低刑事责任年龄的规定并不统一，最低的是 7 周岁，最高的是 18 周岁，但是多数国家刑法规定的最低刑事责任年龄是 14 周岁。

关于最低刑事责任年龄的设定需要考虑多种因素：①国内未

成年人身心发育状况和智力水平；②国内初等教育水平；③历史、文化传统；④社会、经济、文化发展水平和阶段；⑤未成年人实施犯罪的数量、种类、再犯罪的情况；⑥关于保护儿童的国际条约、公约。

从我国现行法律规定来看，对于低龄未成年人的一般触法行为，主要采取训诫、责令严加管教等措施，然而监护人监管、教育不力恰是引发其行为偏差的主要原因；而对于恶性触法行为，收容教养和工读教育等措施则由于配套措施缺失、适用机制不符合“正当程序”精神等方面的问题，导致适用率极低。

是否应降低最低刑事责任年龄首先应考虑必要性，要弄清楚低龄未成年人实施的恶性暴力案件的件数、在所有恶性暴力案件中的比例，如果低龄未成年人实施的恶性暴力案件只是个案，在恶性暴力案件中所占比例较小，就没有必要通过降低最低刑事责任年龄的方法来控制。在缺少实证研究的情况下，任何建议都是盲目的。刑事责任能力是辨认和控制自己行为的能力，现在没有充分的证据支持不满 14 周岁的未成年人的辨认和控制自己行为的能力比过去有明显的提高。降低最低刑事责任年龄意味着刑罚圈的范围的扩大，刑罚是不是预防和控制低龄未成年人犯罪的最有效的手段，则不无疑问。从未成年人违法犯罪的原因来看，有社会、家庭、学校、个体等原因，预防和控制未成年人犯罪，需要防控结合，多措并举，不能依靠刑法“单打独斗”。目前，首先要解决的是实施恶性暴力行为的低龄未成年人无法被有效监管的问题，要建立健全罪错未成年人分级干预体系〔1〕，发挥好制度的教育、惩戒作用。

有的学者提出，为应对低龄未成年人的严重触法行为，可

〔1〕参见宋英辉、苑宁宁：“尊重未成年人司法规律建立分级干预体系”，载《检察日报》2019 年 2 月 11 日。

以引入英美法系的“恶意补足年龄”制度。“恶意补足年龄”制度源于英国1338年颁布的一项法案，该法案规定7周岁以下的人无刑事责任能力，但如果控方能证明被告人有恶意，则可推翻这一规定。后来，恶意补足年龄的上限被提高至14周岁。但是，对于什么是“恶意”没有统一的认定标准，其主观性比较强，如何证明低龄未成年人在实施恶性暴力行为时具有辨认能力、控制能力，存在较大困难。

第三节　不具有违法性认识（可能性）

一、违法性认识的概念

在行为当时，行为人对构成要件事实有认识，而对于违法性欠缺认识的情况下，行为人的实行行为是否仍具有应刑罚性？[1]这就是刑法中的违法性认识（可能性）问题。违法性认识是“行为人主观上认识自己所实行之客观行为系具备违法性之情形而言”[2]，“违法性认识则意味着行为人对自己行为违法性的心理认知”[3]。与出罪相关的问题是违法性认识错误问题，其分为两种情况：其一是行为人认为自己的行为是合法的，实际上却是违法的；其二是行为人认为自己的行为是违法的，实际上却是合法的，此种情况被称为幻觉犯，因第二种情况根本不会被纳入定罪评价的范围，故没有探讨的必要，第一种情况才是出罪要讨论的内容，即不具有违法性认识（可能性）时，行

〔1〕参见余振华：《刑法深思·深思刑法》，元照出版公司2005年版，第40页。

〔2〕余振华：《刑法深思·深思刑法》，元照出版公司2005年版，第39页。

〔3〕于洪伟：《违法性认识理论研究》，中国人民公安大学出版社2007年版，第45页。

为能否被出罪。

在罗马法上，“有不知法律不能被认定为无罪”的法律适用原则，此原则具有合理性，如果每个人都以“不知法律”为由主张免责，则法律规范性功能被大大削弱。但是，在法定犯时代，一些没有明显违反伦理道德的侵害或威胁法益的行为被认定为犯罪，有些行为被认定为法定犯超出了国民认知（见案例），如“兰草案”“鹦鹉案”“青蛙案”“壁虎案”“耍猴案”、河北非遗老人制造烟花被控非法制造爆炸物案、内蒙古农民王某军收购玉米案、天津老太赵某华非法持有枪支案等。法定犯对“不知法不免责”原则造成了冲击，违法性认识不要说已经不符合时代发展的要求，对国民的预测可能性也造成了损害，有必要将部分违法性认识错误列为出罪事由。

【刑事司法案例第 38 例】河南省新野县 4 名耍猴艺人被控非法运输珍贵野生动物案〔1〕

一审法院经审理认为，鲍某1、鲍某2、田某安、苏某印构成非法运输珍贵野生动物罪，但被免予刑事处罚。4人不服，提出上诉。二审法院认为4名上诉人的行为属于情节显著轻微，危害不大，可不认为是犯罪。遂改判4上诉人无罪。

河南新野猴戏可追溯到东汉，迄今已经有两千多年的历史，是民间文化的活化石，于2009年被列入了“河南省省级非物质文化遗产”。参加猴戏表演的猴子是耍猴人驯养的并由他们所有或者占有，不是通过捕猎或者非法收购得来的。在没有得到政府工作人员告知的情况下，耍猴人不可能意识到将自己驯养的猴子（猕猴）运输出县境外需要办理运输野生动物许可证，甚

〔1〕 此案一审判决书：黑龙江省东京城区林区基层法院［2014］东刑初字第46号刑事判决书；二审判决书：黑龙江省林区中级人民法院［2014］黑林刑终字49号刑事判决书。

至不可能认识猕猴系国家二级重点保护野生动物。在现实中，耍猴人是在多地巡回表演猴戏的，要求他们先办理运输证（从县一级报到省一级审批）再进行表演是强人所难。将耍猴人非法运输猕猴的行为入罪将影响整个猴戏产业的发展。

【刑事司法案例第 39 例】李某庆、李某生非法运输珍贵、濒危野生动物案〔1〕

2016 年 5 月末至 2016 年 7 月末，被告人李某庆、李某生为经营马戏团所需，在明知其没有办理运输野生动物的相关手续的情况下，使用货车将老虎、狮子、熊、猴子等动物从安徽省宿州市运输至辽宁省沈阳市。经鉴定，二被告人运输的老虎为虎、狮子为狮、熊为黑熊、猴子为猕猴，虎被列为我国《国家重点保护野生动物名录》一级保护野生动物；狮被列为《濒危野生动植物种国际贸易公约》附录Ⅰ或Ⅱ（2016 年）；猕猴和熊被列为我国《国家重点保护野生动物名录》二级保护野生动物。

一审法院经审理认为，被告人李某庆、李某生非法运输国家重点保护的珍贵、濒危野生动物，情节特别严重，其行为已构成非法运输珍贵、濒危野生动物罪，遂判处李某庆有期徒刑 10 年，判处李某生有期徒刑 8 年。李某庆、李某生不服，提出上诉。两人上诉理由：二人运输的野生动物均有合法的驯养繁殖许可证，某某马戏团具有合法经营资质，运输动物是为了进行马戏表演，没有对动物造成任何伤害，只是没有及时办理运输手续，故二人行为不构成犯罪。

二审法院经审理认为，根据修订后的《野生动物保护法》的相关规定，运输、携带国家重点保护的野生动物及其制品出县境的，已无须经政府行政主管部门的批准，故二上诉人运输

〔1〕 一审判决书：沈阳市浑南区人民法院［2016］辽 0112 刑初 407 号刑事判决；二审判决书：［2017］辽 01 刑终 126 号刑事判决书。

具有合法驯养繁殖许可的野生动物的行为不再具有刑事违法性，不符合非法运输珍贵、濒危野生动物罪的构成要件，不应认定为犯罪，遂判决上诉人李某庆、李某生无罪。

2004 年修正的《野生动物保护法》第 23 条规定，运输、携带国家重点保护野生动物或者其产品出县境的，必须经省级政府野生动物行政主管部门或者其授权的单位批准。2016 年 7 月 2 日，第十二届全国人大常委会第 21 次会议修订《野生动物保护法》，于 2017 年 1 月 1 日起施行，该法第 33 条废除了运输国家重点保护野生动物出县境必须办运输证的规定，但运输国家重点保护野生动物出县境要有人工繁育许可证、专门的标识、检疫许可证。

【刑事司法案例第 40 例】赵某臣非法采矿案〔1〕

自 2017 年 11 月中旬起一个多月时间内，被告人赵某臣未经批准，擅自在舒兰市×镇×村×屯南侧两个坝塘内无证开采泥炭 9119 立方米。经舒兰市价格认证中心认定，其开采泥炭价值人民币 137 985.00 元。

2018 年 4 月 27 日，舒兰市国土资源局作出舒市国土资矿罚字［2018］9 号行政处罚决定书，责令被告人赵某臣立即停止违法行为、没收违法开采的泥炭 9199 立方米，并处罚款人民币 41 395.50 元，被告人赵某臣已于 2019 年 1 月 22 日缴纳罚款 41 395.50元。

被告人赵某臣供述与辩解："×村×社的塘坝是给种水田蓄水用的，但因太浅蓄水量少，村民找村里要求清淤，但因这些塘坝不在水利局管理的范围内，水利局不给清理，我知道塘坝里都有伐子（泥炭），我打算把伐子开采出来，卖给附近的农民用

〔1〕 参见吉林省舒兰市人民［2019］吉 0283 刑初 203 号刑事判决书。

来育苗，我自己还能挣点钱。”吉林省质量技术服务中心鉴定报告，证明被告人开采的矿产品为泥炭。

法院经审理认为，被告人赵某臣违反矿产资源法的规定，未取得采矿许可证擅自采矿，情节严重，其行为已构成非法采矿罪。

本案的泥炭一般指草炭。草炭是沼泽发育过程中的产物，又名“泥炭”，亦叫作“泥煤”。泥炭一般被农民用作育苗的肥料。1994 年国务院发布的《矿产资源法实施细则》的附件《矿产资源分类细目》第三类非金属矿产将泥炭列入其中，第四类水气矿产将地下水、矿泉水列入其中。一般人（非专业人士）认识不到如下情况：经常被用作肥料的草炭会被认定为矿产，经常被饮用的地下水会被认为是矿产，而未经矿产资源部门同意，开采草炭、地下水，可能会触犯非法采矿罪。

【刑事司法案例第 41 例】抓 100 只癞蛤蟆被控非法狩猎案〔1〕

2019 年 5 月 28 日，被告人潘某福为销售牟利，在未办理狩猎证情况下，在乐至县×××村 6 组附近非法猎捕野生疑似蟾蜍活体 100 只。经鉴定，潘某福非法猎捕的野生疑似蟾蜍物种为中华蟾蜍，属于国家保护的有益的或者有重要经济、科学研究价值的陆生野生动物。另，被告人潘某福到案后如实供述上述事实。2019 年 6 月 1 日，乐至县森林公安局将潘某福非法捕获的 100 只中华蟾蜍予以放生。

法院经审理认为，被告人潘某福违反狩猎法规，在禁猎期猎捕陆生野生动物中华蟾蜍活体 100 只，破坏野生动物资源，情节严重，其行为已触犯刑律，构成非法狩猎罪。

绝大多数在农村生活过的人在小时候都有过逮青蛙、癞蛤蟆等小动物的经历，他们现在虽然知道逮青蛙、癞蛤蟆不对，

---

〔1〕参见四川省乐至县人民法院［2019］川 2022 刑初 184 号刑事判决书。

但是不可能认识到逮青蛙、癞蛤蟆可能会触犯刑法，构成犯罪。我国《野生动物保护法》（2018 年修正）第 2 条将“有重要生态、科学、社会价值的陆生野生动物”列入保护范围。原国家林业局于 2000 年 8 月 1 日发布实施了《国家保护的有益的或者有重要经济、科学研究价值的陆生野生动物名录》，该名录将麻雀、青蛙、壁虎、蟾蜍、刺猬、鹌鹑、野鸡、野兔、蛇类等动物列入其中，而根据 2000 年最高人民法院《关于审理破坏野生动物资源刑事案件具体应用法律若干问题的解释》（已失效）第 6 条的规定，非法狩猎野生动物 20 只以上的，就可能构成非法狩猎罪。在捕猎管理等方面，国家和地方重点保护野生动物有明确的法律规定，但对于猎捕有益的或者有重要经济、科学研究价值的“三有动物”却没有明确的法律规定。因此，决定禁猎区、禁猎期等具体动物保护事项的权力就落入了地方林业管理机构的手中。

然而，地方林业管理机构在禁猎区划定上常常模糊不清，即使划定了，常常下发了事，没有告知普通民众，导致普通民众在懵懂中误入法网，有多人因捕捉麻雀、青蛙、壁虎等被判刑。而且，同种野生动物有受法律保护的，也有不受法律保护的，如壁虎就分为受保护的耳疣壁虎和不受保护的普通壁虎，要求普通民众区分清楚显然是强人所难。2020 年 6 月，国家林业和草原局、农业农村部发布《国家重点保护野生动物名录（征求意见稿）》，拟将螺蛳（田螺科、螺蛳属，主要生长在云南）列入二级保护野生动物，普通民众如何有能力辨识受保护的螺蛳和不受保护的普通螺蛳？在用法律惩罚捕食、交易、运输受保护的野生动物前，必须要做的工作恐怕是普及野生动物辨识的知识。

二、违法性认识的学说

在刑法理论中，是否具有违法性认识（可能性），成为责任故意成立与否的要件。关于责任故意的成立是否需要违法性认识（可能性），有违法性认识不要说、违法性认识必要说、违法性认识可能性说、法定犯和自然犯区别说、责任说。

有学者认为，责任过失的成立与否，同样应以违法性认识或者违法性认识的可能性为要件；责任过失中的违法性认识或者违法性认识的可能性是应当意识到或已经意识到由于违反法律上的注意义务而可能发生严重违法结果的意识，行为人的行为要成立犯罪，必须具有违法性认识，而在过失的场合，要求行为人有违法性认识的可能性；如果缺乏对行为违法性认识或违法性认识可能性的评价，就不存在过失的犯罪心理。〔1〕因此，责任故意的成立要求有现实存在的违法性认识，而责任过失的成立至少要有违法性认识可能性。〔2〕

“行为人主观上仅具备故意或过失时，原则上并无法对行为人加以责任之非难，必须于行为人具有实行适法行为可能性之情状下，然其却具有不为该适法行为之决意进而实行违法行为时，国家刑罚权方得对行为人予以责任之非难。因为行为人主观上具有实行适法行为之决意可能性，故行为人必须认识行为之违法性，或者必须具有认识违法性之可能性，方足以对行为人加以责任之非难”。〔3〕

三、不可避免的违法性认识错误的判断标准

对于违法性认识错误不可避免时的刑事责任问题，1975 年《德国刑法典》、2002 年《奥地利刑法典》、2007 年《波兰刑法

〔1〕参见林亚刚：“论过失中的违法性意识”，载《中国法学》2000 年第 2 期。

〔2〕参见马荣春、陈志颖：“违法性认识：‘赵春华涉枪案’出罪的切入”，载《河南财经政法大学学报》2018 年第 1 期。

〔3〕余振华：《刑法深思·深思刑法》，元照出版公司 2005 年版，第 68 页。

典》、1992年《法国刑法典》均规定行为人不负刑事责任或行为不被认定为犯罪。有些国家的刑法典对违法性认识错误可避免的情形规定了减轻刑事责任。

不可避免的违法性认识错误的判断标准是行为人在通常的法律规范意识支配下，履行了对法律规范的注意义务，但仍然难以避免违法性认识错误。〔1〕

在判断行为人对于违法性认识错误是否不可避免时，行为人从何人、在何种情况下、如何获得关于自己违法性的信息是判断的重要资料。一般而言，从政府机关公开的法令、案例中或者从政府机关中专门从事法律工作的公务员（政府法制工作人员、法官、检察官）处获得的违法性信息，基于对政府的信任而实施违法行为，可以阻却责任。但从私人处（如专家学者、律师）获得的违法信息，基于对私人的信任而实施违法行为，原则上不阻却责任。当然，从被告人所处的环境角度也可以判断行为人的违法性认识错误是否可以避免，在农村中，农民没有办理粮食收购许可证收购零星的粮食后转卖的现象十分普遍，如果不是粮食管理部门的工作人员，很难意识到收购零星的粮食需要办理粮食收购许可证及工商营业执照。内蒙古农民王某军因无证收购玉米，数额较大，被法院认定为触犯非法经营罪，被判处有期徒刑1年，缓刑2年，并处罚金人民币2万元；王某军退缴的非法获利款人民币6000元，由侦查机关上缴国库。后最高人民法院指令对该案进行再审，法院经再审认为，王某军收购玉米的行为尚未达到严重扰乱市场秩序的危害程度，不具备与非法经营罪相当的社会危害性和刑事处罚的必要性，不构成非法经营罪。其实，内蒙古农民王某军无证收购玉米的行为

〔1〕 参见孙国祥：“违法性认识错误的不可避免性及其认定”，载《中外法学》2016年第3期。

可以从缺少违法性认识的角度出罪。在天津老太赵某华非法持有枪支一案中，赵某华显然没有意识到其用来射气球的气枪属于刑法上的枪支，管理摊位的执法部门工作人员也没有告知射气球的气枪属于刑法上的枪支或者建议她去为气枪做鉴定，普通民众也没有认识到射气球的气枪属于刑法上的枪支，公安机关调低了枪支的认定标准这一情况也不为赵某华和普通群众所掌握，因此，赵某华主观上缺少违法性认识，不具有持有枪支的故意，故不构成非法持有枪支罪，应被判定为无罪。

第四节　无期待可能性

作为一种超法规的责任阻却事由，期待可能性产生于 1897 年德国帝国法院对“癖马案”的判决。日本法院应用期待可能性理论产生的判决的案例有 1923 年的甘粕案、第五柏岛丸号案等。有学者认为我国《刑法》第 16 条（不可抗力、意外事件）、第 28 条（胁从犯）、第 17 条（刑事责任年龄）等法条包含了期待可能性的思想。[1]在我国的司法实践中，以期待可能性理论作为出罪理由的判决十分少见。

一、期待可能性概说

上文已论述，责任的实质是“他行为的可能性”，即行为人在行为当时有选择合法行为的机会，却决意实施违法行为，因此应被非难。而行为人在行为当时没有选择合法行为的机会，只能选择违法行为，则不能对其进行非难。

---

〔1〕参见李立众、刘代华：“期待可能性理论研究”，载《中外法学》1999 年第 1 期。

"期待可能性，是指根据具体情况，有可能期待行为人不实施违法行为而实施其他适法行为。"[1]"期待可能性，就是立法刑法规范的立场，期待行为人实施适法行为的可能性。"[2]所谓无期待可能性，就是指在行为当时，法律不可能期待行为人不实施违法行为而实施其他适法行为。如在行为人即将饿死的情况下，法律不可能期待其不实施偷窃面包的行为而活活饿死。在无期待可能性的情况下，阻却责任。期待可能性不仅存在有无的问题，还存在程度的问题，无期待可能性，阻却责任；期待可能性小，则减轻责任。

关于期待可能性理论在犯罪论体系中的地位有以下几种学说：①独立的责任要素说；②责任故意、责任过失的构成要素说；③罪责或有责性的解释原理说；④期待不可能性是阻却责任事由说。

德国刑法通说认为，无期待可能性是刑法规定的责任阻却事由的理论基础，而不是一般的超法规的责任阻却事由，不能直接适用无期待可能性减免行为人责任。而日本刑法通说却认为无期待可能性是一般的超法规的责任阻却事由。

二、期待可能性的判断标准

关于期待可能性的有无、大小的判断标准，有三种学说：①行为人标准说。行为人在当时的情况下，是否具有不实施违法行为而实施适法行为的可能性。此说招致的批评是：如果行为人本人未实施适法行为，就认为不能期待其实施合法行为，将导致法秩序的松弛。此说也不能解决确信犯定罪问题。②一般人标准

---

〔1〕 张明楷：《外国刑法纲要》（第3版），法律出版社2020年版，第220页。

〔2〕 甘添贵、谢庭晃：《捷径刑法总论》，瑞兴图书公司2006年版，第241页。

说。一般人处于行为人当时的情况下，是否具有不实施违法行为而实施适法行为的可能性。此说招致的批评是：对一般人具有期待可能性，但是对行为人不一定具有期待可能性，而且责任非难本来就是针对行为人的，应当以行为人为标准。③法律规范标准说。以法律秩序、法律规范的要求为标准来判断行为人是否具有不实施违法行为而实施适法行为的可能性。此说是从国家对行为人的期待的角度来判断期待可能性的。此说实际上否定了期待可能性存在的空间，期待可能性本来说是超法规的，依该说，在法律之外，就不能承认期待可能性。

因无期待可能性而出罪分为两种情况，其一是法律规定的无期待可能性的场合。如我国古代法律中规定了“亲亲相隐”无罪，我国现行《刑法》第 306 条规定了辩护人、诉讼代理人毁灭证据、伪造证据罪，但是被告人毁灭、伪造自己的证据因为缺乏期待可能性而被立法者排除在毁灭、伪造证据犯罪之外。《日本刑法》第 105 条规定，犯人、脱逃人的亲属为了犯人、逃脱人的利益而藏匿犯人、逃脱人或者毁灭证据的行为可以被免除处罚，这类似于“亲亲相隐”免责。《德国刑法》第 33 条规定了免责的防卫过当。其二是超法规的无期待可能性的场合，如饥寒交迫之际偷窃少量食物、僻远山区的农民为了生存而猎捕少量受法律保护的野生动物。

第五节　刑事合规

对于中国企业来说，“刑事合规”是一个陌生的概念，随着中兴、华为公司被美国进行刑事调查并处以巨额罚款，刑事合规问题逐渐引起国内企业的重视并成为热门话题。刑事合规是英美法系国家首创的一种公司治理制度，后来被大陆法系国家所借鉴。

一、刑事合规的概念

德国学者认为，刑事合规是“为了避免公司员工因其相关业务举止而进行刑事答责的一切必要且容许的措施”〔1〕。我国学者认为，“刑事合规实际上是借助刑事法手段，构罪或者量刑，以推动组织体自我管理的相关立法和实践”〔2〕。刑事合规，“是指为避免因企业或企业员工相关行为给企业带来的刑事责任，国家通过刑事政策上的正向激励和责任归咎，推动企业以刑事法律的标准来识别、评估和预防公司的刑事风险，制定并实施遵守刑事法律的计划和措施”〔3〕。

从以上概念可以看出，刑事合规有如下特点：①主要目的是避免、减免公司、企业法人（单位）的刑事责任，而不是避免、减免公司、企业法人工作人员（自然人）应当承担的刑事责任；②主要方式是制定公司、企业法人的刑事合规计划，识别、评估、预防、控制、处置公司、企业法人的刑事风险〔4〕；③其本质是一种刑法激励制度，即通过对公司、企业法人刑事责任的减免来激励公司、企业法人合法经营，避免被追究刑事责任的风险；④是公司、企业法人的一种内部管理、控制制度，是预防公司、企业法人犯罪的一种方法。

---

〔1〕［德］弗兰克·萨力格尔：“刑事合规的基本问题”，马寅翔译，载李本灿等编译：《合规与刑法：全球视野的考察》，中国政法大学出版社 2018 年版，第 58 页。

〔2〕李本灿：“刑事合规理念的国内法表达——以‘中兴通讯事件’为切入点”，载《法律科学（西北政法大学学报）》2018 年第 6 期。

〔3〕孙国祥：“刑事合规的理念、机能和中国的构建”，载《中国刑事法杂志》2019 年第 2 期。

〔4〕一般而言，公司、企业面临三大风险，一是经营风险，二是财务风险，三是刑事风险。

按照美国司法部刑事部门《公司合规程序评价》指导文件的规定，刑事合规必须具备以下三个条件：①公司的合规计划必须设计良好；②公司的合规计划得到了认真、真诚的执行；③公司的合规计划在实践中有效。〔1〕

对于刑事合规，有的学者指出：西方国家的刑事合规产生的背景是替代责任和立法定性与司法定量之立法模式，但在我国并不存在这样的背景，不宜过早在立法层面确立刑事合规制度。刑事合规影响量刑，但对量刑不起决定性作用。在目前，应倡导企业行政合规。〔2〕

二、刑事合规的法律效果

20 世纪 30 年代，美国金融界在政府加强对金融行业监管的背景下，将合规（compliance）作为金融企业一项选择性监管措施应用于企业管理实践。1990 年以后，随着美国《反海外贿赂法》的实施和美国司法部将刑事合规作为对企业宽大处理的重要依据，刑事合规作为刑事责任减免的事由才逐渐得以确立。

《美国量刑指南》第八章对组织的量刑 C 部分罚金第 2 节确定罚金——其他组织第 5 条（f）防止和发现违法行为的有效措施中规定："如果虽有防止和发现违法行为的有效措施，犯罪行为仍然发生，减 3 点。"〔3〕也即是说，企业如果实施了合规计划，则可减少罚金。2010 年英国《贿赂法》（*Bribery Act* 2010）规定，企业构建刑事合规体系可以被免除刑事责任，这意味着

〔1〕"美国司法部刑事部门《公司合规程序评价》中译本（全文）"，载 https://www.sohu.com/a/312719962_733746，2020 年 7 月 18 日访问。

〔2〕参见田宏杰："刑事合规的反思"，载《北京大学学报（哲学社会科学版）》2020 年第 2 期。

〔3〕参见美国量刑委员会编：《美国量刑指南》，王世洲等译，北京大学出版社 1995 年版，第 451 页。

刑事合规的作用范围从影响量刑发展到影响定罪，刑事合规正式成为刑法出罪事由。2016 年，法国国会通过《萨潘法Ⅱ》，该法要求用工人数或营收额超过一定数量的企业建立反腐败机制，否则，要受到行政处罚。[1]

在我国，国务院国有资产监督管理委员会于 2016 年发布《关于在部分中央企业开展合规管理体系建设试点工作的通知》，将 5 家央企列为合规管理体系建设试点单位，推进合规管理体系建设；2018 年，国务院国有资产监督管理委员会发布《中央企业合规管理指引（试行）》。我国企业的合规制度建设正受到高度重视并被逐渐推进。

雀巢公司 6 名员工侵犯公民个人信息案被称为“企业刑事合规抗辩第一案”[2]，一审法院经审理认为，雀巢公司不允许员工以非法方式收集消费者个人信息。6 名被告人在明知法律法规以及公司禁止性规定的情况下，为完成工作业绩而置法律规范、公司规范于不顾，违规操作进而贿买医务人员获取公民个人信息的行为，并非雀巢公司的单位意志体现，故本案不属于单位犯罪。一审宣判后，部分被告人以自己的行为是公司行为为由提出上诉。二审法院经审理认为，雀巢公司禁止员工从事侵犯公民个人信息的违法犯罪行为，各上诉人违反公司管理规定，为提升个人业绩而实施犯罪为个人行为。在本案中，雀巢公司已经建立了合规管理制度并执行，尽到了合规管理义务，公司员工违反公司规定实施犯罪行为，应由个人自行承担刑事责任。换言之，刑事合规已经在中国的司法实践中成为阻却单

---

〔1〕 参见顾伟：“从刑事合规的三次变革思考我国刑事合规的相关制度安排”，载 https://www.sohu.com/a/398305504_806432，2020 年 7 月 18 日访问。

〔2〕 参见甘肃省兰州市城关区人民法院［2016］甘 0102 刑初 605 号刑事判决书和兰州市中级人民法院［2017］甘 01 刑终 89 号刑事裁定书。

位责任的出罪事由。在立法层面，可以探索将单位刑事合规作为刑罚减免事由甚至出罪事由。

2020年4月，深圳市龙华区人民检察院制定了《关于对涉民营经济刑事案件实行法益修复考察期的意见（试行）》，该意见规定，对移送审查起诉的涉民营经济案件，犯罪嫌疑人有修复受损法益意愿的，由犯罪嫌疑人提出合规整改方案，对被侵害的法益进行修复，并由检察机关在法定审查起诉期间内设置法益修复考察期，在期满之后视情作出相对不起诉或者提出从轻处罚的建议。

2020年9月，浙江省岱山县人民检察院制定了《涉企案件刑事合规办理规程（试行）》。该规程规定，对于认罪认罚的涉罪企业，承诺进行合规整改，在标准化的整改要求完成并经验收合格后，根据听证会情况，可以在律师见证下由人民检察院与涉罪企业签署认罪认罚具结书，作出不捕、不诉等处理决定。

辽宁省人民检察院等十机关《关于建立涉罪企业合规考察制度的意见》(2020年12月16日 辽检会字［2020］15号）第27条第2款规定：涉罪企业按要求完成合规建设，在考察期内没有发生本意见第26条规定情形（即考察终止）的，检察机关一般应当对涉案企业及直接负责的主管人员或其他直接责任人员作出不起诉决定；对确需提起公诉的，应当建议法院对涉案企业及直接负责的主管人员或其他直接责任人员从轻、减轻处罚。

第七章

阻却刑罚处罚的出罪事由

一般来说，行为具备了构成要件符合性、违法性、有责性后，就成立犯罪，就具备了刑事可罚性。但是有些行为仍需经过可罚性（值得科处刑罚）的价值判断和检验后才能成立犯罪。有学者认为可罚性是犯罪成立的第四个要件，即是独立于构成要件符合性、违法性、有责性的犯罪成立要件。[1]可以说，可罚性是刑罚权发动的依据。没有可罚性，刑罚就不值得被发动，刑罚就被阻却。是否有必要设立犯罪成立的第四个要件不无疑问，这关涉犯罪的成立是否需要定量的问题。在德日、英美刑法中，由于“立法定性，司法定量”，在司法中需要考虑可罚性——量的因素，而在我国刑法中，立法（包括立法解释和司法解释）既定性又定量，刑法分则中很多罪状含有情节、数额、后果等定量因素，司法解释、公安机关、检察机关的立案标准为入罪设置了“量”的门槛，因此，在我国刑法中，专门设置可罚性方面判断的需求较少。可以将“可罚性”理解为在犯罪构成要件之外的考量行为是否发动刑罚权的标准，“可罚性”判断属于刑罚论的内容而不是犯罪论的内容。行为具有可罚性，就应发动刑罚，行为不具有可罚性，就不应发动刑罚。行为不具有可罚

〔1〕 参见赵秉志主编:《外国刑法原理（大陆法系）》，中国人民大学出版社2000年版，第173~177页。

性就意味着存在阻却刑罚处罚的出罪事由，在刑法中，阻却刑罚处罚的出罪事由通常有客观的不处罚条件、一身的处罚阻却事由、《刑法》第13条“但书”、不可罚的中立帮助行为等。

第一节　不可罚性是阻却刑罚处罚的理论基础

不可罚性的反面是可罚性，把握了可罚性，就可以理解不可罚性。

一、可罚性的含义

严重的社会危害性、刑事违法性、应受刑罚惩罚性是犯罪的特征，但应受刑罚惩罚性是犯罪的本质特征。[1]从实质意义上来看，刑罚的惩罚对象是“值得处罚的行为”。可罚性就是值得科处刑罚的性质。

可罚性在刑法中有着多种含义：第一种是指某行为是刑法处罚对象的事实，如盗窃行为具有可罚性，卖淫行为不具有可罚性，这里的可罚性相当于“违法性”“社会危害性”；第二种是某行为在具备构成要件符合性、违法性、有责性就成立犯罪，如安乐死行为具备可罚性，就不仅要考虑安乐死行为不法的性质，还要考虑实施安乐死行为人的责任；第三种是独立的犯罪成立要件，即位列于构成要件符合性、违法性、有责性之后的犯罪成立要件；第四种是值得动用刑罚的价值判断，是实质意义上的可罚性，是立法上的犯罪化的基本标准，是发动刑罚权的“扳机”，其反面即不可罚性（不值得动用刑罚处罚）是阻

〔1〕参见陈忠林：“应受刑罚惩罚性是犯罪的本质特征”，载《现代法学》1986年第2期。

却刑罚处罚事由的理论基础。

不可罚性的法律后果是出罪——行为不被评价为犯罪，而不是出刑即免除刑罚。我国《刑法》第 37 条规定了免予刑事处罚制度，其法律效果是定罪免刑。关于能否直接引用《刑法》第 37 条对行为人免予刑事处罚，有两种对立的观点：一种观点认为，如果刑法总则、分则直接规定了免除处罚，则可依照规定免除处罚的条文对行为人免除刑事处罚，如果没有直接规定，则可直接适用《刑法》第 37 条；另一种观点认为，《刑法》第 37 条是刑法总则对所有免除处罚条款的总纲性规定，只有刑法具体规定了免除处罚才能依照该规定对行为人免予刑事处罚。

不可罚性与诉讼前提和诉讼障碍是不同的概念，诉讼前提是当事人提起诉讼的前提条件，如提起自诉；诉讼障碍是阻碍诉讼启动、进行的因素，如行为人死亡。诉讼前提和诉讼障碍是诉讼法上的概念，和犯罪成立与否无关。

日本刑法学者板仓宏将“可罚性”分为“当罚性”和“要罚性”，当罚性（strafwuerdigkeit）是实质的可罚性，它说明行为本身被处罚是相当的；要罚性（strafbeduerftiigkeit）基于刑事制裁的补充性要求，说明为了实现一般预防和特别预防目的刑法是有效的并且是必不可少的。没有当罚性，犯罪不成立；没有要罚性，刑罚被阻却。〔1〕这里的“当罚性”相当于以上第二种可罚性的含义。“‘当罚性’是一种‘犯罪行为本身值得处罚’的无价值判断，‘要罚性’则是一种‘因犯罪行为而有必要对行为人科处刑罚’的目的性判断……当罚性的基础是由构成要件符合性、违法性、有责性等‘犯罪’的成立要件提供的；而‘要罚性’则是以客观处罚条件或者一身处罚阻却事由的形

---

〔1〕 参见［日］板仓宏：“当罚性（实质的可罚性）和要罚性”，转引自赵秉志主编：《外国刑法原理（大陆法系）》，中国人民大学出版社 2000 年版，第 175 页。

式被考虑的。”[1]有学者认为，罪量与可罚性相关，可罚性是罪量的实质内涵，而罪量是可罚性的外在表现。当罚性的机能是确定行为的犯罪性，而要罚性的机能是决定行为的实际受刑罚惩罚。[2]从刑罚的本质角度来看，当罚性和要罚性的区分是在报应刑论与预防刑论的区分。简言之，当罚性是一种应然判断，而要罚性是一种实然判断，是对发动刑罚的限制。对于当罚性和要罚性的区分，有学者提出了批评。[3]

二、可罚性的地位

关于可罚性在犯罪论中的地位，有如下几种学说[4]：

（1）刑罚处罚阻却事由说。此说认为可罚性不是犯罪成立的要件之一，而是阻却刑罚处罚的事由，客观处罚条件和一身处罚阻却事由是决定可罚性的要素。

（2）犯罪成立要件还原说。此说认为客观处罚条件和一身处罚阻却事由是行为成立犯罪的条件，应在构成要件符合性、违法性、有责性内部讨论可罚性，可罚性可被分为可罚的违法和可罚的责任，即违法、责任均有程度之分，可罚的违法和可罚的责任可被分别还原到违法性、有责性阶层中。但客观处罚条件、一身处罚阻却事由不为行为的违法性提供根据，和行为人的责任无关。

（3）犯罪成立独立要件说。此说认为可罚性是犯罪成立的

[1]［日］松原芳博：《犯罪概念和可罚性——关于客观处罚条件与一身处罚阻却事由》，毛乃纯译，中国人民大学出版社 2020 年版，第 4 页。

[2] 参见陈少青：“罪量与可罚性”，载《中国刑事法杂志》2017 年第 1 期。

[3] 具体可参见［日］松原芳博：《犯罪概念和可罚性——关于客观处罚条件与一身处罚阻却事由》，毛乃纯译，中国人民大学出版社 2020 年版，第 6 页。

[4] 参见赵秉志主编：《外国刑法原理（大陆法系）》，中国人民大学出版社 2000 年版，第 174~177 页。

第四个要件。此说在立法定性、司法定量模式下固然有实用意义，但是，在构成要件符合性、违法性、有责性判断时，并非不考虑要罚性，在三阶层之外再设立可罚性判断，有叠床架屋之感，而且容易使得三阶层空洞化。

综上所述，不宜将可罚性作为犯罪成立的独立要件，可罚性的价值在于从限制刑罚发动的刑事政策角度出发，对存在特殊事由的行为予以出罪，即以不可罚为理论指导对行为出罪。不可罚出罪事由的价值内涵是刑罚的经济性，即将不值得处罚的行为排除出犯罪圈，从而节约刑法资源。〔1〕正如许玉秀教授所说："可罚性是从刑事政策上的归责，如果欠缺客观处罚条件即欠缺法律政策上的归责必要性。"〔2〕可罚性包含着"以刑制罪"的思维方式，即从犯罪的主要法律后果——刑罚的妥当性出发来指导定罪活动，"以刑制罪"沟通着刑事政策与刑法体系。〔3〕在我国刑法中，可以将可罚性理解为犯罪构成之外的、主要是从"罪量"的角度限制刑罚处罚范围的因素，其不属于典型的、一般的要素，而是属于非典型的、特殊的阻却刑罚处罚的要素。

第二节　客观的处罚条件和一身的处罚阻却事由

有些行为还需要具备客观处罚条件才能成立犯罪。有些行为如果具有一身的处罚阻却事由（"人的刑罚排除事由"或"客观的不处罚条件"），则排除该行为的可罚性或者事后取消

〔1〕参见方鹏：《出罪事由的体系和理论》，中国人民公安大学出版社2011年版，第268~270页。

〔2〕参见许玉秀：《当代刑法思潮》，中国民主法制出版社2005年版，第99页。

〔3〕参见王华伟："误读与纠偏：'以刑制罪'的合理存在空间"，载《环球法律评论》2015年第4期。

可罚性。德国刑法学家罗克辛提倡五阶层体系，即行为—构成要件—违法、责任—其他处罚条件，其将客观处罚条件和客观不处罚条件（阻却处罚的条件）纳入第五阶层即“其他处罚条件”中，在其看来，阻却刑罚条件、解除刑罚条件、客观处罚条件之间并没有区别的必要，它们只是形式上有不同而已，这些特别处罚条件都是基于刑法之外的目的而欠缺刑罚处罚的必要性。[1]这些特别处罚条件的实质就是“可罚性”。

一、客观的处罚条件

客观的处罚条件又被称为可罚性的客观条件，“在一般的情况下，只要行为人的行为成立犯罪，就可以对行为人发动刑罚，但是在特殊的情形下，要想发动刑罚，还取决于刑法实定法所规定的一定的外部事由或者一定的客观条件，这个外部事由或者一定的客观条件，被学者们称为客观处罚条件”[2]。客观处罚条件是可罚性要素，与违法性和有责性无关，能够决定刑罚是否启动。

在我国刑法中，属于客观的处罚条件的事例有：造成严重后果（《刑法》第129条规定的丢失枪支不报罪）、经发卡银行催收后仍不归还（《刑法》第196条规定的信用卡诈骗罪）、经政府有关部门责令支付（《刑法》第276条之一规定的拒不支付劳动报酬罪）、法院进行破产宣告[3]（《刑法》第162条之二规

〔1〕 参见许玉秀：《当代刑法思潮》，中国民主法制出版社2005年版，第84~97页。

〔2〕 白洁：《刑法中的客观处罚条件研究》，群众出版社2017年版，第149页。

〔3〕 虚假破产罪的罪状中虽然没有明确将“法院进行破产宣告”列入客观处罚条件，但是构成本罪仍需要以法院进行破产宣告为条件，一旦法院进行宣告破产，就达到了入罪的门槛。参见行江、朱俊卿：“破产犯罪中的客观处罚条件研究”，载《政治与法律》2009年第11期。

定的虚假破产罪）、不能说明巨额财产的来源（《刑法》第395条规定的巨额财产来源不明罪）等。

在日本刑法中，属于客观的处罚条件的事例有：就任公务员（《日本刑法》第197条规定的事前受贿罪）、破产宣告的确定（《日本刑法》第374条、第375条规定的破产犯罪）、更生程序开始决定（《日本公司更生法》第290条）等。

在德国刑法中，属于客观的处罚条件的事例有：外交关系的存在和互惠主义的保障（《德国刑法》第102条规定的敌对外国的犯罪行为）、不能证明主张的真实性（德国刑法规定的名誉毁损罪）、致人死亡或重伤（《德国刑法》第227条规定的参与斗殴罪）、支付停止、破产开始、破产宣告申请因破产财团不足被驳回（《德国刑法》第283条规定的破产类犯罪）、在酩酊状态下实施违法行为（《德国刑法》第323条规定的完全酩酊罪）、婚姻的取消（《德国刑法》第170条的旧规定——婚姻欺诈犯罪）、离婚（《德国刑法》第172条的旧规定——通奸罪）、决斗的实施（《德国刑法》第210条的旧规定——挑发决斗罪）等。

从以上的规定可以看出，客观处罚条件是从积极的、正面的角度来满足行为的可罚性，即某种行为只有具备了客观处罚条件才构成犯罪。

但是，刑法在一些犯罪的罪状中设置了客观不处罚条件，即从消极的、反面的角度来阻却刑罚处罚，即某种行为如果具备了某种客观条件则不构成犯罪，此种客观条件被称为刑罚处罚阻却事由。由于刑罚处罚阻却事由的存在，行为不构成犯罪。在我国刑法中，属于刑罚处罚阻却事由的事例有：经税务机关依法下达追缴通知后，补缴应纳税款，缴纳滞纳金、已受行政处罚的[1]（我国《刑法》第 201 条规定的逃税罪）、在收获前主动铲除的（我国《刑法》第 351 条规定的非法种植毒品原植物罪）等。

从客观处罚条件和刑罚处罚阻却事由的关系来看，后者的反面就是客观处罚条件，两者都与行为人及其认识无关，行为人是否对前者或者后者产生错误认识，都不影响行为的可罚性。有学者认为："客观处罚条件与处罚阻却事由最大的冲突，就在于客观处罚条件是属于犯罪论内部的要素，而处罚阻却事由却属于犯罪论之外、刑罚论中的范畴。"[2]

张明楷教授提出了客观的超过要素的概念，客观的超过要素是不存在对应主观内容的要素[3]，如丢失枪支不报罪中的"造成严重后果"，某些犯罪罪状中的"造成较大损失""造成巨大损失"等。客观超过要素属于犯罪构成的内容，行为人至少要对客观超过要素有认识可能性。客观超过要素与客观处罚条件的区别在于，前者是与行为人的行为有关的，提高了行为人行为违法性的事由；而后者属于并没有提高行为人违法性的要素，属于行为人行为结束之后才单独发生的结果。[4]

从刑法出罪的角度来看，可以将不存在具体客观处罚条件和存在具体刑罚处罚阻却事由作为刑法个罪的出罪事由。

---

〔1〕 明星范某利用"阴阳合同"逃税后，江苏省税务局向范某下达《税务处理决定书》和《税务行政处罚决定书》，要求其将追缴的税款、滞纳金、罚款。范某在规定的期限内缴纳了 8.8 亿多元的税款、滞纳金、罚款，避免了被追究刑事责任。

〔2〕 参见白洁：《刑法中的客观处罚条件研究》，群众出版社 2017 年版，第 176 页。

〔3〕 参见张明楷：《刑法分则的解释原理》（第 2 版）（下），中国人民大学出版社 2011 年版，第 479 页。

〔4〕 参见白洁：《刑法中的客观处罚条件研究》，群众出版社 2017 年版，第 175 页。

二、一身的处罚阻却事由

一身的处罚阻却事由（personliche Strafauss-chliessungsgruende）直译为“人的刑罚排除事由”，是“在不法和责任之外的与行为人个人相关的从一开始就排除可罚性或者在事后取消可罚性的各种情况”〔1〕。一身的处罚阻却事由是与行为的不法和行为人的责任无关而与行为人身份相关的客观情况，其只适用于具体的行为人，而不及于其他共犯。

在日本刑法中，属于一身的处罚阻却事由的事例有亲属身份（《日本刑法》第244条规定的盗窃罪、第257条规定的盗品相关犯罪、第105条规定的藏匿犯人罪、隐灭证据罪等）。

在德国刑法中，属于一身的处罚阻却事由的事例有：在议会中发言、表决的议员（《德国刑法》第36条）、未成年当事人（《德国刑法》第173条规定的近亲相奸罪）、参与被包庇之罪的人（《德国刑法》第257条规定的包庇罪）、妨害针对自己的处罚、处分的人或为亲属而实施的人（《德国刑法》第258条规定的妨害处罚罪）等。

在我国刑法中，属于一身的处罚阻却事由的事例有未成年人（14周岁至16周岁的人经同意与幼女发生性关系，未成年人盗窃）、亲属身份（盗窃、诈骗亲属财物）等。

第三节　我国《刑法》第13条“但书”

我国《刑法》第13条“但书”为犯罪情节显著轻微危害不

---

〔1〕 赵秉志主编：《外国刑法原理（大陆法系）》，中国人民大学出版社2000年版，第180页。

大的行为提供了法定的出罪事由，在立法上为犯罪行为填充了“量”的因素，这意味着要成立犯罪既要满足“质”的要求，又要满足“量”的要求。《刑法》第13条前半段解决的是侵害或威胁法益行为的定性问题，而“但书”主要在“量”的方面限制侵害或威胁法益行为的可罚性，因为未达到一定罪量的行为是不值得刑罚处罚的。

一、我国《刑法》第13条“但书”的地位

在我国刑法中，犯罪的认定是立法既定性又定量，由于犯罪构成四要件被广泛适用，诸如数额、情节、结果等定量因素都被规定在犯罪构成的客观方面中，《刑法》第13条“但书”被作为四要件之外的出罪事由。在大陆法系国家刑法中，犯罪的认定是立法定性司法定量，犯罪的定量在实体法中可用可罚的违法性、客观处罚条件等理论来解决，在程序法中通过微罪不起诉制度来解决。大陆法系国家刑法的出罪事由是阶层式的：构成要件阶层的出罪事由、违法性阶层出罪事由、有责性阶层出罪事由，我国《刑法》第13条“但书”被安放在哪个阶层的出罪事由中，是一个难题。有学者认为一行为只有具备刑法规定的必要要件（刑法规定的行为是犯罪的事实判断）和充分条件（揭示行为社会危害性程度的价值判断），才能构成犯罪，我国《刑法》第13条对犯罪概念的规定是合理的，与大陆法系国家根据行为的性质入罪存在根本不同。〔1〕

关于《刑法》第13条“但书”与犯罪构成的关系，有以下争议：①有学者认为，《刑法》第13条“但书”与犯罪构成是互斥关系，因为犯罪情节显著轻微危害不大的行为不被认为是

〔1〕 参见彭文华：《〈刑法〉第13条但书与刑事制裁的界限》，中国人民大学出版社2019年版，第117~118页。

犯罪，就不符合刑法分则具体犯罪构成要件；②符合犯罪构成要件的行为不一定构成犯罪，还需要判断其是否符合《刑法》第13条“但书”的规定，即判断行为是否构成犯罪，需要进行构成要件、“但书”的双重检验；③《刑法》第13条“但书”是“对具体犯罪构成要件进行实质化解释的标准、原则和法律依据，是连接法律的形式规定与犯罪构成的实质内涵的桥梁”[1]。换言之，在坚持“犯罪构成是认定犯罪的唯一依据”的前提下，“但书”的功能是对犯罪构成进行实质性解释。

关于《刑法》第13条“但书”在阶层犯罪构成体系中的地位问题，有学者认为，“但书”不是阻却违法性事由或阻却责任、降低责任事由，而是可罚的违法性阻却事由[2]。也有学者认为我国《刑法》第13条规定的形式和实质相结合的犯罪概念，前段是形式上的、积极的类型化判断，“但书”是实质上的、消极的个别化判断，“但书”不仅仅是轻微违法的阻却事由，而且包含阻却构成要件符合性、阻却违法性、阻却责任的全部内容。[3]刘艳红教授认为，《刑法》第13条“但书”难以在四要件之内获得地位，但是“但书”出罪与可罚的违法性、可罚的责任理论相契合，可以通过可罚的违法性、可罚的责任构建出双重的出罪机制。[4]方鹏教授将“但书”定位为不可罚的出罪事由的法条提示，而不是作为出罪事由本身。可以将

---

〔1〕 王远伟：“我国刑法第13条但书司法适用研究”，西南政法大学2017年博士学位论文，第31页。

〔2〕 参见敦宁：“‘但书’在阶层式犯罪构成体系中的定位问题”，载《江西社会科学》2018年第7期。

〔3〕 参见王强：“我国《刑法》第13条但书规定新解——兼论但书在犯罪构成理论中的展开”，载《法律科学（西北政法大学学报）》2011年第5期。

〔4〕 参见刘艳红：“目的二阶层体系与‘但书’出罪功能的自洽性”，载《法学评论》2012年第6期。

“但书”规定的具体内容解释为不可罚的出罪事由，如果运用不可罚的出罪事由出罪时必须援引法条，应援引《刑法》第13条“但书”的规定。[1]因此，将《刑法》第13条“但书”归入刑罚阻却出罪事由中比较合适。

二、我国《刑法》第13条“但书”的适用

【刑事司法案例第42例】公交车上猥亵儿童案[2]

2019年的一天，被告人张某某乘公交车，见其身旁有一小女孩（不满10周岁），为满足性欲，张某某伸手摸了一下小女孩的屁股，被群众发现并被车内监控拍到。

此案的争议焦点是违法行为与犯罪行为的界限问题。根据《治安管理处罚法》第44条规定，猥亵不满14周岁的人，处10日以上15日以下拘留，根据《刑法》第237条规定，张某某如果构成猥亵儿童罪，至少要被判处5年有期徒刑。最多15日行政拘留和至少5年有期徒刑之间的差距特别大，在本案中，被告人张某某的行为在形式上符合猥亵儿童罪的构成要件，但是从可罚性的角度来看，猥亵儿童罪构成要件所圈定的打击范围要和法定刑相匹配，并要给治安管理处罚法留下一定的打击空间，不能因为对儿童的特别保护就把猥亵儿童罪入罪门槛降到零。在立法对犯罪行为既定性又定量的情形下，入罪和出罪都要考虑罪量因素，犯罪情节显著轻微危害不大的用“但书”出罪，情节相对严重的则入罪。

《德国刑法》第184h条第1款规定了广义“性行为”需要对保护法益具有一定重大性，据此，隔着衣服短暂且不严重地

---

〔1〕参见方鹏：《出罪事由的体系和理论》，中国人民公安大学出版社2011年版，第303页。

〔2〕本案系宁波市某法院审理的案件，后某检察院撤回起诉。

触碰胸部、臀部和大腿不属于《德国刑法》第 176 条“对儿童的性滥用”意义上的“性行为”。从我国刑法与行政法二元制裁体制来看，虽然猥亵儿童罪的罪状中没有情节的要求，但是一定危害程度的猥亵儿童行为，才能构成猥亵儿童罪。当然，如果猥亵儿童的情节恶劣需要对行为人进行刑罚处罚，可以把当众情节视为从行政不法转为刑事不法的量的因素，按照猥亵儿童罪的普通构成处理。

关于我国《刑法》第 13 条“但书”的适用问题的争议主要集中在能否直接引用“但书”而对被告人出罪。

在我国的刑法分则、立法解释、司法解释的规定中，犯罪成立条件中或追诉标准中广泛存在数量或程度的要求，这是一个法律现实。〔1〕刑法分则中很多个罪都有情节、数额、损害结果等成立条件，最高人民检察院、公安部对刑法分则的多数个罪确定了立案标准、追诉标准，这些标准对犯罪成立规定了量的要求，立法解释、司法解释也详细规定了一些个罪成立必需的量的要求。是否达到一定的罪量已成为区分罪与非罪的主要标准，这成为刑法理论界和实务界的共识。关于“但书”和刑法部分个罪量的因素的关系，方鹏教授认为“但书”是消极的出罪规定，个罪规定的量的因素是积极的入罪规定，只有达到一定量的标准才构成犯罪，量的因素是我国犯罪论体系的构成要素之一，其是根据“但书”引申出来的，而不是“但书”的直接规定。〔2〕有学者认为，《刑法》第 13 条“但书”揭示犯罪是质与量的辩证统一，并没有给具体犯罪的成立确定具体的量度，其不属于立

---

〔1〕 参见储槐植：“我国刑法中犯罪概念的定量因素”，载《法学研究》1988 年第 2 期。

〔2〕 参见方鹏：《出罪事由的体系和理论》，中国人民公安大学出版社 2011 年版，第 291 页。

法定量。[1]

赵某兴玩忽职守罪案[2]是直接依照《刑法》第13条“但书”对被告人出罪的适例。张明楷教授认为“但书”是犯罪概念的一部分，不是认定犯罪的具体标准，不能直接援引“但书”的规定实现出罪。[3]有学者认为定罪不能过于倚重定量，定罪应坚持立法定量与司法自由裁量并行[4]，对于以犯罪数额或犯罪典型情节为定罪主要标准的犯罪，一般不得适用《刑法》第13条“但书”出罪；而对于不以犯罪数额或犯罪典型情节为定罪主要标准的犯罪可以适用《刑法》第13条“但书”出罪，但不能将“但书”作为出罪的实质标准，因为“但书”仅仅是不可罚出罪事由的法条提示，不可罚才是刑罚处罚阻却事由的实质标准。出罪虽然不必法定，但是必须有合理的依据、标准，为了防止出罪的随意，必须对“但书”出罪予以程序控制。《刑法》第63条规定了在法定刑以下判处刑罚的要报最高人民法院核准，对于依据“但书”判决无罪的情形，更应报最高人民法院核准。为了避免因报请程序繁琐而限制“但书”的适用，可规定报请高级人民法院核准。

第四节 中立的帮助行为

中立行为是中立的帮助行为的上位概念，由于法律的抽象

---

〔1〕 参见彭文华：《〈刑法〉第13条但书与刑事制裁的界限》，中国人民大学出版社2019年版，第262~266页。

〔2〕 参见重庆市第四中级人民法院［2006］渝四中法刑终字第71号刑事判决书。

〔3〕 参见张明楷：《刑法学》（第5版），法律出版社2016年版，第91~92页。

〔4〕 参见彭文华：《〈刑法〉第13条但书与刑事制裁的界限》，中国人民大学出版社2019年版，第266~279页。

性，合法与违法之间的界限并不是泾渭分明的，合法与违法之间存在灰色地带，合法行为与违法行为之间存在大量的中立行为。其中，对他人的犯罪行为或结果客观上起到帮助或促进作用的行为被称为中立的帮助行为。哪些中立的帮助行为因不可罚而出罪，这是本节要重点讨论的问题。

一、中立的帮助行为的概念

中立帮助行为，“是指那些主观上不追求非法目的、客观上属于不具有刑事违法外观的日常行为，但是实质上对他人的违法犯罪行为起到了助益作用的行为。这类行为在客观上对正犯的实行行为起着实质上的推动作用，更有可能在一定程度上助长法益受侵害的风险或者加强法益的受侵害程度”〔1〕。中立的帮助行为与日常生活中的行为没有本质上的区别，具有日常性、反复性、可替代性等特征，但客观上对正犯的行为起到了帮助作用。

日本关于实施中立的帮助行为的人是否成立帮助犯的典型案例是winny案，日本最高法院的判决指出：winny是一种价值中立的软件，既可被用于合法用途，又可被用于侵害著作权的非法用途，该软件到底该被如何使用，无权取决于使用者，被告人无罪。〔2〕在我国，关于中立的帮助行为的典型案例是深州快播案，被告人王某欣辩称“技术无罪”，法院判决认为：快播公司及各被告人均明知快播网络系统内大量存在淫秽视频并介入了淫秽视频传播活动，其放任其网络服务系统大量传播淫秽视频属于间接故意……本案不适用“技术中立”的责任豁免。

〔1〕 付玉明：“论刑法中的中立帮助行为”，载《法学杂志》2017年第10期。

〔2〕 参见陈家林：《外国刑法理论的思潮与流变》，中国人民公安大学出版社、群众出版社2017年版，第616~617页。

我国《刑法修正案（九）》新增了帮助信息网络犯罪活动罪，是共犯正犯化的适例。2001 年最高人民法院、最高人民检察院《关于办理生产、销售伪劣商品刑事案件具体应用法律若干问题的解释》第 9 条规定，知道或者应当知道他人实施生产、销售伪劣商品犯罪，而为其提供贷款、资金、账号、发票、证明、许可证件，或者提供生产、经营场志或者运输、仓储、保管、邮寄等便利条件，或者提供人制假生产技术的，以生产、销售伪劣商品犯罪的共犯论处。

从立法和司法解释的立场来看，只要行为人的行为客观上对他人犯罪行为（包括实行行为、帮助行为）、结果有帮助，行为人主观上对此明知（知道或者应当知道），该行为就应当按照帮助犯处理。

二、中立的帮助行为处罚范围的限缩

几乎所有的业务行为、日常生活中的行为都有可能促进他人的犯罪，如果放任，则会带来严重的社会危害，但是，如果将所有的中立的帮助行为都作为犯罪行为来处理，势必限制公民的自由、阻碍社会的发展。因此，一方面要预防、控制法益侵害，另一方面要维持社会的发展。在法益保护与自由保障之间要合理地划分中立帮助行为的处罚范围，将不值得刑罚处罚的一些中立的帮助行为从犯罪评定圈中排除出去，不认定为犯罪。换言之，中立的帮助行为不具有全面的可罚性，部分中立的帮助行为可以被出罪。

实施可罚的中立的帮助行为实际上都是片面共犯——片面帮助犯，所谓片面的帮助犯是在正犯（实行犯）不知情的情况下，私下为正犯实施犯罪提供便利条件的人，也就是说帮助者与正犯事先并无通谋，也不是承继的共犯。如果正犯在知情的情况下，为正犯实施犯罪提供便利条件的人，则是典型的帮助犯。

对中立的帮助行为处罚范围的限缩有多种学说：主观说、社会相当性说、职业的相当性说、利益衡量说、共犯的构造论、客观的归属论等。[1]

在实践中，如果行为人主观上认识到了他人即将实施犯罪行为或正在实施犯罪行为，却实施帮助行为，帮助行为与他人的犯罪结果之间具有因果关系，那么，其帮助行为构成犯罪。如明知他人要去购买毒品用于贩卖却开车送他人到目的地、明知他人要去杀人却卖刀给他人等。

2019 年最高人民法院、最高人民检察院、公安部联合出台的《关于办理非法集资刑事案件适用法律若干问题的意见》中规定："为他人向社会公众非法吸收资金提供帮助，从中收取代理费、好处费、返点费、佣金、提成等费用……能够及时退缴上述费用的，可依法从轻处罚；其中情节轻微的，可以免除处罚；情节显著轻微、危害不大的，不作为犯罪处理。"在实践中，很多犯罪分子成立公司进行非法集资犯罪活动，那么在公司的连锁门店中应聘并以赚取正常行业工资的业务员是否要被追究刑事责任？类似情形也存在于电信诈骗犯罪中，大部分电信诈骗组织已经呈公司化，人员分工明确，实行层级化管理，那么，在电信诈骗组织中从事财务管理、后勤保障的人员是否应被追究刑事责任？从客观归责的角度来看，行为人的帮助行为只有在制造或增加了法不允许的风险并实现了该风险，才应对行为人以帮助犯追究其刑事责任。在以实施犯罪为主要活动的公司、组织中从事财务管理、后勤保障、安全保卫等工作并获得正常行业工资的人不宜被认定为帮助犯。

---

〔1〕 参见陈家林：《外国刑法理论的思潮与流变》，中国人民公安大学出版社、群众出版社 2017 年版，第 618~628 页。

第五节　赎罪行为

赎罪行为是行为人实施犯罪后，减轻甚至消除自己罪行的行为。赎罪行为不仅减轻了犯罪的损失，而且表现出行为人认罪、悔罪的态度，对行为人的特殊预防必要性减少。赎罪行为是否可以作为阻却刑罚处罚的出罪事由，是一个值得探讨的问题。

一、犯罪既遂后不出罪存在例外

被逼卖淫少女跪地哭求，良心发现的嫖客，冒雨跑到派出所报案，民警成功解救出一名17岁的甘肃少女马小美（化名），从中发现一起轮奸、强迫卖淫重大案件。[1]

在该案中，男子主动去嫖娼，已触犯法律，但是他冒着被法律处罚的风险举报他人的犯罪行为，使得被害人被解救，是见义勇为行为，其嫖娼行为可不被处罚。

江苏徐州的解先生在停车时忘记关车窗，导致放在车内的9200元现金和一块价值13 000余元的手表被盗。不久，实施盗窃的刘某就后悔了，他返回到案发现场苦等被害人解先生3个多小时，将盗窃来的财物如数退还给解先并到派出所投案自首。[2]

上述案件引发的问题是：在犯罪既遂后还有出罪的空间吗？

根据刑法理论，犯罪既遂之后，行为人已经完成了犯罪行为，犯罪结果已经出现，不能再作无罪处理。但是凡事皆有例

〔1〕佚名："卖淫女被逼一天接客几十人 嫖客同情报警解救"，载 http://news.sohu.com/20060602/n243533232.shtml，2020年7月24日访问。

〔2〕佚名："男子偷完就后悔原地等失主3小时 归还财物求原谅"，载 https://www.sohu.com/a/242650909_100089210，2020年7月24日访问。

外，最高人民法院、最高人民检察院2007年出台的《关于办理受贿刑事案件适用法律若干问题的意见》第9条规定："国家工作人员收受请托人财物后及时退还或者上交的，不是受贿。"该规定是关于受贿犯罪既遂后出罪的规定。最高人民法院、最高人民检察院2009年出台的《关于办理妨害信用卡管理刑事案件具体应用法律若干问题的解释》第6条第5款规定："恶意透支应当追究刑事责任……在公安机关立案前已偿还全部透支款息，情节显著轻微的，可以依法不追究刑事责任。"该规定是信用卡诈骗犯罪既遂后出罪的规定。

"赎罪作为例外是对'既遂之后无中止'以及'既遂之后不出罪'原则的补充。所谓赎罪是指抵消所犯之罪，实现自我非犯罪化，即对先前罪行自动消弭危害，从而祛除罪孽（消除犯罪）的状态。赎罪的法律机理是消除前行为的实质违法性，从而使之非犯罪化。换言之，阻却实质的违法性（危害性）是赎罪成立与否的关键所在。"[1]

二、部分赎罪行为可阻却刑罚处罚的理由

赎罪行为应被归于犯罪行为实施完毕后的酌定量刑情节，对被告人的量刑起着重要作用。有些赎罪行为减轻甚至消除了犯罪后果，如将盗窃的财物归还被害人，影响责任刑；有些赎罪行为征表了被告人人身危险性减小或消除，影响预防刑。在司法实践中，被告人积极退赃、赔偿被害人的经济损失、向被害人赔礼道歉等，可以得到从轻、减轻处罚。

有学者提出了"法益可恢复性"的概念，进而将犯罪分为"法益可恢复性犯罪"和"法益不可恢复性犯罪"，"法益可恢

---

〔1〕储槐植、闫雨："'赎罪'——既遂后不出罪存在例外"，载《检察日报》2014年8月12日。

复性犯罪”是“在犯罪行为完成以后（可能停留在既遂状态），通过行为人的积极补救措施，将原本被其犯罪行为所侵害的法益予以完全修复的一种犯罪类型”[1]。犯罪既遂后，行为人实施“法益可恢复性行为”，有消除社会损害、修复社会关系、便于行为人社会复归等积极意义，“法益恢复”具有出罪价值。[2]

关于犯罪的本质有权利侵害说、法益侵害说、义务侵害说、综合说等。偶从法益侵害说的角度来看，犯罪的本质是法益侵害，刑法的任务是保护法益。法益就是法所保护的利益。法益在受到侵害后，法益受损的状态已经存在，是否能被恢复，不无疑问。从义务违反说的角度来看，犯罪的实质是义务侵害，义务被侵害后能否恢复？

在违法性论中，存在结果无价值和行为无价值之争。结果无价值论者认为违法性的本质是法益的侵害，违法性判断的是客观要素，判断违法性的基准点在于结果，违法性判断的顺序是从结果到行为；行为无价值论者认为违法性的本质是规范的违反，判断违法性的基准点在行为，违法性判断的是主观要素，违法性判断的顺序是从行为到结果。[3]从行为无价值的角度来看，犯罪是行为反价值，是行为恶，即使犯罪后行为人实施了法益恢复行为，也不大可能被判决无罪。

刑法不同于民法、侵权法，其不是以“损害填平”为原则的，刑法是其他法律的保障法，保护的是社会基本秩序。犯罪是侵犯社会基本秩序的行为，为了维护社会基本秩序，不惜以

---

〔1〕 庄绪龙：“归纳与探索：‘法益可恢复性犯罪’的刑法评价思考”，载《法律适用》2014年第1期。

〔2〕 参见庄绪龙：“‘法益恢复’的出罪价值与制度设计”，载《检察日报》2018年1月18日。

〔3〕 参见周光权：“行为无价值与结果无价值的关系”，载《政治与法律》2015年第1期。

刑罚作为手段。在行为人实施犯罪行为后（既遂后），如果普遍允许行为人通过法益恢复行为而出罪，刑罚的一般预防作用将大打折扣，社会基本秩序将岌岌可危。事实上，犯罪行为一旦被实施，即给法益造成了不可逆的损害，给社会公众的心理造成恶劣的影响，这种心理影响不大可能通过法益恢复行为来消除。不可否认，行为人实施犯罪后，真诚悔罪，因犯罪情节轻微，有法益恢复行为的，可以援引《刑法》第 13 条“但书”出罪。

第八章

刑法出罪事由适用的优化路径

美国法学家罗斯科·庞德说："法律的生命在于其实施"。法律实施主要有法律遵守、法律执行、法律适用。刑法出罪事由是出罪的理论依据、法律依据，在实践中，适用刑法出罪事由，将已经进入犯罪评定圈的行为从其中排除出去，有利于保障人权，也有利于将刑法谦抑的精神贯彻于刑事司法过程中。我国的侦查机关、检察机关、审判机关都有出罪的权力，我国事实上的无罪率并不一定低，但是我国刑法规定的出罪事由较少，导致实体性无罪辩护成功率低。当然，也存在着一些阻碍刑法出罪事由被高频率适用的障碍，如陈旧的司法理念、不科学的考核标准、司法人员司法能力的欠缺等，要对刑法出罪事由适用进行优化，使其发挥应有的作用。

第一节　宏观方面的优化路径

一、科学设置刑事案件质效考核指标

"考核是指挥棒和风向标"，考核对工作人员的行为具有激励作用。我国公检法机关在刑事案件质效考核方面设置了很多的指标，如公安机关设置了立案率、破案率、刑事拘留数、批捕率等指标，检察机关设置了起诉率、有罪判决率、抗诉率等指标，审

判机关设置了审理天数、上诉率、发改率等指标，这些指标影响到办案人员的年度考核等次、职务升迁甚至司法责任的判定。但是，如果考核指标设置不科学、不合理，则对司法人员的办案行为产生消极的影响。人是理性的，如果满足某一考核指标的条件可以获取较大的收益，行为人就会倾向于努力满足考核的条件。公安机关以前将破案率作为重要绩效考核指标对侦查工作会产生消极影响，如为了提高破案率而不立案、少立案或者刑讯逼供。

在司法实践中，阻碍刑法出罪的扩大适用的一个重要指标是定罪率，如果犯罪嫌疑人、被告人没有被定罪，则司法工作人员可能会被认为是办了错案或者是办案水平低。为了避免被负面评价，检察机关以撤回公诉避免无罪判决，而法院可能会为了顾全检察机关的“面子”或者安抚有闹访、缠访的被害人或被害人家属，以说服检察机关撤回公诉、定罪免刑甚至判处缓刑来回避无罪判决。

检察机关是国家追诉犯罪的机关，追诉犯罪并将犯罪分子绳之以法是其天然的职责，虽然法律规定检察机关应当提供被告人有罪、无罪、罪轻、罪重的证据，但是在现实中，检察机关主动提供被告人无罪的证据的概率较小。

为了畅通刑法出罪事由的适用通道，首先要清理不合理、不科学的执法、司法指标。可以将有罪判决率改为无罪判决率，鼓励司法工作人员依法出罪。对侦查工作的考核应以“侦破案件”与“全面合法”并重；对公诉工作的考核应以检察官是否尽职尽责地履行客观义务为核心；对法官应当以是否严格遵守程序、合理地分析判断证据认定事实、尽到释法说理义务等作为考核指标。〔1〕

---

〔1〕 参见袁小刚：《无罪裁判研究》，人民法院出版社 2014 年版，第 173～175 页。

二、继续推进刑事司法案例指导制度

我国有以成文法为主导、案例为补充的传统。从我国古代到近代以后，案例都具有一定的拘束力，案例指导制度与我国法律传统是相吻合的。建立案例指导制度可以使我国的成文法传统中融入一些判例法的因素，对于司法工作具有重要的意义。建立案例指导制度可以发挥指导司法工作人员依法、公正办案、准确适用法律的作用。

2010 年最高人民法院《关于案例指导工作的规定》第 7 条规定，最高人民法院发布的指导性案例，各级人民法院审判类似案件时应当参照。2014 年中共中央《关于全面推进依法治国若干重大问题的决定》明确提出："加强和规范司法解释和案例指导，统一法律适用标准。"人民法院"五五改革"纲要（2019~2023）要求完善指导性案例制度，健全案例报送、筛选、发布、评估和应用机制。完善类案和新类型案件强制检索报告工作机制。

2010 年最高人民检察院《关于案例指导工作的规定》规定，人民检察院参照指导性案例办理案件，可以引述相关指导性案例作为释法说理根据。2010 年，公安部发布《关于建立案例指导制度有关问题的通知》，要求重点选编因事实不清、证据不足或者不构成犯罪被检察机关作出不起诉决定或者人民法院作出无罪判决的案例。

整理并发布刑法出罪案例具有重要的意义：一是形成和归纳出具有普遍指导意义的刑法出罪事由，统一法律适用，实现类案同判；二是为司法工作人员应用刑法出罪事由出罪提供了标准和方法；三是有利于辩护律师学习、借鉴案例更好地实现有效辩护，扩大实体无罪辩护的空间；四是使得社会公众获得了比较明确和稳定的关于无罪的预期。

三、继续完善人民监督员、人民陪审员制度

人民监督员制度和人民陪审员制度都是公众参与司法决策的重要制度，体现了司法民主，有利于实现人民的监督权、参与权。

人民监督员制度创设于2003年，人民监督员有权对检察机关拟作撤案、不起诉处理和犯罪嫌疑人不服逮捕决定的职务犯罪案件以及检察机关或检察人员在办案中发生的“五种情形”进行监督并提出监督意见。2019年，最高人民检察院发布《人民检察院办案活动接受人民监督员监督的规定》，拓宽了监督范围。人民监督员监督范围为检察机关的办案活动，理论上涵盖了刑事、民事、行政、公益诉讼等各类案件。要按照“有序”“有效”的原则〔1〕，继续完善人民监督员制度，将涉及刑法出罪的不立案、不起诉纳入重点监督范围。

陪审员制度的主要价值在于实现司法民主。2018年，全国人大常委会通过《人民陪审员法》，该法吸收了近年来人民陪审员制度改革的成果。实行人民陪审员制度可以弥补法官生活经验和非法律专业知识的不足，将常识常理常情融入裁判中，体现社会的价值取向。刑法出罪问题涉及非罪问题，在判断过程中，引入人民陪审员的社会生活经验，避免裁判结论严重偏离公众的常识。如近年来发生的新野猴戏人运输猴子案、内蒙古农民王某军收购玉米案、河南卢氏县兰草案等，案件的裁判结果偏离了公众的常识，暴露出机械司法的弊端，因此，有必要在行为是否应出罪的问题上听取陪审员的意见、建议。

〔1〕 参见尹振国：“‘参’‘审’并重 强化司法民主”，载《学习时报》2018年7月30日。

四、加强刑事裁判文书释法说理

法官的裁判文书就是司法的最终产品，产品质量的好坏直接影响司法公信力的大小。一份好的裁判文书是一部好的法制宣传作品，惠州市惠阳区人民法院（2014）惠阳法刑二初字第83号刑事判决书被称为“史上最牛刑事判决书”，该判决书说理透彻，将情理法融入一体，具有很强的说服力。

法官在裁判文书中不愿说理、不敢说理、不会说理的现象长期存在，导致判决书千篇一律。在裁判文书中释法说理，目的是展现裁判结论形成的过程和依据，有利于增强裁判的可接受性，提升司法的公信力。2018年，最高人民法院制发《关于加强和规范裁判文书释法说理的指导意见》。

在审判阶段，出罪的结果是无罪，无罪判决社会影响大，受到社会各方的关注。在适用刑法出罪事由对被告人进行出罪时，尤其要加强刑事裁判文书的释法说理。要对审查判断证据说理、对认定事实说理、对适用刑法出罪事由进行说理，在适用超法规的刑法出罪事由时，还要着重说明事理、法理、情理，努力做到情理法的融合，以及法律效果与社会效果的统一。

第二节　中观方面的优化路径

一、阶层犯罪论体系之提倡

犯罪构成是犯罪成立的唯一法律标准，也是行为人承担刑事责任的法律依据。某一行为如果符合刑法分则某具体犯罪构成的，就成立犯罪。可以将犯罪构成视为“过滤网”，此过滤网对侵害、威胁法益的行为进行过滤，经过过滤，被留在过滤网中的行为就是犯罪行为。犯罪构成具有犯罪定型功能、行为规范功能、裁判指引功能。

由于历史传统、思维习惯、法律规定等方面的差异，导致世界各国的犯罪构成体系并不完全相同，世界上存在三大犯罪构成体系，即以德日为代表的阶层递进式的犯罪构成体系、以英美为代表的双层控辩平衡式的犯罪构成体系、以苏俄和我国为代表的平面耦合式的四要件犯罪构成体系。

三阶层体系是阶层递进式的犯罪构成体系的代表，其判断行为是否构成犯罪的顺序是（见下图）：构成要件符合性（是否符合客观构成要件和主观构成要件）→违法性（是否具备正当防卫、紧急避险等正当化事由）→罪责（是否存在缺乏责任能力、禁止错误、缺乏期待可能性等罪责排除事由）。

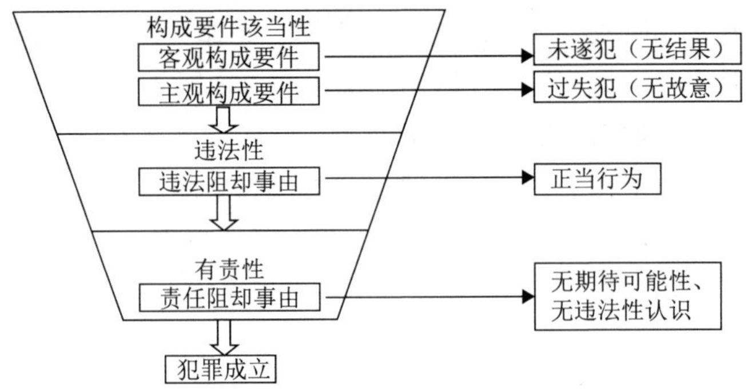

英美法系双层控辩平衡式的犯罪构成体系包括两大要件：犯罪本体要件和责任充足要件。犯罪本体要件包括犯罪行为（行为、结果、因果关系、行为情景）和犯意（蓄意、明知、轻率、疏忽）；责任充足要件包括正当理由（正当防卫、紧急避险、被迫、对财产和住所防卫、正当使用暴力等）和可宽恕的事由（未成年、醉态、精神病、警察圈套、能力耗损等）。

平面耦合式的四要件犯罪构成体系的主要内容是犯罪主体、

犯罪主观方面、犯罪客观方面、犯罪客体。

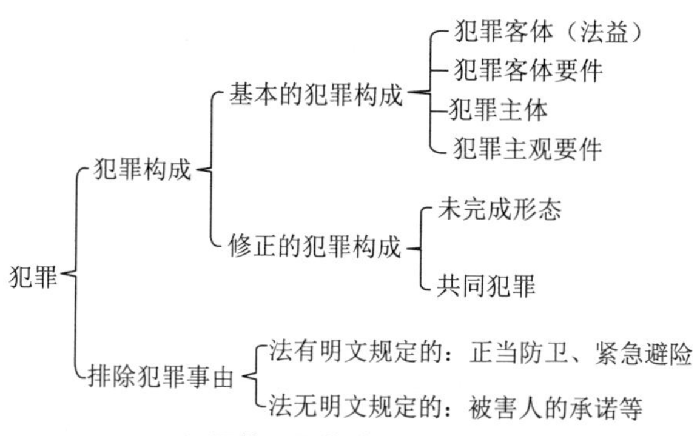

四要件犯罪构成出罪事由图

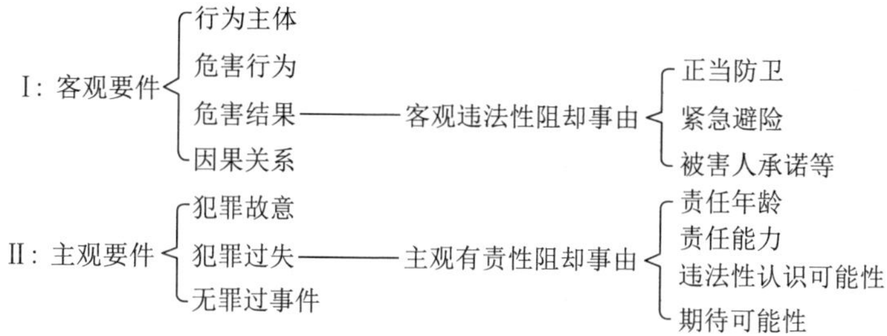

阶层式犯罪构成出罪事由图

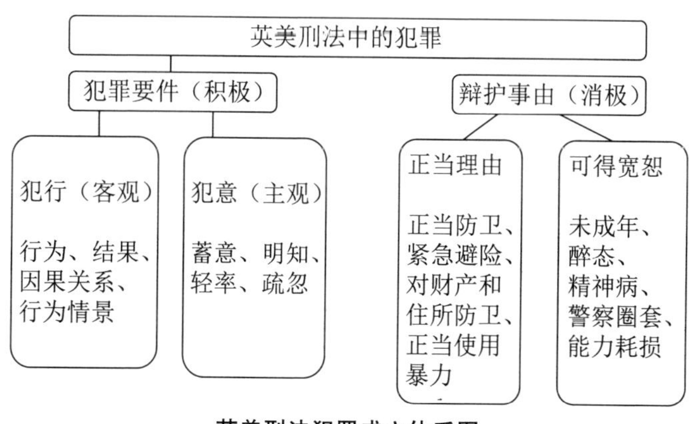

英美刑法犯罪成立体系图

从上列犯罪构成体系图上可以看出，在阶层式犯罪体系中，有违法性阻却事由、责任阻却事由，在双层控辩平衡犯罪论体系中，有专门的辩护事由（正当理由、可得宽恕的辩护事由），这些事由都是刑法出罪事由，在实体法上为无罪辩护提供了广阔的空间。而且，阶层式犯罪体系呈递进收缩样态，要认定某一行为构成犯罪，至少要经历三次评价，即构成要件该当性的事实评价、违法性的法律评价、有责性的主观评价，三次评价形成对行为的过滤机制，能够将值得刑罚处罚的犯罪行为从众多行为中筛选出来，有利于保护人权。在过滤过程中，如果行为不符合具体犯罪构成要件，直接出罪，则不会进入违法性、有责性过滤阶段，同样，如果行为符合具体犯罪构成要件，则进入违法性过滤阶段，在此阶段，如果存在违法性阻却事由，直接出罪，不会进入有责性的过滤阶段，则符合思维经济原则。在双层控辩平衡犯罪论体系中，包含犯罪本体要件（积极的犯罪构成）和责任充足要件（消极的犯罪构成），控方对犯罪本体要件负担证明责任，而辩方对责任充足要件负担举证责任，只要辩方能举证免责的辩护理由（如未成年、精神病、正当防卫、被害人承诺、上级命令、胁迫等），就能阻却犯罪的成立，实现出罪。在阶层式犯罪构成体系和阶层式犯罪体系中，均存在积极的犯罪构成和消极的犯罪构成，消极的犯罪构成要素可被视为刑法出罪事由。在实践中，办案者可以运用积极的犯罪构成和消极的犯罪构成对行为进行正反两方面的评价。总之，阶层式犯罪体系和双层控辩平衡犯罪论体系是“辩护友好型”犯罪论体系。

苏俄和我国传统的犯罪构成要件是“四要件”，即犯罪主体、犯罪客体、犯罪的主观方面、犯罪的客观方面，四要件之间是平行、耦合的关系，四要件之间没有先后顺序之分，也没有层次性，犯罪构成要件符合性成为判定行为成立犯罪的唯一根据，即行为只要符合四要件就成立犯罪。四要件之内不包含消极的犯罪构成，不能为出罪提供指导，限制了犯罪构成的出罪功能，而且，我国刑法明文规定的出罪事由只有《刑法》第13条“但书”和紧急避险、正当防卫，而这些出罪事由游离在四要件犯罪构成之外。既然是否符合犯罪构成是判断行为是否成立犯罪的唯一依据，那么，在犯罪构成之外设置出罪事由与这一命题自相矛盾。如果要在四要件内寻找出罪的事由，只能对四要件进行反向解释，即不存在犯罪客体、不存在犯罪主体、不符合犯罪客观方面、不符合犯罪主观方面。综上，四要件是有利于入罪的犯罪构成，不能为刑事无罪（出罪）辩护留下较大的空间。而且，四要件容纳超法规的出罪事由的空间有限，办案者运用超法规的事由出罪或者援引《刑法》第13条“但书”，或者靠智慧和勇气，这是导致司法实践中无罪判决率低下的重要原因。

周光权教授认为：四要件犯罪构成强调，只要四要件齐备，就可以认定行为构成犯罪，而四要件齐备是很容易的事；而三阶层犯罪构成要求多层次、反复地检验行为。四要件没有从多角度、多层次检验行为，容易根据形势判断得出结论，过于重视行为人的意思，而不重视法益保护的观念，难以正确处理正当化事由等。其提倡对四要件进行“阶层化”改造。[1]李立众提出了将三阶层犯罪构成转换为本土犯罪构成的方案：将构成要件转化为罪状，将违法性转化为不法性，将有责性转化为罪责，

---

〔1〕 参见周光权：“犯罪构成四要件说的缺陷：实务考察”，载《现代法学》2009年第6期。

那么，犯罪就是符合罪状的具有不法性与罪责性的行为。[1]有学者提出了否定性、危害性、责任性的犯罪成立模式，相应地，排除犯罪事由被分为否定性排除事由、危害性排除事由、责任性排除事由。[2]

学者们对传统四要件的改造方案都吸收了阶层式犯罪体系和双层控辩平衡犯罪论体系优点，从有利于构建出罪体系，保障人权的角度来看，阶层论犯罪体系应被提倡。

二、阶层性、多元化、开放性刑法出罪事由体系之建构

从我国刑法的规定来看，刑法出罪事由偏少，也不成体系。在司法实践中，超法规的出罪事由被适用的案例稀少。而反观大陆法系国家和英美法系国家，其刑法典或判例中存在着大量的刑法出罪事由，不仅在刑法总则中存在出罪事由，而且在刑法分则中也存在。在立法上，应增设刑法出罪事由；在理论上，应重视出罪事由理论的研究。有学者提倡开放性、多元性、阶层性出罪事由体系。[3]

阶层性出罪事由是和阶层式犯罪构成体系相配套的，在阶层式犯罪构成体系中，存在违法性阻却事由、责任阻却事由、刑罚处罚阻却事由。《德国刑法典》第 34 条、第 35 条将紧急避险分为阻却违法性的紧急避险和阻却责任的紧急避险。在英美双层控辩平衡式犯罪构成体系中，存在正当理由（相当于违法性阻却事由）和可得宽恕（相当于责任阻却事由）的出罪事由。

---

〔1〕 参见李立众：《犯罪成立理论研究——一个域外方向的尝试》，法律出版社 2006 年版，第 179~189 页。

〔2〕 参见刘立慧：《新犯罪论纲要》，中国民主法制出版社 2015 年版，第 127~133 页。

〔3〕 参见方鹏：《出罪事由的体系和理论》，中国人民公安大学出版社 2011 年版，第 146 页。

张明楷教授将违法和责任作为犯罪论体系的支柱，这有利于区分违法阻却事由和责任阻却事由。[1]违法性阻却事由的理论依据是社会相当性，责任阻却事由的理论依据是期待不可能性，刑罚阻却事由的理论依据是不可罚性。可借鉴大陆法系国家对刑法出罪事由的阶层式分类对我国刑法出罪事由进行分类：一是正当化事由：正当防卫、紧急避险；二是可宽恕的事由；三是不可罚的事由：《刑法》第 13 条"但书"。

所谓多元化刑法出罪事由是指出罪事由的来源应当多元。为了保护人权，入罪需要遵守罪刑法定原则，而出罪不需要遵守罪刑法定原则，为了防止随意出罪，出罪仍然需要合法、合理的依据。从上文的论述可知，我国刑事司法解释中存在着大量的出罪事由。刑法出罪事由的来源不局限在刑法、刑法立法解释、刑事司法解释，可包括民法、行政法、经济法、国际法等其他部门法中规定的出罪事由，又可包括行政法规、规章、规范性文件中规定的出罪事由，还可包括指导性案例、刑事习惯法、中外刑法理论中包含的出罪事由。考察我国刑事司法判例，引用刑法关于正当防卫、紧急避险、《刑法》第 13 条"但书"进行出罪的判例占绝大多数，而引用其他出罪事由进行出罪的判例凤毛鳞角，《刑法》第 13 条"但书"成为其他出罪事由的"万金油"。《刑法》第 13 条"但书"可以作为出罪的法律依据被援引，但在其被援引之前，仍需阐明出罪的具体理由，不能以"情节显著轻微危害不大"进行搪塞、敷衍。刑法理论来源于实践并服务于实践，德、日刑法学教科书、著作引用、分析刑事司法案例比比皆是，刑事司法案例成为某些理论的来源，如"癖马案"引出期待可能性理论、"一厘金案"确立可

---

〔1〕 参见张明楷："以违法与责任为支柱构建犯罪论体系"，载《现代法学》2009 年第 6 期。

罚的违法性理论，从安乐死案件中总结出安乐死的标准。我国刑法学的研究要以问题为导向，扎根在案例的“土壤”中。

“出罪判断的核心是价值标准而不是形式标准，出罪过程即是将形式上符合犯罪外貌特征但不具有犯罪实质的行为排出犯罪圈。由此，入罪规定是形式规定，出罪判断是实质的判断。”〔1〕实质的判断具有模糊性的特征，因此，出罪判断不一定有明确的、清晰的标准。尽管出罪判断具有模糊性，但没有侵犯人权之虞。“法有限，情无穷”，法律不可能穷尽出罪事由，应当允许存在超法规的出罪事由。“超法规的出罪事由”并非脱离法律的出罪事由，而是刑法上没有明文规定的出罪事由，但是在刑法之外——其他法律法规、法律原则、社会伦理规范等可以找到出罪的依据。因此，刑法出罪事由不是封闭的体系，而是开放的体系，可以根据社会的发展、处理案件的需要为刑法出罪事由增补新的内容。

在大陆法系国家，常见的刑法出罪事由有：阻却违法性的出罪事由（正当防卫、紧急避险、自救行为、义务的冲突、被害人承诺、推定被害人承诺、安乐死、自损行为、危险接受、法令行为、正当业务行为、治疗行为等）、阻却责任的出罪事由（无刑事责任能力、缺乏违法性认识、无期待可能性等）、阻却刑罚处罚的出罪事由（缺乏客观处罚条件、一身的处罚阻却事由等）。在英美法系国家，常见的刑法出罪事由有：正当化事由（正当防卫、紧急避险、对财产和住所防卫、正当使用暴力、上级命令、被害人承诺等）、可得宽恕的事由（未成年、精神病、无意识行为、强制、错误、醉态、胁迫、警察圈套等）。另外，在一些个罪中，也存在具体的出罪事由，如美国刑事判例中将

〔1〕方鹏：《出罪事由的体系和理论》，中国人民公安大学出版社 2011 年版，第 152 页。

受虐妇女综合征作为妇女受丈夫家暴而杀夫行为减轻或者免除刑罚的抗辩事由〔1〕；被害人过错可以成为影响被告人刑事责任大小甚至有无的一个重要因素。

第三节 微观方面的优化路径

一、入罪合法与出罪合理

入罪判断和出罪判断是定罪活动不可缺少的环节，入罪就是认定被告人的行为成立犯罪，出罪就是认定被告人的行为不成立犯罪，两者是对立统一的关系。罪刑法定原则主要功能是限制国家刑罚权，防止滥施刑罚，实现依法定罪、依法量刑、依法行刑，这是刑事法治的必然要求。入罪的法律效果是定罪或者量刑、行刑，而出罪的法律效果是不定罪，因此，入罪要严格遵守罪刑法定原则，而出罪则不必严格遵守罪刑法定原则，有些行为即使具备了应罚性但缺乏需罚性，可对该行为予以出罪。

储槐植教授指出："出罪是指形式为罪但作无罪处理。出罪注重合理与入罪注重合法同等重要"。〔2〕为了保护人权，入罪必须依据法律，注重合法性；而出罪除了依据法律，还可以依据法理、情理，注重合理性。

"合理性行为旨在实现人们具有的各种日标、欲望和日的。基于这种工具观，合理性就在于有效地（effectively）、有效率地

---

〔1〕 参见付胥宇："'受虐妇女综合症'的刑事责任减免意义：美国经验及启示"，载《北方法学》2018 年第 6 期。

〔2〕 参见储槐植："出罪应注重合理性"，载《检察日报》2013 年 9 月 24 日。

(efficiently) 实现各种目标、目的和欲望。"[1]"天理、国法、人情"是中国执法者、司法者自古以来秉承的执法理念。古代判官办案的最高原则，就是依天理，循国法，顾人情。"在传统的中国人心目中，天理、国法、人情三者不仅相通，甚至可以理解为是'三位一体'的。这三个概念的核心是'国法'（或'王法'），唯有它是实实在在的可以看见可以直接领受的东西。其他二者，并无实在形态。"[2]可以将"天理"和"人情"理解为一种规范，在适用刑法出罪事由时，首先要依据国法，没有国法的明确规定，方可依据天理和人情。"情理不是颠覆法律，而是起着填补法律漏洞与空白的功能，是一种无可替代的法的重要补充渊源。"[3]

在适用刑法出罪事由进行出罪判断时，如何把握出罪的合理性？就是要在司法过程中以常识、常理、常情为出发点和落脚点，因为"刑法是从生活常识主义、经验判断出发所做的一种理性的价值判断。在这个过程中，起点是生活经验，而且判断所得出的结论也不能过于偏离生活经验"[4]。因此，要正确运用常识、常理、常情，来解释、适用刑法出罪事由，使出罪结论尽量能为公众认同。被称为"抗癌药代购第一人"的慢粒白血病患者陆勇曾因帮助病友代购印度廉价抗癌药被检察机关指控犯妨害信用卡管理罪、销售假药罪，数百名白血病病友写信向司法机关，请求对陆勇免予刑事处罚。受社会舆论影响，

---

〔1〕［美］罗伯特·诺奇克：《合理性的本质》，葛四友、陈昉译，上海译文出版社 2012 年版，第 103~104 页。

〔2〕范忠信、郑定、詹学农：《情理法与中国人》（修订版），北京大学出版社 2011 年版，第 23 页。

〔3〕张本顺："'法意、人情，实同一体'：中国古代'情理法'整体性思维与一体化衡平艺术风格、成因及意义"，载《甘肃政法学院学报》2018 年第 5 期。

〔4〕周光权：《刑法学学习定律》，北京大学出版社 2019 年版，第 211 页。

湖南省沅江市人民检察院发布了《对陆勇不起诉决定书》的公告，认为陆勇为病友代购抗癌药品，不属于销售行为，也没有侵犯他人的生命权、健康权，不构成销售假药罪。陆勇网购用他人身份信息开设的借记卡并使用，情节显著轻微，危害不大，不认为是犯罪。电影制作公司以陆勇为原型拍摄了《我不是药神》的电影，该电影引发了人们对法律与道德、仿制药、医疗保险体制改革的思考。2019 年 12 月 1 日实施的《药品管理法》不再将未经批准生产、进口、检验的药品界定为假药。可以说，正是司法个案推动了法律修订的进程。

二、形式化入罪与实质化出罪

无论是入罪还是出罪判断，都会涉及对构成要件的解释，对构成要件进行形式的解释还是实质的解释的问题引发了形式解释和实质解释之争。以陈兴良教授为代表的学者主张形式的解释论，其主要观点集中在《形式与实质的关系：刑法学的反思性检讨》（2008 年）、《形式解释论的再宣示》（2010 年）、《形式解释论与实质解释论：事实与理念之展开》（2011 年）等文中，以张明楷教授为代表的学者提倡实质的解释论，其主要观点集中在《实质解释论的再提倡》（2010 年）中。刘艳红教授在 2009 出版《实质刑法观》一书，展开对实质刑法立场的探讨，邓子滨研究员于同年出版《中国实质刑法观批判》一书，对实质刑法观进行批判，认为实质刑法观的实质是社会危害性刑法，动摇了罪刑法定原则。形式解释和实质解释之争是刑法学学派之争的表现，学派之争有利于促进刑法学的学术繁荣。

陈兴良教授认为："一种行为是否构成犯罪，首先应当考虑的是这一行为是否在形式上符合刑法规定的构成要件，而不是首先考虑这一行为是否具有实质上的社会危害性。实质解释论在对刑法文本解释的过程中，将实质判断置于优先、优势、优越的位置，在很大程度上冲击了罪刑法定原则设置的犯罪的形式界限。”〔1〕“形式的构成要件论与实质的构成要件论之争，并不是要不要实质的法益侵害性判断之争，而是将实质判断前置于构成要件论还是后置于违法性论之争……而实质的构成要件则是把法益侵害性的实质判断以处罚必要性的名义在构成要件阶段完成，因而，出现实质判断过于前置的问题。实质判断过于前置带来的后果是消解了形式要件的限制机能。”〔2〕张明楷教授认为：“对构成要件的解释不能停留在法条的字面含义上，必须以保护法益为指导，使行为的违法性与有责性达到值得科处刑罚的程度；在遵循罪刑法定原则的前提下，可以做出扩大解释，以实现处罚的妥当性。”〔3〕刑事解释论和实质解释论，何者容易导致行为入罪？有学者以张明楷教授笔下的25件实质解释的案例为对象，对实质解释论的解释方法、具体认定、出入罪情况、是否有利于被告等方面进行实证考察，结果发现：使用实质解释论有更大概率使行为入罪，其容易对法律用语作扩大解释而对行为作出有罪认定，实质解释论不利于保障人权。〔4〕形式解释论强调忠诚于法条的核心含义，解释的结论在法律用语的通常含义内，不会超出国民预测可能性的范围。而实质解释强调对法条的用语作扩大解释，通常会超越法条的通常含义，如将我国抢劫罪中的加重情节“冒充军警人员抢劫”中的“冒充”解释为假冒和充任军警人员抢劫，从而将真军警人员抢劫纳入

〔1〕参见陈兴良：“形式解释论与实质解释论：事实与理念之展开”，载《法制与社会发展》2011年第2期。

〔2〕陈兴良：“形式解释论的再宣示”，载《中国法学》2010年第4期。

〔3〕参见张明楷：“实质解释论的再提倡”，载《中国法学》2010年第4期。

〔4〕参见蔡元培：“人权保障机能下实质解释论之反思——对25件实质解释案例的实证研究”，载《中国刑事法杂志》2014年第3期。

加重情节中。如果在社会危害性理论的指导下，危害行为大概率会被解释为犯罪行为。如南京反向刷单案，反向刷单行为（恶意差评或恶意好评）被法院认定为“使用直接破坏生产资料以外的其他方法破坏生产经营”，被告人被认定为构成破坏生产经营罪。破坏生产经营罪被规定在刑法侵犯财产罪一章中，本罪侵犯的是正常的生产经营活动，按照体系解释方法，罪状中的“以其他方法破坏生产经营”应当与“毁坏机器设备、残害耕畜”行为具有相当性，均是损毁生产资料的行为，但是反向刷单显然不同于损毁生产资料的行为或损毁其他财产的行为，将恶意差评行为解释为破坏生产经营行为超出了法条用语的核心含义。综上所述，在入罪判断时，使用实质解释方法容易导致入罪，为了保护人权，在入罪判断时，宜采用形式解释方法，禁止不利于被告人的实质解释。不能被形式解释纳入犯罪行为的侵害、威胁法益的行为可由立法者通过立法形式纳入犯罪，不可用实质解释助长立法者的懒惰。

出罪判断与入罪判断都是犯罪认定不可或缺的判断。出罪判断接续在入罪判断之后，以实质理性来否定形式的犯罪假定，体现刑法谦抑、人道、经济原则。出罪不仅要将不具有形式违法性的行为排除出犯罪判定圈，而且要将不具有实质违法性、不具有非难可能性、不具有实质可罚性的行为排除出犯罪判定圈。出罪判断主要是实质性判断。波斯纳认为，大多数法官是以整体和直觉的方式评审案件，得出初步结论，然后再用技术性法律分析结论。[1]换言之，法官定罪的过程是先定罪再找理由，而不是典型的“三段论”。尽管法官先凭直觉找到其认为合适的罪名，但需结合法条进行形式上的验证，在出罪时，可以

〔1〕 参见［美］理查德·波斯纳：《各行其是：法学与司法》，苏力、邱遥堃译，中国政法大学出版社2017年版，第3页。

社会危害性理论为指引，将不具有社会危害性的行为或者不值得用刑罚处罚的社会危害性行为排出犯罪判定圈，因此，入罪形式化和出罪实质化应成为刑法解释立场的两个基本面向。当然，“恣意出罪根本就不能带来保障人权限缩犯罪的积极正面效应，而只会带来包容犯罪放纵犯罪的消极负面效应。出罪的确不需要遵守罪刑法定，但出罪仍然需要得到限制”〔1〕。

---

〔1〕 陈积雪：“入罪的形式化与出罪的实质化：刑法解释立场的两个面向”，海南大学2019年硕士学位论文，第34页。

第九章 社会危害性理论在刑法出罪中的价值

社会危害性理论是我国传统刑法学中的核心概念，刑法是规定犯罪与刑罚的法律规范，社会危害性是犯罪的本质特征。社会危害性理论不仅指导着刑事立法和刑事司法，而且指导着定罪和量刑。我国刑法规定的犯罪行为模式是“定性和定量”的统一，只有达到一定的社会危害程度的行为才可能被认定为犯罪行为，很多行为要成立犯罪有结果、数额、情节等要求——入罪的门槛。社会危害性的有无、大小决定着行为是否构成犯罪，因此，社会危害性理论具有入罪的功能。在行为构成犯罪的基础上，社会危害性的类型决定着此罪与彼罪，社会危害性的大小决定着轻罪与重罪。同时，我国《刑法》第13条“但书”的规定表明社会危害性理论还有出罪的功能。换言之，社会危害性理论兼有入罪和出罪的功能。定罪、量刑的结果影响到公民的名誉、财产、自由甚至生命，罪与非罪的界限应当十分明确、具体，若不如此，公民对自己行为的法律后果就没有预测可能性，可能造成社会活动的萎缩，进而妨碍社会的进步和发展。社会危害性具有模糊性、主观性、非规范性的特征，其能否担当起指导定罪、量刑的重任？这遭到了很多学者的质疑，我国1997年《刑法》确立罪刑法定原则之后，这一质疑更加强烈。

以陈兴良教授为代表的学者对社会危害性进行了批判，主张将该理论逐出注释刑法学领域，陈兴良教授认为，社会危害性理论代表了实质的价值理念，与内含形式的价值理论的罪刑法定原则存在根本上的立场冲突，应当以刑事违法性而不是社会危害性作为认定犯罪的根本标准，应当以具有规范性、实体性、专属性的法益概念取代社会危害性理论。〔1〕单纯形式的罪刑法定主义可能会陷入教条，罪刑法定主义也有实质化倾向，但其实质化要以有利于被告人为前提。〔2〕维护论者以刘志远、赵秉志教授为代表，刘志远认为：社会危害性概念具有可判断性、相对独立性、很强的效用性、不可替代性，其并非与罪刑法定原则水火不容。〔3〕在建设法治国家、法治社会的征程中，法律对人权的保障越来越重视、越来越健全，之所以要创制刑法，主要是因为要限制国家刑罚权恣意发动，防止侵犯人权。社会危害性理论因兼具入罪和出罪的功能，犹如一把双刃剑，要正确地使用，努力做到打击犯罪与保护人权、维护秩序与保障自由之间的平衡，防止伤及无辜。

---

〔1〕 参见陈兴良："社会危害性理论——一个反思性检讨"，载《法学研究》2000 年第 1 期。2021 年 3 月 30 日在中国知网上的检索，最早对社会危害性理论质疑的是湖州师专政史科季国刚，他在 1986 年发表在《湖州师专学报》上发表《对犯罪基本特征的质疑——社会危害性不是犯罪的基本特征》一文，该文指出：社会危害性是犯罪的阶级实质，社会危害性的有无和大小不是区分罪与非罪的主要标准，"违反刑法的依照法律应当受刑罚处罚的"是犯罪的基本特征，也是区分罪与非罪的主要标准。

〔2〕 参见陈兴良："社会危害性理论：进一步的批判性清理"，载《中国法学》2006 年第 4 期。

〔3〕 参见刘志远："社会危害性概念之正当性考察"，载《中国刑事法杂志》2003 年第 4 期。

第一节　社会危害性理论概述

一、社会危害性理论的来源

“社会危害性”一词起源于何时、被何人首次使用并不可考，但是公认的事实是社会危害性理论最早在欧洲思想启蒙运动（17世纪至18世纪反封建、反教会的思想文化运动）时期出现。贝卡里亚在其名著《论犯罪与刑罚》中提出“犯罪使社会遭受的危害是衡量犯罪的真正标准”的论断。[1]黑格尔认为犯罪的本质是社会危险性，“犯罪自在地是一种无限的侵害行为……所以对市民社会的危险性就成为它的严重性的一个规定，或者也是它的质的规定之一”[2]。

首先将社会危害性理论引入刑法规范的是苏俄，1919年12月，苏俄司法人民委员部发布司法文件《苏俄刑法指导原则》，该文件是苏俄刑法典总则的雏形，该文件第6条规定：犯罪是危害某种社会关系的作为与不作为。1922年5月，全俄中央执行委员会批准《俄罗斯苏维埃联邦社会主义共和国刑法典》（简称《苏俄刑法典》），该法典第6条规定，威胁……法律秩序的一切危害社会的作为或不作为，都认为是犯罪，这是实质的犯罪概念。该法典的附注部分规定：……行为因其显著轻微，且缺乏损害结果而丧失危害社会之性质者，应不认为是犯罪，应该说，这一规定论述了缺乏社会危害性的行为不构成犯罪。这两条规定是社会危害性理论正反方面的应用。同年，苏联成立，

---

〔1〕参见［意］贝卡里亚：《论犯罪与刑罚》，黄风译，中国大百科全书出版社1993年版，第67~69页。

〔2〕［德］黑格尔：《法哲学原理》，范扬、张企泰译，商务印书馆1961年版，第228页。

《苏俄刑法典》第6条的实质的犯罪概念被纳入各加盟共和国的刑法典中，1924年，随着苏联刑法教科书的问世，社会危害性理论开启了系统化的进程。[1]1960年，苏联颁布了新的刑法典，但该刑法典仍然沿用1922年《苏俄刑法典》关于犯罪的实质概念，直到苏联解体。社会危害性理论在苏俄得以确立并被应用于立法的主要原因是巩固苏俄社会主义政权，刑法在很大程度上被当作了阶级斗争的工具，当然，随着政权的巩固，刑法的阶级色彩被淡化，刑法作为全民法的特征越来越突出。很多社会主义国家的刑法典都采用了实质的犯罪概念，如罗马尼亚1949年《刑法典》第1条、匈牙利1950年《刑法典》第1条、捷克斯洛伐克1950年《刑法典》第2条、保加利亚1951年《刑法典》第2条、阿尔巴利亚1952年《刑法典》第1条等。值得注意的是，在苏联解体后，很多原社会主义国家的学者批判社会危害性理论，认为其含义模糊、具有意识形态色彩，与法治国理论相冲突，进而主张抛弃这一概念。[2]

中华人民共和国成立后，我国实行了向以苏联为首的社会主义国家"一边倒"的外交政策，在法律思想和法律制度上全面学习苏联，刑法也不例外。在刑法颁布之前，刑事司法的依据主要是刑事政策，而将某行为确定为犯罪加以打击的主要理由是行为的社会危害性。[3]1979年，我国第一部《刑法》颁布，该法典第10条规定：一切危害……侵犯……权利，以及其他危害社会的行为，依照法律应当受刑罚处罚的，都是犯罪；但是情节显著轻微危害不大的，不认为是犯罪。该条规定了犯

---

〔1〕《苏联刑法科学史》，曹子丹等译，法律出版社1984年版，第8页。

〔2〕参见龙长海："社会危害性理论在原社会主义法系国家的当代命运"，载《南京大学法律评论》2016年第1期。

〔3〕参见孙建保：《刑法中的社会危害性理论研究》，上海人民出版社2016年版，第34页。

罪的实质概念，揭示了犯罪的三个主要特征：社会危害性、刑事违法性、应受刑罚处罚性，其中，社会危害性是犯罪的本质特征，同时，也规定了出罪的事由——情节显著轻微危害不大。我国1997年《刑法》第13条基本上延续了1979年《刑法典》的内容，并被一直适用至今。

二、社会危害性的基本含义

"社会危害性"也可被称为"危害社会性"，顾名思义就是危害社会的性质，是某一事物的属性、特性。关于社会危害性的含义，有事实说和属性说之争。事实说认为，社会危害性是行为对社会已经造成或者可能造成损害、危害、破坏的事实；属性说认为，社会危害性是行为本身所具备的损害、危害、破坏社会的属性、特性。根据检索，国内最早讨论犯罪社会危害性问题的可能是张仙根，他在1956年发表《关于犯罪概念中社会危害性问题的商榷》一文，在该文中，其提出：社会危害性是犯罪的基本特征，该特征可以将犯罪行为与其他违法行为、不道德行为区分开来，其与犯罪构成理论也有密切关系。〔1〕聂慧苹博士认为，社会危害性是指危害社会的性质〔2〕，社会危害性的本质是对利益的危害，犯罪的社会危害性的本质是刑法上利益的危害〔3〕。苏青博士认为："刑法上的社会危害性，是基于宪法上和法律对行为所进行的负价值评价，该价值评价的对象原则上限于行为对他人直接造成的危

〔1〕 参见张仙根："关于犯罪概念中社会危害性问题的商榷"，载《华东政法学报》1956年第2期。

〔2〕 参见聂慧苹：《刑法中社会危害性理论的应用研究》，法律出版社2013年版，第16页。

〔3〕 参见聂慧苹：《刑法中社会危害性理论的应用研究》，法律出版社2013年版，第43页。

害结果。”〔1〕

根据《现代汉语辞海》的解释，社会是“以物质生产活动为基础而相互联系的人类生活共同体”〔2〕；危害有两种含义，一是“严重损害；使受到破坏”，如吸烟危害健康，作动词用，二是“危害和损害”，作名词用〔3〕；性是“事物的性质、特征”，如药性、性能，或者“词的后缀，附在某些名词、动词、形容词的后面，构成抽象名词或者非谓形容词，表示事物的性质、性能、范围或者方式等”〔4〕，如纪律性、科学性、创造性、特殊性等。在“社会危害性”中，“社会危害”应被调整为“危害社会”是动宾短语，“性”是附在动词“危害”后面，构成非谓形容词，表示事物的性质、性能。“社会危害性”的词义就是事物严重损害社会的性质、性能。

与大陆法系不同，英美法系将“危害”应用在刑罚领域，形成刑法“危害原则”（Harm Principle），为国家发动刑罚权提供正当依据。按照危害原则，国家公权力对公民行为干涉的前提是该公民的行为危害到了他人，否则，国家公权力无权干涉。因此，自我损害行为（如吸毒）、违反伦理道德的行为（如同性恋）等不能成为刑法干涉的范围。危害原则旨在保护公民自由，同时也蕴含着公民享有自由的前提是不侵犯他人利益的思想。危害原则与社会危害性理论虽然有相似之处，但是两者在内涵、价值追

---

〔1〕 参见苏青：《社会危害性理论研究——渊源、比较与重构》，法律出版社2017年版，第43页。

〔2〕 参见翟文明、李冶威主编：《现代汉语辞海》光明日报出版社2002年版，第1016页。

〔3〕 参见翟文明、李冶威主编：《现代汉语辞海》光明日报出版社2002年版，第1201页。

〔4〕 参见翟文明、李冶威主编：《现代汉语辞海》光明日报出版社2002年版，第1309页。

求上存在较大差异，可借鉴危害原则，淡化刑法工具色彩。[1]

三、社会危害性的特点

（一）社会危害性评价标准具有模糊性

传统观点认为，社会危害性是犯罪的本质属性、特有属性，所谓本质是“事物本身所固有根本属性，它对事物的性质、状况和发展起决定作用”[2]，是一事物区别于其他事物的根本属性。行为是现代法律主要规制的对象，犯罪是一种行为，其具有社会危害性，同样，违宪行为、行政违法行为、民事违法行为等都具有社会危害性，甚至违反道德的行为（如通奸行为[3]）、违反纪律的行为，也具有社会危害性。可见，社会危害性并非犯罪行为的特性、根本属性，其只是犯罪行为的性质之一。有鉴于此，有学者将严重的社会危害性作为犯罪行为的根本属性，因为实施犯罪行为的法律后果通常是刑罚，刑罚是最严厉、最严重的法律后果。与其他违法行为、违反道德、纪律的行为相比，犯罪行为的社会危害的确比它们大，所以在立法上要为犯罪行为配备严重的法律后果，这是符合比例原则的。在行为的社会危害性方面，犯罪行为与其他违法行为、违反道德、纪律的行为只有量的区别，没有质的区别，这就造成了它们之间的区别具有模糊性，究竟行为的社会危害严重到何种程度才能被认定为犯罪行为？在标准大气压下，水沸腾的温度是100℃，100℃就是非开水和开水的界限。事实上，判别非犯罪行为和犯

〔1〕参见姜敏：“英美刑法中的‘危害原则’研究——兼与‘社会危害性’比较”，载《比较法研究》2016年第4期。

〔2〕翟文明、李冶威主编：《现代汉语辞海》，光明日报出版社2002年版，第48页。

〔3〕我国古代将通奸行为视为犯罪行为。2015年2月，韩国宪法法院判定刑法中的通奸罪法条违反宪法，侵犯公民个人权利，从而在法律上废除被施行了62年的通奸罪。

罪行为并没有如同判别非开水和开水一样有一个固定的、统一的标准，这样也导致“严重的社会危害性”并不能成为判别非犯罪行为和犯罪行为的具体、可操作性的标准。在实践中，为了区分罪与非罪，为了便于司法人员办案，不得不制定大量的司法解释和其他规范性文件〔1〕，从结果、数额、情节等方面为罪与非罪划定标准，司法解释和司法解释性质的文件实际发挥着刑法规范的作用。

行为如果没有达到严重的社会危害性，是不能被认定为犯罪行为的，这是我国《刑法》第 13 条“但书”的合理性根据，但是何谓“情节显著轻微危害不大”，同样缺乏明确的标准，留给司法人员自由裁量权的空间很大。

（二）社会危害性的评价具有主观性

“评价”作为动词时，其意思是“衡量和评定价格或价值”〔2〕,是评价主体对客观的价值的一种评定活动。体现了评价主体和客体之间的需要和满足的关系，不可避免地要受到评价主体主观意识的影响。判定行为的社会危害性的有无或大小也同样要受到评价主体的主观意识的影响，具有一定的主观性，不同的主体对同一行为的社会危害性的评价意见可能有所不同。随着法定犯时代的到来，大量的法定犯在刑法中被确立，但是民众的观念并没有发生太大的变化，这导致司法裁判的结论与民众的日常认知产生巨大的差异。

【刑事司法案例第 43 例】罗某某非法捕捞水产品案

67 岁的罗某某一直生活在乡下，几个月前来到湖南长沙女

〔1〕 如最高人民检察院、公安部联合制定的《关于公安机关管辖的刑事案件立案追诉标准的规定》。

〔2〕 翟文明、李冶威主编：《现代汉语辞海》光明日报出版社 2002 年版，第 873 页。

儿家居住，闲来无事的他想在湘江边捉点鱼虾回去吃。2020年10月20日早上，罗某某来到湘江，放置了5只乡下常见的虾笼网。当天，其非法捕鱼的行为被执法人员查获，经清点，其捕获的各类水产品共计0.8公斤。

经长沙市农业农村局认定，罗某某在禁渔区内使用的虾笼网属于《湖南省渔业条例》第23条规定的禁用渔具，已涉嫌犯非法捕捞水产品罪，其被提起公诉。

在法院庭审过程中，罗某某感到非常不解："在我老家那么多人都用地笼捕鱼，怎么到这里还犯法了呢?"

湖南长沙市开发区人民法院经审理认为，被告人罗某某违反保护水产资源法规，在禁渔期、禁渔区使用禁用的工具和方法捕捞水产品，情节严重，其行为触犯了《刑法》第340条，应当以非法捕捞水产品罪追究其刑事责任。罗某某认罪认罚，到案后能如实供述自己的罪行，依法可以从宽处理。综上，判处其拘役2个月，缓刑2个月。

六旬老汉为了吃鱼用乡下常见的地笼捕鱼仅0.8公斤，就被认定为犯罪，这的确超出普通人的认知。生活在农村的人可能都有捕鱼的经历，可能从来没有想到为了做菜捕捞少许小鱼虾构成犯罪。长期生活在乡下的罗某某不可能认识到自己的行为构成犯罪，缺乏社会危害性（违法性）认识。

近年来，类似的案件越来越多，例如：2021年2月，湖南两男子春节期间用爆竹炸死6条小鱼被刑事拘留；为治头晕，两男子猎杀20余只麻雀，构成非法狩猎罪，被判刑〔1〕，其的

〔1〕 参见王鹏飞："为治头晕 两男子猎杀20余只麻雀获刑5个月缓刑1年"，载 https://www.163.com/dy/article/FAQR7EAL05346982.html，2021年12月2日访问。以前被认为是"四害"之一的麻雀已被列入有益、有重要经济价值、有科学研究价值的陆生野生动物。

确揭示了普通民众与司法人员对某些行为的社会危害性认识的巨大差异。如果不缩小这些差异，可能会对司法权威造成消极影响。

（三）社会危害性的评价具有易变性

社会生活始终是变动不安的，但是刑法规范一旦被确定，不可能随时发生改变，这就可能导致刑法上被规定为犯罪的行为，其社会危害性随着客观条件的变化而变小或者消失，例如：《印度刑法》第377条款认定同性恋行为违反自然定律，是犯罪行为，直到2009年被废除；在我国，投机倒把行为曾经被认定为严重的犯罪，1979年刑法将其纳入，投机倒把罪是计划经济的产物，随着市场经济体制的建立，该罪的一些不合时宜的内容逐渐被废除。如果在立法没有改变的情况下，仍然处罚一些被刑法规定的社会危害性变小或消失的行为，虽然合法，但是不合理，需要被纠正。

【刑事司法案例第44例】为保护庄稼而猎杀毁坏庄稼的野猪案

四川省巴中市的吴老太为保护农田里的庄稼，在田里安装电野猪设备“庄园守护机”，一个月内电死3头野猪。2020年3月，四川省巴中市巴州区人民法院经审理认为，吴老太犯非法狩猎罪，判处其拘役3个月，缓刑6个月。

2021年5月至7月，被告人吴某、胡某夫妇为保护种植的玉米，在河南省淅川县某山地使用绝缘木签、电丝网将地围起来，用电瓶、逆变器、警报器等设备狩猎野猪，捕杀野猪8头。淅川县全境为禁猎区，全年为禁猎期，电网为禁用捕猎工具。河南省淅川县人民法院以被告人吴某犯非法狩猎罪，判处有期徒刑1年6个月，缓刑2年；被告人胡某犯非法狩猎罪，判处有期徒刑1年，缓刑2年。

野猪属于“三有”保护动物，对其进行捕杀肯定是违法行为甚至是犯罪行为，但是，随着生态环境的持续改善，在有些地方，野猪的种群数量在不断地增长，其活动范围也在不断地扩大，严重影响了当地的农业生产，甚至出现了野猪与人争夺生存空间的问题，生态利益和农民的生存权发生冲突。在当地野猪泛滥成灾，破坏农作物，政府又没有给予经济补偿并组织合理捕杀的情况下，为了保护农作物，农民对野猪进行防御性、有限的捕杀，其社会危害性小甚至没有，对该行为认定为犯罪甚至予以进行刑事处罚可能是不值得的。

第二节　社会危害性理论的功能与缺陷

一、社会危害性理论的功能

社会危害性理论是立法者将何种行为规定为犯罪（划定犯罪圈）的指引，对司法人员定罪量刑活动（包括侦查机关立案、公诉机关起诉）起到重要的指导作用。

（一）社会危害性理论的立法功能

刑法是规定犯罪与刑罚的法律，犯罪的主要后果是刑罚，刑罚的本质是惩罚，因此，刑法是惩罚法。但是何种行为应当受到刑罚惩罚，归根到底是由其社会危害性规定的，只有严重社会危害性的行为才能被纳入刑法的范围。立法者正是根据行为的社会危害性有无和大小来决定是否将其规定为犯罪的，因此，社会危害性是立法者制定刑法的基础和起点。

1. 社会危害性决定着罪与非罪

立法者不可能将所有的具有社会危害性的行为都规定为犯罪，因为立法、司法、执法资源有限，只有那些应当受到刑罚处罚的行为才能被规定为犯罪，而应当受到刑罚处罚的行为只能是严重危害社会的行为。刑法是保障法，刑罚是应对违法行为的最后手段，只有那些通过行政、民事等法律手段或道德、习俗方式难以控制或者不能有效调整的行为，只有那些威胁其他法律制度生存的行为，才值得用刑罚的手段来遏制，例如盗窃较大财物的行为如果使用行政处罚或者民事赔偿的方式来调整，则无法有效遏制盗窃行为。

社会危害性决定着犯罪圈，从逻辑上来说，严重危害社会的行为越多，犯罪就越多，犯罪圈就越大，反之亦然。“法律是主权者的命令”，哪些行为有严重的社会危害性，哪些有严重社会危害性的行为会被确定为刑法中的犯罪，有时也取决于立法者的选择，但归根到底还是取决于行为的社会危害。在现代社会，主权在民，公民是最终的立法者，是否将行为认定为犯罪，应当由公民来决定，从可操作性层面来说，应由代议制机构的民意代表投票决定。近年来，高空抛物和妨害共同交通工具安全驾驶的问题突出，引起了人民群众的关注，我国《刑法修正案（十一）》增设了高空抛物罪和妨害安全驾驶罪，旨在维护人民群众“头顶上的安全”和“出行安全”。

2. 危害社会的行为类型决定着此罪与彼罪

刑法分则规定的是具体的罪刑规范，其中的罪状是严重危害社会行为基本构成特征的描述。危害社会的行为类型决定了此罪与彼罪，如针对同一自然人的行为，如果是故意伤害，构成故意伤害罪，如果是故意杀人，则构成故意杀人罪。

3. 社会危害的程度决定轻罪与重罪

何谓轻罪，何谓重罪，并没有一个绝对的标准。但总的来说，社会危害十分严重的犯罪是重罪，反之是轻罪。为保持罪刑均衡，必须重罪重罚、轻罪轻罚，社会危害的量决定着刑罚的轻重。我国《刑法》第 61 条就将“犯罪对于社会的危害程度”作为量刑的主要考量因素之一。

（二）社会危害性理论的司法功能

社会危害性理论在司法中的主要功能是决定入罪和出罪，并对刑法规范起到解释的作用。

1. 社会危害性影响入罪

社会危害性影响入罪是其决定罪与非罪的必然结论。上文已经谈到，犯罪行为与其他违法行为、违反道德伦理行为的本质区别在于社会危害的量，因此，社会危害的有无、大小决定着罪与非罪。入罪要考量行为社会危害的量的问题，与大陆法系刑法理论中的可罚违法性论有暗合之处。在大陆法系通行的三阶层犯罪论体系中，违法性是继构成要件符合性之后的一个必备要件，本来，在行为符合构成要件后，如果没有违法性阻却事由，就可以推定该行为具备违法性。日本刑法学家宫本英脩提出可罚的违法性概念，他认为，刑法中的犯罪行为，必须在量上达到一定的严重程度，在质上具有值得刑罚处罚的违法性。[1]如盗窃一张纸，显然不具有可罚违法性，即只有在量上才能将刑事违法性和行政违法性、民事违法性等区分开来。1910年日本大审院关于“一厘事件”的判决便是可罚的违法性精神的体现，从量上判断违法性，表明违法性和社会危害性一样，都具有相对性。

决定违法性的要素既有客观的（方法、手段、结果等），又有主观的（目的犯中的目的、表现犯中的内心状态、倾向犯中的内心倾向等），甚至有行为人本身的情况（故意、过失）。

2. 社会危害性影响出罪

既然社会危害性的有无、大小决定着行为是否成立犯罪，那

〔1〕参见马克昌主编：《近代西方刑法学说史》，中国人民公安大学出版社2008年版，第395页。

么，行为没有社会危害性或者行为的社会危害没有达到成立犯罪所必需的量，那么该行为当然不成立犯罪，我国《刑法》第13条“但书”就是从社会危害性的量上对行为进行出罪的刑法规范。

二、社会危害性理论的缺陷

自从1997年《刑法》确立罪刑法定原则以来，社会危害性理论饱受批评，批评的焦点集中在其入罪的功能上。因为社会危害性具有非规范性、模糊性，容易在入罪方面被人利用，进而侵犯人权。概言之，社会危害性理论有如下缺陷：

（一）非专属性

上文已经论述，违宪行为、民事、行政违法行为等、违反道德的行为都具有社会危害性，社会危害性是违法行为、违反道德行为共有的属性，不是犯罪行为的特性。因此，从质上难以将犯罪行为与其他行为区分开来。有人认为，应受刑罚惩罚性是犯罪的特有属性，这在逻辑上犯了循环论证的错误，要证明应受刑罚惩罚的行为是犯罪，所用的论据是“应受刑罚惩罚”，而“应受刑罚惩罚”又要借助于“它是犯罪行为”来证明，这就进入了循环论证的无谓。

（二）非规范性

“规”是画圆的工具、法度，“规范”一词作名词用时是“约定俗成的标准、明文规定的准则”之意，作形容词用时，是“符合规范的意思”。[1]而“范”的意思是模子、法式、榜样。[2]规范就是标准、范式的意思。“犯罪构成的规范性，在立法上是

---

〔1〕参见翟文明、李冶威主编：《现代汉语辞海》光明日报出版社2002年版，第413页。

〔2〕参见翟文明、李冶威主编：《现代汉语辞海》光明日报出版社2002年版，第301页。

指通过立法活动为犯罪所设置的法律规格，在司法上是指在司法过程中认定犯罪的法律标准。”〔1〕

罪刑法定原则是现代刑法的帝王原则，是以保障人权为皈依的。在现代社会，刑法规范大多系成文法，这就要求刑法规范具有明确性，法律规范是公民行动的指南，只有规范明确，公民才能对自己行为的法律后果有预测可能性，从而有明确的自由行动空间。刑法规范明确性的基本要求系一般公民都能够理解它，否则，一般公民就无法遵守。刑法规范同时也是裁判规范，刑法规范越明确，罪刑擅断的空间就越小，换言之，刑罚权的行使范围要限定在刑法之内。司法者对刑法规范的解释不可避免，但是刑法的解释限度要在刑法规范语意的射程范围内，禁止不利于被告人的类推解释。

上文已经论述，社会危害性概念具有主观性、模糊性的特点，容易被人利用导致随意入罪，因为其随时可以为处罚某行为提供超越法律的依据〔2〕，容易侵犯人权。而有的学者认为现代刑法已经从“镇压工具”转变为“大宪章”，这促使社会危害性概念从不规范走向规范〔3〕，但是，社会危害性是否规范性，由其内涵决定，似乎与刑法的价值追求关系不大。显然，定罪量刑的标准不能建立在一个具有主观性、模糊性的概念之上，只能建立在具体的法律规范上。

（三）缺乏实体内容

社会危害性本身缺少实体内容，不能提供明确的认定犯罪

---

〔1〕陈兴良：《规范刑法学》（第2版），中国人民大学出版社2008年版，第91页。

〔2〕参见李海东：《刑法原理入门（犯罪论基础）》，法律出版社1998年版，第8页。

〔3〕参见孙建保：《刑法中的社会危害性理论研究》，上海人民出版社2016年版，第126页。

的标准。事实上，刑事法官判断某一行为是否构成犯罪时，不是将某行为与刑法规范一一对照，而是先判断该行为是否具有严重的社会危害性，如果有，则再判定该行为与刑法规范中的哪些犯罪行为类似，最后将行为与类似的犯罪行为的构成要件对照来确定该行为的性质，可见，定罪还是要依照刑法的具体规范，社会危害性只是起到一定的指引作用，而非决定性作用。

如果将社会危害性作为认定犯罪的标准，类似于“以刑制罪”，即“根据刑罚适用的妥当性与必要性对构成要素进行分析，并遴选出符合罪刑法定原则与罪刑适应原则的罪名”〔1〕，其在现实中的表现是“先量刑，后定罪”，是以结果以导向的思维逻辑，追求个案上的公正。但是，“以刑制罪”是以社会危害性作为刑与罪之间的桥梁，其基本缺陷是容易为惩罚寻找借口留下空间。

第三节　社会危害性理论在出罪中的应用

从我国学者们对社会危害性理论的研究成果来看，饱受诟病的是社会危害性理论被广泛应用在入罪上，而较少有学者批评社会危害性理论对立法的指导作用和在司法上的出罪功能。罪刑法定原则的主要功能是保障人权，并不禁止有利于被告人的类推，不倡导有罪必罚。在司法过程中，应由刑事违法性担当入罪的主要责任、将犯罪构成要件作为认定犯罪的标准，而由社会危害性承担出罪的主要任务，将不应罚、不当罚的行为排除出犯罪评定圈，这是罪刑法定原则的必然要求。

---

〔1〕 赵运锋：“以刑制罪法理分析与适用考察”，载《政法论丛》2016 年第 1 期。

一、社会危害性和刑事违法性

我国《刑法》第13条规定了犯罪的概念，通说认为，犯罪有三个特征，即社会危害性、刑事违法性、应受刑罚惩罚性。[1]社会危害性是犯罪的本质特征，刑事违法性是犯罪的法律特征。应受刑罚惩罚性是犯罪的通常法律后果，但是其在逻辑上有循环定义的错误[2]，不宜作为犯罪的特征，甚至本质特征，所以，犯罪有两个基本特征，即社会危害性和刑事违法性，前者是从实质层面来揭示犯罪的特征，后者是从形式的层面来说明犯罪特征，前者是后者的前提和基础，后者是前者在法律方面的表现，故我国《刑法》第13条规定的是混合的（实质和形式）犯罪概念。

一般来说，社会危害性和刑事违法性是一致的，即具有严重社会危害性的行为，其具有刑事违法性，反之亦然。但有时，两者会发生矛盾、错位，即具有严重社会危害性的行为没有刑事违法性，有刑事违法性的行为没有严重的社会危害性。前者的典型例子是入刑之前的“抢夺公共汽车司机方向盘”行为，最极端的案例是“10·28”重庆万州公交坠江事故，该事故致使十几人溺亡，该行为通常以危险方法危害公共安全罪来处理，但是该罪的起刑点为3年有期徒刑，对没有造成任何后果的行为以该罪来处理，造成罪刑失衡，故《刑法修正案（十一）》增设“妨害安全驾驶罪”，对于“抢夺公共汽车司机方向盘”定义更明确，量刑起点更低，符合罪责刑相适应原则。后者的典

〔1〕 参见高铭暄、马克昌主编：《刑法学》，北京大学出版社、高等教育出版社2000年版，第47~49页。

〔2〕 参见马克昌主编：《犯罪通论》，武汉大学出版社2002年版，第16~17页。

型案例是内蒙古农民王某军收购玉米案，被告人王某军无证收购粮食，的确违反了《粮食流通管理条例》相关规定，非法经营数额 218 288.6 元，数额较大，其行为符合非法经营罪的形式特征，具有刑事违法性，但是从社会危害性的角度来看，王某军收购农民零散种植的玉米，有利于粮食的流通，不仅没有社会危害性，而且还有利于社会，故法院在再审判决书中明确王某军的行为不具备与非法经营罪相当的社会危害性和刑事处罚的必要性，故判决其无罪。[1]

罪刑法定原则是现代刑法的基本原则，其能有效制约刑事司法权的扩张与滥用，从而保障公民自由，有利于培养公民规则意识，维护社会秩序。罪刑法定原则的基本要求是：刑法规范具有明确性，排斥习惯法，禁止不利于被告人的类推，排斥绝对不定期刑，禁止重法溯及既往，对刑法规范严格解释等。为保障人权，入罪要合法，出罪要合理，在刑法规范的解释方面，入罪时，使用形式解释，出罪时，使用实质解释。

违法是违背或触犯法律的意思，按照行为人违背或触犯的法律规范的性质来分类，可将违法性分为违宪、刑事违法、行政违法、民事违法等。刑事违法性是行为具有违背或触犯刑事法律的特征，是犯罪的形式特征，是犯罪的社会危害性的法律表现。在大陆法系国家，刑事违法性是成立犯罪的三大要件之一，构成要件符合性与其是烟与火的关系，符合刑法分则构成要件的行为一般应被推定具有刑事违法性，除非存在违法阻却事由。构成要件符合性是行为符合刑法分则规定的具体犯罪的构成要件，是成立犯罪的首要的、法定的条件。因此，判断行

---

〔1〕 参见内蒙古自治区巴彦淖尔市中级人民法院 2017 年 2 月 14 日［2017］内 08 刑再 1 号刑事判决书。

为是否构成犯罪的首要、主要甚至唯一的标准是法律标准——刑法分则规定的具体犯罪构成，只要行为具有构成要件符合性特征，就可推定行为具有违法性。刑法分则中规定的罪状包含着构成要件要素，但并非所有的构成要件要素都规定在罪状中。犯罪概念中的违法性特征贯彻了罪刑法定原则，“刑事违法性与社会危害性之间的冲突可以置换为罪刑法定原则与社会危害性之间的冲突”[1]。

出于对社会危害性理论容易被滥用在入罪方面从而侵犯人权的警惕，陈兴良教授提出以刑法法益概念取代社会危害性概念，以法益侵害作为犯罪的本质特征的观点。[2]固然，法益观念的确具有实体性，其落脚点在于利益，利益是好处、益处[3]，是人类普遍追求的事物，违法行为包括犯罪行为侵犯的客体是利益，按照犯罪所侵犯的利益不同，可将其分为侵犯社会利益的犯罪、侵犯国家利益的犯罪、侵犯个人利益的犯罪。社会危害性理论认为，犯罪行为侵犯的客体是社会关系，社会关系如果遭受严重侵害会导致社会系统发生紊乱。从发达国家的法治实践来看，将犯罪的本质定义为侵犯法益并没有阻止刑法被滥用，如德国精密、科学的刑法理论被纳粹作为镇压异己的工具，必须清醒地认识到，法治的实现要有优良的政治环境，否则，再科学的刑法也无法摆脱被作为镇压工具的命运。[4]刑法理论的科学性、

---

〔1〕 张阳：“社会危害性与刑事违法性的理论冲突及其解决”，载《中国刑事法杂志》2009年第5期。

〔2〕 参见陈兴良：“社会危害性理论——一个反思性检讨”，载《法学研究》2000年第1期。

〔3〕 参见翟文明、李冶威主编：《现代汉语辞海》光明日报出版社2002年版，第694页。

〔4〕 参见［德］约阿希姆·福格尔：“纳粹主义对刑法的影响”，载陈兴良主编：《刑事法评论》（第27卷），北京大学出版社2010年版，第283页。

合理性对刑事法治的发展固然重要，但是开放、民主的政治环境对刑事法治的发展更重要，同样的刑法理论，在不同政治环境的国家，其实际效果可能有天壤之别。而且，法益概念和社会危害性概念都有同样的缺陷，即“空洞性”和非规范性，有些犯罪侵害的法益是什么，并不明确，判断某行为是否构成犯罪，还是要以犯罪构成要件为具体标准。[1]实际上，法益概念起不到限制入罪的作用。在司法实践中，使用什么法学概念也许并不重要，重要的是其实际效果。

在司法阶段，强调刑事违法性的主导地位是没有错的，但是刑事违法性服务的是入罪之需，其对于有刑事违法性而没有严重社会危害性的行为的处理是无能为力的，这时，只能寻求社会危害性理论的帮助。[2]

二、判断社会危害性应考量的因素

对行为的社会危害性判断包括有无的判断和大小的判断，两者的判断标准是同一的，那么，以判断行为的社会危害性的有无和大小应当考量哪些因素呢？概言之，主要应考量如下因素：

（一）行为本身的性质

行为本身的性质可以表征社会危害性，承载着一般国民对其的否定评价，与社会主流价值观相悖，因此，我国《刑法》第61条将“犯罪的性质”作为量刑的主要考量因素之一。按照行为是否符合法律规范，可以将行为分为违法行为、中性行为、合法行为，违法行为又可以被划分为犯罪行为和一般违法行为。

---

〔1〕 参见刘仁文：“再返弗莱堡”，载《法制日报》2017年12月27日。

〔2〕 参见孙建保：《刑法中的社会危害性理论研究》，上海人民出版社2016年版，第192页。

两者的违法性程度不同，但都具有社会危害性，如盗窃行为可被分为盗窃犯罪和受治安处罚的行为。但是，有些行为一旦实施，就构成犯罪，如故意杀人行为、强奸行为等，因为这些行为侵犯了公民的重大权益，应被刑法所禁止。

（二）行为的手段、方法

“手段”是为了达到一定的目的而使用的方法[1]，而“方法”是为了达到某个目的而采取的途径、步骤、手段等[2]，可见，手段和方法是同义词。为了达到同一目的，使用的手段、方法不同，行为的社会危害性有无、大小均有区别，如为了挣钱，有的通过合法劳动挣钱，有的通过坑蒙拐骗“挣钱”，前者是合法的，后者则是违法甚至犯罪的。同样是犯罪行为，因手段、方法不同，其社会危害性大小不一样，如同样是杀人行为，有的是一刀将被害人杀害，有的是使用残忍的手段将被害人杀害，后者的社会危害性显然大于前者，行为人所面临的刑罚惩罚是不一样的。再如，同样是盗窃数额较小财物的行为（俗称“小偷小摸”），携带凶器盗窃、扒窃就会构成犯罪。

（三）行为的时间、地点、对象

行为的时间、地点、对象等对行为的社会危害性有无、大小有影响，如只有在战时构成的犯罪有战时拒绝、逃避服役罪、战时窝藏逃离部队军人罪、战时造谣惑众罪等。“在公众场合当众实施”是强奸罪、猥亵儿童罪法定刑升格的条件之一。同样是盗窃行为，以富人为盗窃对象的社会危害小于以穷人、经济困难的残疾人、老人为盗窃对象的社会危害。

---

[1] 参见翟文明、李冶威主编：《现代汉语辞海》光明日报出版社 2002 年版，第 1065 页。

[2] 参见翟文明、李冶威主编：《现代汉语辞海》光明日报出版社 2002 年版，第 302 页。

（四）行为的客观结果

结果无（反）价值论者认为结果恶才是违法性的根据，只有行为造成法益侵害或者侵害的实际危险时，才对该行为予以否定评价，以凸显行为客观结果的重要性。行为对法益有无实际侵害或者侵害的危险，决定着社会危害性的有无，行为对法益实际侵害或侵害危险的大小决定着社会危害性的大小。行为侵害法益的客观结果一般表现为可被量化的数额、情节、后果等，故有些行为如果要入罪，有一定的数额、情节、后果等要求。

（五）行为人自身的情况

虽然说社会危害性评价的客体是行为，但是行为人自身的情况（主要是其人身危险性）不仅影响着定罪，而且影响量刑，是行为人刑法的表现。我国《刑法》第201条（逃税罪）第3款前半段规定了逃税行为出罪的事由，后半段（“但书”部分）规定了除外情形，即“五年内因逃避缴纳税款受过刑事处罚或者被税务机关给予二次以上行政处罚的”。最高人民法院、最高人民检察院《关于办理侵犯公民个人信息刑事案件适用法律若干问题的解释》第5条第1款第（九）项直接将行为人的前科劣迹作为入罪的条件之一，即“曾因侵犯公民个人信息受过刑事处罚或者二年内受过行政处罚，又非法获取、出售或者提供公民个人信息的”，类似的规定还有《关于办理非法利用信息网络、帮助信息网络犯罪活动等刑事案件适用法律若干问题的解释》第10条第（六）项、第12条第（五）项、最高人民法院《关于审理掩饰、隐瞒犯罪所得、犯罪所得收益刑事案件适用法律若干问题的解释》（2021年修正）第1条第1款第（一）项。换言之，行为人的前科劣迹被作为认定行为是否入罪的量化标准之一，体现人身危险性的因素被纳入评价社会危害性的标准中，这也涉及社会危害性和人身危险性的区别问题。

关于人身危险性的理论地位问题，主要有犯罪本质特征说、定罪根据说、量刑根据说、刑事责任根据说等，人身危险性是对行为人的评价，在惯犯、情节犯罪、多次犯等犯罪中，人身危险性是此类犯罪的必备要件，因此，其是犯罪的社会危害性的组成部分。〔1〕一般来说，人身危险性一般指行为人再犯可能性，与行为是否成立犯罪关系不大，与刑罚个别化、预防刑关系甚密，如对累犯、再犯从重处罚。对社会危害性的评价应着眼于已然的行为，因为入罪的评价对象是稳定的、客观的，评价的结论才可能是合理的，而未然的行为人的人格特征，不应被列入犯罪是否成立的评价要素。〔2〕

（六）行为人的主观因素

评价行为的社会危害性的有无、大小要坚持主客观相统一的原则，不仅要看行为造成的客观危害，而且要看行为人在实施行为时的主观心理，如构成要件的故意、过失、犯罪动机、目的犯的目的、倾向犯的内心倾向、表现犯的主观违法状态等。行为人的主观因素在行为的社会危害性判断中发挥着重要的作用，如构成盗窃罪、诈骗罪、抢劫罪等要求“非法占有目的”，故意杀人和过失致人死亡的社会危害性不同。通常认为“违法是客观的，责任是主观的”，其实不然，“主观要素缺位可能无法评价不法的有无，主观要素还能够影响到具体不法类型的判断以及行为的危险程度”〔3〕，因此，主观构成要件要素的存在是

〔1〕 参见赵永红：“论人身危险性在刑法中的定位”，载《法学评论》2002年第2期。

〔2〕 参见卢建军：“人身危险性评估的基本方法”，载《人民检察》2011年第14期。

〔3〕 崔志伟：“不法是客观的，责任是主观的？——对当下归属理论的一种质疑”，载《法学家》2022年第1期。

客观的，也是必要的。

主观恶性是行为人在实施危害行为之时的应受谴责的心理态度，是心理事实和规范评价的统一，从属于行为人的主观因素。行为人的主观恶性与人身危险性也存在区别，前者是对实施已然行为时主观心理的谴责，后者是对行为人实施未然犯罪的评价。〔1〕

三、社会危害性理论引导出罪

罪刑法定原则约束的主要是入罪，因此，刑法出罪事由并不在其效力的范围之内。但是，出罪并不能随心所欲，必须要有合法或合理的事由，否则会放纵犯罪，进而松弛刑法所维护的秩序。为贯彻罪刑法定原则，社会危害性并不适合作为司法实践中入罪的指导形象，入罪必须以构成要件为标准，但是其却适合作为出罪的指引，可以成为检验出罪正当性的工具，那就是要反向使用社会危害性理论，将没有社会危害性的行为、社会危害性较小的行为排除出犯罪评定圈。

（一）没有达到严重社会危害性而出罪

犯罪是严重危害社会的行为，没有达到严重社会危害性的行为应出罪，实践中常用《刑法》第 13 条“但书”的规定出罪。储槐植教授认为，在司法上，《刑法》第 13 条“但书”通过协调情与法，保证了实质合理的实现。〔2〕鉴于第七章第三节已经对《刑法》第 13 条“但书”进行了详细的论述，本部分仅结合近年来发生的案例进行补充论述。

---

〔1〕参见苏青：《社会危害性理论研究——渊源、比较与重构》，法律出版社 2017 年版，第 116~118 页。

〔2〕参见储槐植、张永红：“刑法第 13 条但书的价值蕴涵”，载《江苏警官学院学报》2003 年第 2 期。

【刑事司法案例第45例】失业博士偷菜案[1]

2020年10月7日至10月26日期间，刘某某（失业博士）来到重庆市北碚区某某菜市场，多次盗走被害人翁某某在此经营的摊位上的蔬菜。案发后，刘某某赔偿被害人翁某某人民币500元并取得其谅解。经价格认定：被盗的蔬菜价值共计人民币46.5元。

公诉机关认为，刘某某实施了《刑法》第264条规定的行为。鉴于其到案后如实供述自己的罪行、认罪认罚，且已赔偿被害人损失并取得其谅解，犯罪情节轻微，不需要判处刑罚，决定对刘某某不起诉。公诉机关对刘某某决定不起诉的法律依据是《刑事诉讼法》第177条第2款的规定，即酌定不起诉，其法律后果是：行为人的行为已经构成犯罪，可被追究刑事责任，但是鉴于行为人的犯罪情节轻微，公诉机关放弃起诉。

【刑事司法案例第46例】流浪汉为果腹偷盒饭案[2]

2021年10月，张春（化名）因脚受伤，无法干活，暂时没有收入来源。因饥饿，其连续几天偷窃放置在外卖员电瓶车上的送餐箱内无人看管的盒饭，偷盗盒饭没几次，张春被抓了个现行。

张春在公共场所多次盗窃，涉嫌犯罪，公安机关提请河北省衡水市桃城区人民检察院批准逮捕张春。办案检察官认为，张春的行为在客观上虽然达到了定罪量刑的起点，但从社会危害性和社会治理的角度来讲，追究张春的刑事责任并不是“良法善治”的要求。检察机关决定对张春涉嫌盗窃一案不予批准逮捕，随后，公安机关作出了撤销案件的决定。撤销案件是出

---

〔1〕 参见重庆市北碚区人民检察院渝碚检刑不诉［2021］Z46号不起诉决定书。

〔2〕 于潇、陈鑫欣、阴栓法：“流浪汉为果腹偷盒饭，需不需要动用刑罚?”，载 https://m.gmw.cn/baijia/2022-01/09/1302755413.html，2022年1月12日访问。

罪的方式之一。

上述两个案件，偷菜的博士构成犯罪，偷盒饭的流浪汉不构成犯罪，前案的处理方式遭到社会公众的批评，后案的处理方式受到人民群众的赞许。因饥饿而多次偷窃少量的食物的社会危害程度没有达到犯罪的程度，理由如下：一是非法占有财物的价值没有达到刑法规定的数额较大的程度；二是在饥饿的状态下，法律要求生活无着的行为人不偷窃食物果腹未免强人所难；三是投入稀缺的刑法资源应对“小偷小摸”行为，投入和产出明显不成比例。四是最高人民检察院《人民检察院办理不起诉案件质量标准（试行）》（［2007］高检诉发63号）中规定：因生活无着偶然实施盗窃等轻微犯罪的犯罪嫌疑人，人身危险性不大的，可以依法不起诉。

我国《刑法》第264条对“多次盗窃、入户盗窃、携带凶器盗窃、扒窃”并没有数额的要求，最高人民法院、最高人民检察院《关于办理盗窃刑事案件适用法律若干问题的解释》第3条第一款认为“二年内盗窃三次以上的”属于“多次盗窃”。《治安管理处罚法》第49条规定了盗窃违法行为。如果认为“多次盗窃”行为没有数额要求，将会导致《治安管理处罚法》关于盗窃违法行为的规定没有被适用的空间。因此，在出罪时，应从实质上解释犯罪构成，将犯罪限定在具有严重危害性的行为之内。对行为人在主观上只有盗窃价值低微财物的故意，实际上也没有窃取到数额较大的财物的，虽多次盗窃，但不宜认定为犯罪。确有必要处罚的，可适用《治安管理处罚法》。

刑法是规制社会危害行为的最后手段，只有在民法、行政法等法律无法实现有效规制时，刑法才有必要介入。从社会治理的角度来看，刑法不是治理社会最有效的手段，刑罚对罪犯及其家人的副作用也比较明显[1]，依赖刑法治理社会不可能达到“善治”。在劳教制度被废除后，以前应被劳教的违法行为不应过度向刑法分流，以免造成刑法资源的“透支”。

值得注意的是，行为的社会危害性是变化的，随着客观情况的变化，行为的社会危害性减少或者消失，而刑事立法和司法解释没有进行相应调整时，应按照实际的情况，对该行为的社会危害性进行评价，典型的例子是近年来多次发生的买卖人工繁育的鹦鹉的案件，多名售卖人获刑。在“江西鹦鹉案”中，法院认为，涉案费氏牡丹鹦鹉来源可追溯，系人工种源非野生种源……商业利用多年，驯养繁殖技术成熟，已成规模，数量增加，形成较大产业链。综上，邱某荣收购、出售涉案费氏牡丹鹦鹉的行为，情节显著轻微，危害不大，不宜认定为犯罪。[2] 2021 年 11 月，南昌检察机关对涉嫌非法收购、运输、出售珍贵、濒危野生动物的闵某平夫妇作出不起诉决定，主要理由是：涉案费氏牡丹鹦鹉系人工繁育，技术成熟规模较大，案发后国家林业和草原局对人工繁育的费氏牡丹鹦鹉开展专用标识管理试点，闵某平上述行为实际已无社会危害性。[3]在办理动物资源类刑事案件时，要区分人工繁育的野生动物和野生动物，对于经过人工繁育后，种群数量大大增加、不属于濒危的野生动物，能够使用行政手段来管理、保护时[4]，就没有必要动用刑

〔1〕 根据法律规定，受过刑事处罚的人不能担任法官、检察官、公务员、律师、司法鉴定人员、公证员、外交人员、村委会成员、拍卖师、证券从业人员、破产管理人等，对其子女参军、报考警校、公务员等有不良影响。

〔2〕 参见江西省鹰潭市中级人民法院［2020］赣 06 刑终 92 号判决书。

〔3〕 郝莹：“南昌费氏牡丹鹦鹉案从‘面临十年刑期’到不起诉 律师：推动动物案法治进步”，载 https://www.sohu.com/a/505329319_120952561，2022 年 1 月 12 日访问。

〔4〕 国家林业和草原局已经对人工繁育的费氏牡丹鹦鹉开展专用标识管理试点。

法来保护。

（二）因符合刑事政策而出罪

德国刑法学家李斯特提出了针对刑法与刑事政策的著名观点——刑法是刑事政策不可逾越的屏障，也被译为“罪刑法定原则是刑事政策不可逾越的藩篱”，这一观点被人们称之为“李斯特鸿沟”。刑法是“被告人的大宪章”，起到保护人权的作用，刑事政策可以直接指导刑事立法，将刑事政策的精神直接融入刑法规范中，在刑事司法领域，刑事政策不能作为入罪的直接依据，否则会破坏罪刑法定原则，但其可以作为出罪的直接依据。2021 年 4 月，中央全面依法治国委员会把“坚持少捕慎诉慎押”理念上升为刑事司法政策，其对出罪有积极的影响。

因符合刑事政策而出罪的典型案例是农民非法出售宅基地被认定为无罪的案例〔1〕，按照《土地管理法》，农村集体经济组织的成员将自有宅基地转让给本集体经济组织以外人员的行为的确违法，但从鼓励农村土地流转的政策导向来看，对转让自有宅基地的行为不宜追究刑事责任。中国共产党第十八届三中全会通过的中共中央《关于全面深化改革若干重大问题的决定》明确提出，要“赋予农民更多财产权利……保障农户宅基地用益物权，改革完善农村宅基地制度，选择若干试点，慎重稳妥推进农民住房财产权抵押、担保、转让”。最高人民法院《关于个人违法建房出售行为如何适用法律问题的答复》(法［2011］37 号）明确指出：在农村宅基地、责任田上违法建房出售如何处理的问题，涉及面广，法律、政策性强……在相关文件出台前，不宜以犯罪追究有关人员的刑事责任。在司法实践中，也有因出售宅基地触犯非法倒卖土地使用权罪而被判刑

〔1〕 参见《刑事审判参考》总第 114 集第 1252 号指导案例——王志芳非法转让土地使用权案。

的案例。[1]

政策和法律既有联系又有区别，政策对法律具有指导作用，法律对政策的实施有保障作用，但是政策具有灵活性，而法律具有稳定性。李斯特说，最好的社会政策就是最好的刑事政策。刑事政策应当以社会效果为自己的价值追求，“刑事政策出罪适用的话语体系已初步明确，即在成文刑法之外，为保障社会效果的实现，结合案件的特殊情况，免除行为犯罪性的逻辑过程”[2]。

（三）因遵守交易习惯而出罪

我国玉石文化源自新时期时代，而“赌石”却从清朝开始流行。“赌石”是翡翠原石交易方式之一，具有赌博的性质。因为翡翠原石表面有一层岩石包裹着，即使用现代科技手段也无法判明壳里面是否是璞玉，是否能买到璞玉要靠运气。赌石人凭着自己的经验，估算出价格，买回来原石被切割后可能得到璞玉，也有可能一文不值，这就是赌石的风险。“赌石”流行于滇缅边境，是一种独特的高档翡翠原石交易方式，并不为我国法律所禁止。2019 年发生的中国赌石第一案[3]在玉石行业引起了轩然大波，如果处理不慎，可能给玉石行业带来巨大的不良影响。

赌石是一种交易方式，受到参与者的认可，即使具有一定的“赌博”性质，也不违背公序良俗，不具有社会危害性。如

---

〔1〕 参见何生廷：“广州花都一村民倒卖宅基地使用权被判刑十个月”，载 http://gd. sina. com. cn/news/m/2019-02-20/detail-ihrfqzka7368245. shtml，2022 年 1 月 13 日访问。

〔2〕 夏伟：“刑事政策出罪方法论——基于历年刑事司法判决的思考”，载陈兴良主编：《刑事法评论》，北京大学出版社 2017 年版，第 493 页。

〔3〕 参见王娴：“‘中国赌石第一案’开庭：被告坚称无罪 专家呼吁‘尊重交易习惯’”，载 https://baijiahao. baidu. com/s? id = 1697576570851281250&wfr = spider&for =pc，2022 年 1 月 14 日访问。

果行为人遵循当地的交易习惯、规则，没有对翡翠原石实施造假行为（如对原石、皮壳、开口、芯子、颜色等造假），则不能被认定为诈骗。

（四）因情有可悯而出罪

最高人民法院周强院长2019年在第七次全国刑事审判工作会议上提出：正确适用刑事法律，兼顾天理国法人情。最高人民检察院检察长张军2021年在第十五次全国检察工作会议上强调：检察办案必须天理、国法、人情融为一体。我国古代司法就十分重视天理、国法、人情的统一，保存至今的河南内乡县衙的匾额上就直接写着“天理国法人情”六字。这里的“人情”是人之常情，不是个人私情偏见，司法不允许徇私，陈忠林教授认为：常识、常理、常情是指“为一个社会的普通民众长期认同，并且至今没有被证明是错误的基本的经验、基本的道理以及为该社会民众普遍认同与遵守的是非标准、行为准则”〔1〕。“常情”语出《庄子·人间世》中“传其常情，无传其溢言”，《庄子·人间世》中有“传其常情，无传其溢言”。“常情”的现代含义是情理、普通人的情感。在现代社会，主权在民，法律是公众意志的体现，常识、常理、常情已经被融入法律规范中，国法、天理、人情是一致的。但是司法是将抽象的法律规范适用于个案的过程，难免会出现裁判结果与常情不一致的情形，通常表现为裁判结果与常情、公众的认知、感受不一致。司法有其专业品格，法不容私情，但可容大众之情，司法裁判结果不能受舆情左右，但不能偏离常情、大众的认知、感受。

〔1〕 陈忠林：“‘常识、常理、常情’：一种法治观与法学教育观”，载《太平洋学报》2007年第6期。

【刑事司法案例第47例】河南郑州贩毒母亲案[1]

河南郑州中牟县的李芳（化名）的儿子罹患一种罕见的癫痫症。在医生介绍下，李芳购买药物氯巴占用于儿子的癫痫病治疗，该药对治疗癫痫病有效。在不少国家，氯巴占是获批上市的、用于癫痫疾病治疗的药物，但在国内，该药没有合法买卖渠道，被列为国家管制第二类精神药品。为了治疗儿子的癫痫病，李芳只得从代购者手中购买氯巴占。中牟县人民检察院认定：代购者"铁马冰河"（已被提起公诉）非法从事氯巴占代购，即低价从境外购买此类药品，通过微信群加价向患有癫痫疾病人的家属贩卖，从中牟利。而李芳为了以后更方便向"铁马冰河"购买药品为儿子治疗，明知氯巴占属于国家管制药品，仍帮助收取包裹并转寄给"铁马冰河"。检察机关认为，李芳实施了运输毒品的行为，但鉴于李芳系从犯、初犯、有坦白情节、为子女治病诱发犯罪，未获利，社会危害性较小、家中有患癫痫疾病的未成年子女需要抚养等从轻、减轻情节，检察机关依据《刑事诉讼法》第177条第2款，决定对李芳不起诉。[2]和李芳一样，另外3名患儿母亲也被检方定罪不起诉。李芳认为其购买氯巴占的目的只是让孩子活命，其不构成犯罪，对检方的定罪不起诉的决定不服，目前在申诉中。

氯巴占是药品，能拯救生命，氯巴占如果被滥用，就会成为毒品，进而毁灭生命，一面病情凶猛，患儿需要服药，一面是国家要对精神药品进行管制，防止被滥用，情理和法理发生严重冲突。"法律不强人所难"，在需要氯巴占拯救患儿的生命时，不能期待一个母亲遵守精神药品的管制规定而置自己子女

---

〔1〕参见石榴王："'贩毒'母亲：只想救儿子"，载 https://new.qq.com/omn/20211222/20211222A0BMTT00.html，2022年1月15日访问。

〔2〕参见牟检刑不诉［2021］39号不起诉书。

的生命于不顾，即使其做出了违法犯罪行为，也情有可原，该行为不具有社会危害性，应被认定为无罪。

“遵国法、循天理、顺人情，权衡考量、统筹兼顾的出发点和落脚点，是人民利益、人民意愿、人民福祉”。[1]司法者要慎思明辨、尊重民意，体恤人情，保障民权，其裁判才能赢得民众的理解和尊重。

---

〔1〕 何莉：“兼顾国法天理人情 彰显司法公平正义”，载《人民法院报》2021年11月18日。

参考文献
Reference

一、中文文献

（一）中文著作

1. 马克昌、杨春洗、吕继贵主编：《刑法学全书》，上海科学技术文献出版社 1993 年版。
2. 高铭暄、马克昌主编：《刑法学》（第 9 版），北京大学出版社、高等教育出版社 2019 年版。
3. 刘振鲲：《图解刑法入门》，元照出版公司 2014 年版。
4. 王勇：《定罪导论》，中国人民大学出版社 1990 年版。
5. 苗生明：《定罪机制导论》，中国方正出版社 2000 年版。
6. 孙春雨：《中美定罪量刑机制比较研究》，中国人民公安大学出版社 2007 年版。
7. 陈庆安：《超法规排除犯罪性事由研究》，上海社会科学院出版社 2010 年版。
8. 方鹏：《出罪事由的体系和理论》，中国人民公安大学出版社 2011 年版。
9. 杨明：《程序法出罪功能研究》，法律出版社 2011 年版。
10. 杜辉：《刑事法视野中的出罪研究》，中国政法大学出版社 2012 年版。
11. 储陈城：《出罪机制保障论》，法律出版社 2018 年版。
12. 高诚刚：《经济犯罪出罪事由研究》，武汉大学出版社 2018 年版。
13. 张永红：《我国刑法第 13 条但书研究》，法律出版社 2004 年版。
14. 彭文华：《〈刑法〉第 13 条但书与刑事制裁的界限》，中国人民大学出版社 2019 年版。
15. 高格：《正当防卫与紧急避险》，福建人民出版社 1985 年版。
16. 陈兴良：《正当防卫论》，中国人民大学出版社 1987 年版。
17. 郭守权、何泽宏、杨周武：《正当防卫与紧急避险》，群众出版社 1987 年版。
18. 周国均、刘根菊：《正当防卫的理论与实践》，中国政法大学出版社 1988 年版。
19. 高景山：《正当防卫功能论》，山东人民出版社 1989 年版。
20. 彭卫东：《正当防卫论》，武汉大学出版社 2001 年版。
21. 汪永智：《中国正当防卫制度研究》，海潮出版社 2003 年版。
22. 刘明祥：《紧急避险研究》，中国政法大学出版社 1998 年版。
23. 谢雄伟：《紧急避险基本问题研究》，中国人民公安大学出版社 2008 年版。
24. 王剑波：《正当防卫正当化的根据及其展开》，对外经济贸易大学出版社 2010 年版。
25. 王钢：《正当防卫的正当化依据与防卫限度——兼论营救酷刑的合法性》，元照出版公司 2019 年版。
26. 王政勋：《正当行为论》，法律出版社 2000 年版。
27. 田宏杰：《刑法中的正当化行为》，中国检察出版社 2004 年版。
28. 李怀胜：《正当行为制度适用》，中国人民公安大学出版社 2012 年版。
29. 马乐：《刑法学中的“正当”与违法性理论》，法律出版社 2017 年版。
30. 田宏杰：《违法性认识研究》，中国政法大学出版社 1998 年版。
31. 于洪伟：《违法性认识理论研究》，中国人民公安大学出版社 2007 年版。
32. 李涛：《违法性认识的中国语境展开》，法律出版社 2016 年版。
33. 童德华：《刑法中的期待可能性论》，中国政法大学出版社 2004 年版。
34. 肖晚祥：《期待可能性理论研究》，上海人民出版社 2012 年版。
35. 陈忠林主编：《违法性认识》，北京大学出版社 2006 年版。
36. 刘远主编：《期待可能性》，北京大学出版社 2009 年版。
37. 白洁：《刑法中的客观处罚条件研究》，群众出版社 2017 年版。

38. 钱叶六主编:《出罪事由的理论与实践》, 法律出版社 2019 年版。
39. 林山田:《刑法通论》(上册)(增订 10 版), 北京大学出版社 2012 年版。
40. 赵秉志主编:《英美刑法学》, 中国人民大学出版社 2004 年版。
41. 袁小刚:《无罪裁判研究》, 人民法院出版社 2014 年版。
42. 贾学胜:《非犯罪化研究》, 法律出版社 2011 年版。
43. 贾学胜:《司法上的非犯罪化研究》, 暨南大学出版社 2014 年版。
44. 成安:《无罪辩护:理论基础与中国实践》, 法律出版社 2015 年版。
45. 马克昌:《宽严相济刑事政策研究》, 清华大学出版社 2012 年版。
46. 魏东:《刑事政策原理》, 中国社会科学出版社 2015 年版。
47. 马克昌:《比较刑法原理——外国刑法学总论》, 武汉大学出版社 2002 年版。
48. 张明楷:《刑法格言的展开》(第 3 版), 北京大学出版社 2013 年版。
49. 张明楷:《刑法学》(第 5 版), 法律出版社 2016 年版。
50. 张明楷:《外国刑法纲要》(第 3 版), 法律出版社 2020 年版。
51. 张明楷:《刑法分则的解释原理》(第 2 版)(下), 中国人民大学出版社 2011 年版。
52. 张明楷:《刑法的基本立场》(修订版), 商务印书馆 2019 年版。
53. 储槐植:《美国刑法》(第 2 版), 北京大学出版社 1996 年版。
54. 储槐植:《刑事一体化》, 法律出版社 2004 年版。
55. 梁根林:《刑事法网:扩张与限缩》, 法律出版社 2005 年版。
56. 梁根林:《刑事政策:立场与范畴》, 法律出版社 2005 年版。
57. 卢建平:《刑事政策与刑法》, 中国人民公安大学出版社 2004 年版。
58. 曲新久:《刑事政策的权力分析》, 中国政法大学出版社 2002 年版。
59. 许福生:《刑事政策学》, 中国民主法制出版社 2006 年版。
60. 李洁:《论罪刑法定的实现》, 清华大学出版社 2006 年版。
61. 龚义年:《刑法宽容论》, 法律出版社 2015 年。
62. 宁汉林、魏克家:《中国刑法简史》, 中国检察出版社 1997 年版。
63. 林咏荣:《中国法制史》, 永裕印刷厂 1976 年版。
64. 李立众:《犯罪成立理论研究——一个域外方向的尝试》, 法律出版社 2006 年版。

65. 余振华：《刑法违法性理论》，元照出版公司 2001 年版。
66. 王秀梅等：《美国刑法规则与实证解析》，中国法制出版社 2007 年版。
67. 陈家林：《外国刑法理论的思潮与流变》，中国人民公安大学出版社、群众出版社 2017 年版。
68. 李海东：《刑法原理入门（犯罪论基础）》，法律出版社 1998 年版。
69. 李文健：《罪责概念之研究——非难的实质基础》，春风煦日论坛 1998 年版。
70. 冯军：《刑事责任论》，法律出版社 1996 年版。
71. 张波：《罪过的本质及其司法运用》，法律出版社 2014 年版。
72. 张丽卿：《刑法总则理论与运用》，一品文化出版社 2005 年版。
73. 赵秉志主编：《英美刑法学》（第 2 版），科学出版社 2010 年版。
74. 余振华：《刑法深思・深思刑法》，元照出版公司 2005 年版。
75. 甘添贵、谢庭晃：《捷径刑法总论》，瑞兴图书公司 2006 年版。
76. 赵秉志主编：《外国刑法原理（大陆法系）》，中国人民大学出版社 2000 年版。
77. 许玉秀：《当代刑法思潮》，中国民主法制出版社 2005 年版。
78. 刘立慧：《新犯罪论纲要》，中国民主法制出版社 2015 年版。
79. 范忠信、郑定、詹学农：《情理法与中国人》（修订版），北京大学出版社 2011 年版。
80. 周光权：《刑法学学习定律》，北京大学出版社 2019 年版。
81. 刘艳红：《实质刑法观》，中国人民大学出版社 2009 年版。
82. 邓子滨：《中国实质刑法观批判》，法律出版社 2009 年版。
83. 张文显主编：《法理学》，高等教育出版社 2003 年版。
84. 孙宝忠：《刑法的价值体系及其取向》，人民出版社 2010 年版。
85. 宗建文：《刑法机制研究》，中国方正出版社 2000 年版。
86. 陈忠林：《意大利刑法纲要》，中国人民大学出版社 1999 年版。
87. 陈金钊主编：《法理学——本体与方法》，法律出版社 1996 年版。
88. 张文显主编：《法理学》（第 3 版），法律出版社 2007 年版。
89. 沈宗灵：《现代西方法理学》，北京大学出版社 1992 年版。
90. 张文显：《二十世纪西方法哲学思潮研究》，法律出版社 1996 年版。

91. 陈光中主编：《刑事诉讼法》（第2版），北京大学出版社、高等教育出版社2005年版。
92. 樊崇义主编：《刑事诉讼法学》（第3版），中国政法大学出版社2002年版。
93. 李婉琳：《社会变迁中的法律——穆尔法人类学思想研究》，中国人民公安大学出版社2011年版。
94. 尹伊君：《社会变迁的法律解释》，商务印书馆2003年版。
95. 赵旭东：《法律与文化：法律人类学研究与中国经验》，北京大学出版社2011年版。
96. 夏征农、陈至立编：《辞海》（第6版彩图本），上海辞书出版社2009年版。
97. 王海明：《伦理学原理》（第3版），北京大学出版社2009年版。
98. 严春友：《人：西方思想家的阐释》，中国社会科学出版社2005年版。
99. 金耀基：《中国民本思想史》，法律出版社2008年版。
100. 聂慧苹：《刑法中社会危害性理论的应用研究》，法律出版社2013年版。
101. 孙建保：《刑法中的社会危害性理论研究》，上海人民出版社2016年版。
102. 苏青：《社会危害性理论研究——渊源、比较与重构》，法律出版社2017年版。
103. 陈璇：《紧急权：体系建构与基本原理》，北京大学出版社2021年版。

（二）中文译著

1. ［德］弗兰茨·冯·李斯特：《德国刑法教科书》，徐久生译，法律出版社2000年版。
2. ［德］汉斯·海因里希·耶赛克、托马斯·魏根特：《德国刑法教科书》，徐久生译，中国法制出版社2017年版。
3. ［德］克劳斯·罗克辛：《德国刑法学总论：犯罪原理的基础构造》（第1卷），王世洲译，法律出版社2005年版。
4. ［日］大谷实：《刑法总论》，黎宏译，法律出版社2003年版。
5. ［日］西田典之：《日本刑法总论》，刘明祥、王昭武译，中国人民大学出版社 2007 年版。
6. ［日］大谷实：《刑事政策学》，黎宏译，法律出版社 2000 年版。
7. ［日］前田雅英：《刑法总论讲义》，曾文科译，北京大学出版社 2017 年版。
8. ［日］松原芳博：《刑法总论重要问题》，王昭武译，中国政法大学出版社 2014 年版。
9. ［法］卡斯东・斯特法尼等：《法国刑法总论精义》，罗结珍译，中国政法大学出版社 1998 年版。
10. ［意］杜里奥・帕多瓦尼：《意大利刑法学原理》（注评版），陈忠林译评，中国人民大学出版社 2004 年版。
11. ［英］杰瑞米．侯德：《阿什沃斯刑法原理》（第 8 版），时延安、史蔚译，中国法制出版社 2019 年版。
12. ［美］约书亚・德雷斯勒：《美国刑法精解》，王秀梅等译，北京大学出版社 2009 年版。
13. ［美］乔治・P. 弗莱彻：《刑法的基本概念》，蔡爱惠、陈巧燕、江溯译，中国政法大学出版社 2004 年版。
14. ［日］小野清一郎：《犯罪构成要件理论》，王泰译，中国人民公安大学出版社 1991 年版。
15. ［德］恩施特・贝林：《构成要件理论》，王安异译，中国人民公安大学出版社 2006 年版。
16. ［日］木村龟二主编：《刑法学词典》，顾肖荣、郑树周译校，上海翻译出版公司 1991 年版。
17. ［苏］B. H. 库德里亚夫采夫：《定罪通论》，李益前译，中国展望出版社 1989 年版。
18. ［苏］Л. B. 巴格里-沙赫马托夫：《刑事责任与刑罚》，韦政强、关文学、王爱儒译，法律出版社 1984 年版。
19. ［日］松原芳博：《犯罪概念和可罚性——关于客观处罚条件与一身处罚阻却事由》，毛乃纯译，中国人民大学出版社 2020 年版。
20. 美国量刑委员会编：《美国量刑指南》，王世洲等译，北京大学出版社 1995 年版。

21. ［苏］A. H. 特拉伊宁：《犯罪构成的一般学说》，王作富等译，中国人民大学出版社 1958 年版。
22. ［法］孟德斯鸠：《论法的精神》，张雁深译，商务印书馆 1961 年版。
23. ［美］理查德·波斯纳：《各行其是：法学与司法》，苏力、邱遥堃译，中国政法大学出版社 2017 年版。
24. 李本灿等编译：《合规与刑法：全球视野的考察》，中国政法大学出版社 2018 年版。
25. ［美］E. 博登海默：《法理学——法哲学及其方法》，邓正来、姬敬武译，华夏出版社 1987 年版。
26. ［德］马克斯·韦伯：《经济与社会》，林荣远译，商务印书馆 1997 年版。
27. ［美］罗伯特·诺奇克：《合理性的本质》，葛四友、陈昉译，上海译文出版社 2012 年版。
28. ［美］约翰·杜威：《确定性的寻求：关于知行关系的研究》，傅统先译，上海人民出版社 2004 年版。

（三）刑法典

1. 《苏俄刑法典》，王增润译，法律出版社 1962 年版。
2. 《德国刑法典》，徐久生、庄敬华译，中国法制出版社 2000 年版。
3. 《俄罗斯联邦刑法典》，黄道秀译，北京大学出版社 2008 年版。
4. 《最新意大利刑法典》，黄风译注，法律出版社 2007 年版。
5. 《葡萄牙刑法典》，陈志军译，中国人民公安大学出版社 2010 年版。
6. 《西班牙刑法典》，潘灯译，中国检察出版社 2015 年版。
7. 《荷兰刑法典》，颜九红、戈玉和译，北京大学出版社 2008 年版。
8. 《希腊刑法典》，陈志军译，中国人民公安大学出版社 2010 年版。
9. 《匈牙利刑法典》，陈志军译，中国人民公安大学出版社 2008 年版。
10. 《波兰刑法典》，陈志军译，中国人民公安大学出版社 2009 年版。
11. 《科索沃地区刑法典》，汤海军、徐留成译，中国人民公安大学出版社 2011 年版。
12. 《保加利亚刑法典》，陈志军译，中国人民公安大学出版社 2007 年版。
13. 《瑞典刑法典》，陈琴译，北京大学出版社 2005 年版。

14.《芬兰刑法典》，肖怡译，北京大学出版社 2005 年版。
15.《瑞士联邦刑法典》，徐久生、庄敬华译，中国方正出版社 2004 年版。
16.《比利时刑法典》，陈志军译，中国政法大学出版社 2015 年版。
17.《捷克刑法典》，陈志军译，中国人民公安大学出版社 2011 年版。
18.《澳大利亚联邦刑法典》，张旭等译，北京大学出版社 2006 年版。
19.《墨西哥联邦刑法典》，陈志军译，中国人民公安大学出版社 2010 年版。
20.《古巴刑法典》，陈志军译，中国人民公安大学出版社 2010 年版。
21.《智利刑法典》，陈志军译，中国政法大学出版社 2015 年版。
22.《日本刑法典》（第 2 版），张明楷译，法律出版社 2006 年版。
23.《大韩民国刑法与刑事诉讼法》，葛晓娟译，中国人民公安大学出版社 2019 年版。
24.《朝鲜民主主义人民共和国刑法典》，陈志军译，中国人民公安大学出版社 2008 年版。
25.《越南刑法典》，米良译，中国人民公安大学出版社 2005 年版。
26.《泰国刑法典》，吴光侠译，中国人民公安大学出版社 2004 年版。
27.《菲律宾刑法典》，陈志军译，中国人民公安大学出版社 2007 年版。
28.《大洋洲十国刑法典》，李洪磊译，中国方正出版社 2009 年版。

（四）硕士、博士学位论文

1. 魏再金：“以行使权利相威胁的敲诈勒索行为定性研究——以限缩解释方法展开”，西南政法大学 2017 年博士学位论文。
2. 汪飞：“我国犯罪构成体系‘出罪机制’的构建”，南京师范大学 2014 年硕士学位论文。
3. 谢佳红：“犯罪圈的划定与文化变迁”，中南民族大学 2009 年硕士学位论文。
4. 陈积雪：“入罪的形式化与出罪的实质化：刑法解释立场的两个面向”，海南大学 2019 年硕士学位论文。
5. 李伟：“刑法之除罪化思想探讨”，中国政法大学 2014 年硕士学位论文。
6. 王远伟：“我国刑法第 13 条但书司法适用研究”，西南政法大学 2017 年博士学位论文。

7. 孙本雄："出刑制度的理论建构与实现路径"，北京师范大学 2018 年博士学位论文。

（五）期刊论文

1. 周光权："凡刑辩艰难处皆为刑法学痛点"，载《中国法律评论》2020 年第 1 期。
2. 陈银珠："刑法理论与实践之间的'恶性循环'与'良性互动'——我国刑法理论的反思"，载《南京大学法律评论》2011 年第 2 期。
3. 叶小琴："论刑法的趋同"，载《法学评论》2009 年第 3 期。
4. 储槐植："再说刑事一体化"，载《法学》2004 年第 3 期。
5. 陈兴良："入罪与出罪：罪刑法定司法化的双重考察"，载《法学》2002 年第 12 期。
6. 夏勇："试论'出罪'"，载《法商研究》2007 年第 6 期。
7. 杨彩霞、周罡："'人肉搜索'：入罪抑或出罪"，载《学习月刊》2010 年第 14 期。
8. 储槐植、张永红："善待社会危害性观念——从我国刑法第 13 条但书说起"，载《法学研究》2002 年第 3 期。
9. 熊永明："犯罪圈的界定及其关系处理"，载《河南省政法管理干部学院学报》2007 年第 5 期。
10. 宋显忠："法律的形式、实体和程序"，载《社会科学战线》2007 年第 1 期。
11. 李龙、闫宾："历史维度中的实体法与程序法"，载《河北法学》2005 年第 7 期。
12. 王钰："客观处罚条件和诉讼条件的区分——兼论实体法和程序法的区别"，载《政治与法律》2016 年第 7 期。
13. 张明楷："论刑法的谦抑性"，载《法商研究》1995 年第 4 期。
14. 陈兴良："刑法谦抑的价值蕴含"，载《现代法学》1996 年第 3 期。
15. 陈兴良："宽严相济刑事政策研究"，载《法学杂志》2006 年第 1 期。
16. 谢望原："谨防刑法过分工具主义化"，载《法学家》2019 年第 1 期。
17. 李玉华："论控辩平等对抗"，载《政法论坛》2004 年第 2 期。
18. 冀祥德："控辩平等之现代内涵解读"，载《政法论坛》2007 年第

6 期。
19. 张吉喜："控辩平衡的实体法维度"，载《国家检察官学院学报》2009 年第 2 期。
20. 陈忠林："现行犯罪构成理论共性比较"，载《现代法学》2010 年第 1 期。
21. 周其华："论犯罪成立要件与犯罪构成要件的异同"，载《中国刑事法杂志》2004 年第 6 期。
22. 周峰等："《关于审理组织、强迫、引诱、容留、介绍卖淫刑事案件适用法律若干问题的解释》的理解与适用"，载《人民司法（应用）》2017 年第 25 期。
23. 陈璇："社会相当性理论的源流、概念和基础"，载陈兴良主编：《刑事法评论》（第 27 卷），北京大学出版社 2010 年版。
24. 于改之："社会相当性理论的体系地位及其在我国的适用"，载《比较法研究》2007 年第 5 期。
25. 蔡颖："重构被害人自陷风险的法理基础"，载《法制与社会发展》2020 年第 3 期。
26. 刘宪权："人工智能时代刑事责任与刑罚体系的重构"，载《政治与法律》2018 年第 3 期。
27. 林亚刚："论过失中的违法性意识"，载《中国法学》2000 年第 2 期。
28. 马荣春、陈志颖："违法性认识：'赵春华涉枪案'出罪的切入"，载《河南财经政法大学学报》2018 年第 1 期。
29. 孙国祥："违法性认识错误的不可避免性及其认定"，载《中外法学》2016 年 3 期。
30. 李立众、刘代华："期待可能性理论研究"，载《中外法学》1999 年第 1 期。
31. 李本灿："刑事合规理念的国内法表达——以'中兴通讯事件'为切入点"，载《法律科学（西北政法大学学报）》2018 年第 6 期。
32. 孙国祥："刑事合规的理念、机能和中国的构建"，载《中国刑事法杂志》2019 年第 2 期。
33. 田宏杰："刑事合规的反思"，载《北京大学学报（哲学社会科学版）》2020 年第 2 期。
34. 陈忠林：“应受刑罚惩罚性是犯罪的本质特征”，载《现代法学》1986 年第 2 期。
35. 陈少青：“罪量与可罚性”，载《中国刑事法杂志》2017 年第 1 期。
36. 王华伟：“误读与纠偏：‘以刑制罪’的合理存在空间”，载《环球法律评论》2015 年第 4 期。
37. 敦宁：“‘但书’在阶层式犯罪构成体系中的定位问题”，载《江西社会科学》2018 年第 7 期。
38. 王强：“我国《刑法》第 13 条但书规定新解——兼论但书在犯罪构成理论中的展开”，载《法律科学（西北政法大学学报）》2011 年第 5 期。
39. 刘艳红：“目的二阶层体系与‘但书’出罪功能的自洽性”，载《法学评论》2012 年第 6 期。
40. 储槐植：“我国刑法中犯罪概念的定量因素”，载《法学研究》1988 年第 2 期。
41. 付玉明：“论刑法中的中立帮助行为”，载《法学杂志》2017 年第 10 期。
42. 庄绪龙：“归纳与探索：‘法益可恢复性犯罪’的刑法评价思考”，载《法律适用》2014 年第 1 期。
43. 周光权：“行为无价值与结果无价值的关系”，载《政治与法律》2015 年第 1 期。
44. 周光权：“犯罪构成四要件说的缺陷：实务考察”，载《现代法学》2009 年第 6 期。
45. 张明楷：“以违法与责任为支柱构建犯罪论体系”，载《现代法学》2009 年第 6 期。
46. 付胥宇：“‘受虐妇女综合症’的刑事责任减免意义：美国经验及启示”，载《北方法学》2018 年第 6 期。
47. 张本顺：“‘法意、人情，实同一体’：中国古代‘情理法’整体性思维与一体化衡平艺术风格、成因及意义”，载《甘肃政法学院学报》2018 年第 5 期。

48. 陈兴良："形式解释论与实质解释论：事实与理念之展开"，载《法制与社会发展》2011 年第 2 期。
49. 陈兴良："形式解释论的再宣示"，载《中国法学》2010 年第 4 期。
50. 张明楷："实质解释论的再提倡"，载《中国法学》2010 年第 4 期。
51. 蔡元培："人权保障机能下实质解释论之反思——对 25 件实质解释案例的实证研究"，载《中国刑事法杂志》2014 年第 3 期。
52. 陈兴良："违法性理论：一个反思性检讨"，载《中国法学》2007 年第 3 期。
53. 王政勋："定量因素在犯罪成立条件中的地位——兼论犯罪构成理论的完善"，载《政法论坛》2007 年第 4 期。
54. 孙国祥："民法免责事由与刑法出罪事由的互动关系研究"，载《现代法学》2020 年第 4 期。
55. 石聚航："司法解释中的出罪事由及其改进逻辑"，载《环球法律评论》2020 年第 3 期。
56. 孙本雄："入罪与出罪：我国《刑法》第 13 条的功能解构"，载《政治与法律》2020 年第 4 期。
57. 陈伟、钟滔："刑法'但书'出罪的功能失调及其规范适用"，载《四川师范大学学报（社会科学版）》2020 年第 3 期。
58. 陈兴良："社会危害性理论——一个反思性检讨"，载《法学研究》2000 年第 1 期。
59. 陈兴良："社会危害性理论：进一步的批判性清理"，载《中国法学》2006 年第 4 期。
60. 刘志远："社会危害性概念之正当性考察"，载《中国刑事法杂志》2003 年第 4 期。
61. 张阳："社会危害性与刑事违法性的理论冲突及其解决"，载《中国刑事法杂志》2009 年第 5 期。
62. 赵运锋："以刑制罪法理分析与适用考察"，载《政法论丛》2016 年第 1 期。
63. 赵永红："论人身危险性在刑法中的定位"，载《法学评论》2002 年第 2 期。

64. 崔志伟："不法是客观的，责任是主观的？——对当下归属理论的一种质疑"，载《法学家》2022 年第 1 期。

（六）报刊网络

1. 张伟："出罪事由：如何形成一个科学体系"，载《检察日报》2018 年 5 月 17 日。
2. 李勇："挖掘刑法学研究的判例资源"，载《法制日报》2014 年 5 月 21 日。
3. 刘仁文："从四个层面理性看待犯罪"，载《检察日报》2006 年 8 月 18 日。
4. 桂林："'三步法'界定被害人特殊体质致死案刑事责任"，载《检察日报》2019 年 7 月 18 日。
5. 曹晶晶："卖仿真枪小贩为求无罪判决坚持上诉有了结果：王国其得到'不构成犯罪'说法"，载《南方都市报》2016 年 1 月 27 日。
6. 史洪举："别苛求民间打假人"，载《南通日报》2016 年 7 月 20 日。
7. 宋英辉、苑宁宁："尊重未成年人司法规律建立分级干预体系"，载《检察日报》2019 年 2 月 11 日。
8. 储槐植、闫雨："'赎罪'——既遂后不出罪存在例外"，载《检察日报》2014 年 8 月 12 日。
9. 储槐植："出罪应注重合理性"，载《检察日报》2013 年 9 月 24 日。
10. 庄绪龙："'法益恢复'的出罪价值与制度设计"，载《检察日报》2018 年 1 月 18 日。
11. 尹振国："'参''审'并重 强化司法民主"，载《学习时报》2018 年 7 月 30 日。
12. 徐日丹："'法不能向不法让步'深入人心"，载《检察日报》2020 年 5 月 27 日。
13. 刘仁文："再返弗莱堡"，载《法制日报》2017 年 12 月 27 日。
14. 付国豪："台超市员工偷吃茶叶蛋判刑 3 个月罚两万，网友讽：蛋蛋恐怖"，载 http://www.chinanews.com/tw/2019/06-17/8866802.shtml，2020 年 7 月 20 日访问。
15. "夫妻欠巨债雇凶杀自己 3 名割喉杀手被免死罪"，载 http://news.bandao.

cn/newsprint. asp? id=668135，2020 年 7 月 1 日访问。

16. 刘艺明：“女司机开车撞死劫匪法院认定为正当防卫”，载 http://fdjpkc. fudan. edu. cn/d200922/2009/0408/c7583a11821/page. htm， 2020 年 6 月 27 日访问。

17. “小偷被追跳河溺亡，法院判决追者无责”，载 https://new. qq. c-om/rain/a/20200616A0MYE200 ，2020 年 7 月 8 日访问。

18. “美国司法部刑事部门《公司合规程序评价》中译本（全文）”，载 https://www. sohu. com/a/312719962_ 733746，2020 年 7 月 18 日访问。

19. 顾伟：“从刑事合规的三次变革思考我国刑事合规的相关制度安排”，载 https://www. sohu. com/a/398305504_ 806432，2020 年 7 月 18 日访问。

20. “卖淫女被逼一天接客几十人嫖客同情报警解救”，载 http://news. sohu. com/20060602/n243533232. shtml，2020 年 7 月 24 日访问。

21. “男子偷完就后悔原地等失主 3 小时归还财物求原谅”，载 https://www. sohu. com/a/242650909_ 100089210，2020 年 7 月 24 日访问。

22. 刘艺明：“男子‘婚内强奸’被判无罪法院称定罪不合伦理”，载 http://news. sohu. com/20101207/n278141800. shtml，2020 年 6 月 19 日访问。

23. “3 人因提供‘打飞机’服务被拘 1 年获国家赔偿 17 万”，载 http://legal. people. com. cn/n/2013/0809/c188502-22499741. html，2020 年 6 月 19 日访问。

24. “中国无罪判决率的‘门道’”，载 http://kuaibao. qq. com/s/20190313B1GW9G00? refer=spider，2020 年 5 月 24 日访问。

二、外文文献

1. Foucault，*Discipline and Punish*：*The birth of the prison*，Allen Lane.

2. Nigel Walker，*Why punish ?* Oxford University Press，1991.

3. ［日］佐久间修等：《刑事法入门》，有斐阁 2007 年版。

4. ［日］只木诚：《刑事法学における現代的課題》，中央大学出版部 2009 年版。

5. ［日］平野龙一：《刑法总论 I》，有斐阁 1972 年版。

后 记
Postscript

王阳明先生说："良知之外，更无知，致知之外，更无学。"英国哲学家麦克莱说："善良的心是最好的法律。"作为刑事法官，判人生死，断人自由，当胸怀法律，心存善念，以良知作为最高的准则，不得做出违背良心的裁判；作为学生，孜孜不倦地学习知识，直接目的是提升能力，增加修养，但最终目的是不让自己的良心蒙尘。

博士毕业以后，我想把研究领域扩展至经济学，打算从事法律经济学方面的博士后研究，但是我对经济学知识的掌握只是停留在非常粗浅的阶段，也没有确定好研究主题，最终还是选择放弃。同学推荐我报考中国应用法学研究所的博士后，我选择了《刑法理论与实践研究》的课题，并在报名截止当日提交了材料，非常幸运地被录取。

虽然做了近十年的法官，但是从来没有走进最高人民法院的大院。因参加博士后面试会，我才走进最高人民法院，在会上，我见到了分管全国刑事审判和司法改革工作的博士后合作导师——李少平副院长。李院长经常出席全国法院各种会议，我深深折服于他深厚的法学功底、丰富的司法经验、经世致用的务实精神。李院长虽身居高位，但待人和善，平易近人。平日向李院长求教，经他点拨，我每次都有豁然开朗的感觉。我的硕士生、博士生导师袁林教授叮嘱我要多向李院长学习，我铭记在心，力践于行。此外，李院长也给予我很多关于工作方面的指导和帮助，我心存感激，终身难忘！

在中国应用法学研究所从事博士后研究期间，所领导和其他工作人员都给予了我鼓励、支持和帮助，在此一并表示感谢！感谢各位博士后指导老师、宁波市中级人民法院的领导和我的家人，正是你们的指导、支持和关心，我才能够在中国应用法学研究所安心、专心、用心从事博士后研究工作！感谢中国博士后科学基金会的出版资助！感谢中国政法大学出版社的编辑为本书出版付出的辛劳！

博士后研究虽是工作，但我还是要把这段工作经历当做学习经历来看待，“书山有路勤为径，学海无涯苦作舟”，以此自勉！

尹振国
2022年8月于
四明山